U0557022

编辑委员会

上海市社会科学创新研究基地
“中国特色法学学术话语体系建设——以法治话语研究为重点”

法治话语研究

FA ZHI HUA YU YAN JIU

主　　编◎陈金钊
执行主编◎吴冬兴

编辑主任　翁壮壮

执行编辑　张志朋　苏　仙　朱　瑞　侯竣泰　孙自豪
　　　　　黄　柳　刘　悦　纪凯悦　陈　杰

第七卷

上海三联书店

序言

人从自身的存在中编织出语言，又将自己置于语言的陷阱之中。

——Wilhelm von Humboldt

如果说哲学是思想中对时代的把握，那么法学无疑是现实中对时代的规划。当然，这种规划并不是一种理论自负，而是人类自身对理性、客观、正义等永恒价值的不朽追求。“法治话语”在当代中国不仅具有启蒙意义，而且也代表着一种理论设计和范式追求。然而，不仅“法治”是一个多面的规范概念，无独有偶，“话语”也是一个充满分歧的意义框架。在类型学上，法治存在着形式法治、实质法治和程序法治之争；话语的多重面孔则可被归入如下三类范畴：陈述之外的意义、语言的运用、包括非语言和非具体语言例证在内的社会实践。近一阶段，政法学界围绕着法治展开了丰富的联想，法治中国、法治社会、法治国家、法治政府、法治思维、法治方式等修辞层出不穷，而法治话语就是其中之一。在语言学上，一般认为，话语的形成意味着基于不同面向的实体内容，能够以整体图景的形式，被整合进一个具有统一理念的封闭系统之中。在当下的中国，围绕着法治展开的修辞非常普遍，但法治话语权还没有形成。因此，法治话语的研究还需要整饬与编码散落在历史和现实之中的法治资源，辨析与吸纳来自国内和国际的法治经验。作为当代中国法学学术话语的重点研究对象，法治话语不仅肩负着整合当代中国法治理论体系的宏大旨趣，而且也承担着推进全面依法治国、实现全面建设社会主义现代化国家的光辉使命。

正如德国当代语言哲学家 Ernst Cassirer 所言：“语言从来就不是对事物的单纯指称，而是思维的自主活动；观念的本质，取决于思维活动的定向方式。”既然话语脱胎于语言，并以语言为表述媒介，那么我们就应当明确，法治话语不仅是一套修辞方式，更是一种分析框架和一副建构工具。面对中西方日益焦灼的国际话语权争夺,法治作为人类文明演进的共同方向,必将会在话语层面促成激烈而深入的观念交锋与智识融合。《法律修辞研究》作为一本集中关注法治话语和法律修辞研究的专门性学术刊物,自 2014 年创刊以来,已成为法律修辞和法治话语领域具有一定影响力的学术刊物。以华东政法大学法律方法研究院、法律方法论学科所申报的上海市社会科学创新研究基地"中国特色法学学术话语体系建设——以法治话语为研究重点"获批为契机,为配合基地的工作,进一步凸显本刊对法治话语研究的学术关注,自 2020 年起,《法律修辞研究》正式更名为《法治话语研究》。以刊物为载体和平台,本刊热忱期冀透过学界同仁的学术争鸣,汇集诸位方家的理论智慧,为法治中国建设这一宏伟的时代命题贡献绵薄之力。

陈金钊

2020 年 12 月 24 日

目录

域外理论译介<<<

法治话语专论<<<

法学论坛<<<

书评<<<

域外理论译介

法律门前的法：弗朗茨·卡夫卡（Franz Kafka）论法律的自我反思之（不）可能性

［德］贡特·托伊布纳（Gunther Teubner）*／著　曹勉之**／译

A. 那个乡下来的人

就法律理论的核心问题而言，《法的门前》是最有趣的文学作品之一。弗朗兹·卡夫卡（Franz Kafka）在他的《审判》（*The Trial*）一书的最后一章中这样写道：

法的门前站着一个看门人，一个乡下来的人来到法的门前要求获准进入，但是看门人说，他不能现在准许乡下人进去。乡下人略做考虑，然后询问稍候进去能否得到允许。“可能吧，”看门人说，“但是现在不行。”

那通往法的大门一如既往地敞开，而看门人则走到了门的一边，于是乡下人弯下腰，看向大门里面，想一窥内部的世界。看门人看到了这一切，笑着说：“如果您被它吸引住了，就算我不让您进来，您也可以自己试着进来啊。但是，请记住：我很强大，而且我只是最低级的看门人。接下来的每一个大厅里的看门人

---

* 贡特·托伊布纳（Gunter Teubner），德国法兰克福大学私法和法律社会学教授，“规范秩序”中心的首席研究员。

** 曹勉之（Francis Cao，1989—　），黑龙江齐齐哈尔人，法兰克福大学法律系博士候选人（私法与法社会学教席），上海交通大学中国法与社会研究院研究人员；目前是“法与社会学学会”（LSA）的法律与政治经济学研究网络的召集人，“法社会学研究委员会”（RCSL）的法律多元群组的创办人，并创办、参编国际学术期刊多种；担任2017—2018年度宾夕法尼亚大学法学院访问学者，曾在牛津大学圣凯瑟琳学院、哈佛大学法律全球化中心等机构从事访问研究，此前还获得过中国政法大学法学院的法学本科（LLB）和北京大学法学院的法学硕士（Mjur）学位；当前的研究主要围绕社会转型、法律与发展、金融秩序三个方面展开。本文由译者根据作者于2012年发表在 *Ancilla Juris* 上的德文文稿译出，并结合作者于2013年发表在 *German Law Journal* 上的英文文本进行增补。所谓的增补，是指遵照英译本的做法，将德文文本中作为附录的卡夫卡原文的内容放在文首，以便于读者理解。本文中的所有卡夫卡原作之文段内容均系译者本人翻译。

都比前面的那个更加强大,饶是那第三个看门人的模样,连我都不敢看一眼。”

乡下人没有预料到这样的困难,他本来以为,法的大门对任何人、在任意时候都可以敞开。但是,随着乡下人现在更仔细地打量身着皮大衣的这位看门人,看到那尖锐的鼻子,长长的、稀疏的鞑靼胡须时,他决定,还是等到准许再进去为妙。

看门人给了乡下人一把凳子,让他坐在门的侧面。乡下人坐在那里,这一坐就是好多天又好多年。乡下人一次又一次地要求进入,连看门人都感到厌倦不堪。看门人经常做些简短的询问,如乡下人家里的状况和其他许多事情。看门人盘问的口气总是漠然的,像大人物们提问一样,而每次到头来,看门人总是会告诉乡下人,这次仍然不能准他进来。

乡下人为旅途做了充分的准备,他使用了自己的全部家当——不论它们价值几多——来贿赂看门人。看门人来者不拒,但是每当这样做时,他总会说:“我接受这个,只是为了让您不会觉得自己办事不周全。”多年来,乡下人不知厌倦地观察着看门人,他忘记了其他看门人。在乡下人看来,这第一个看门人是他进入法律的唯一障碍。

在最初的几年里,乡下人大声地诅咒自己不幸的命运。后来,随着年龄的增长,乡下人只是不时地嘟囔一下了。乡下人变得幼稚,由于在此多年,他对看门人熟稔到对其衣领中的跳蚤都了如指掌,他甚至要求这些跳蚤来帮助他改变看门人的想法。最后,乡下人的眼睛一天天暗淡下去了,他不再了解是周围真的越来越暗,还是他的眼睛在欺骗他。然而,在黑暗中,乡下人看到了一道从未熄灭过的光芒,正从法的大门中扑面而来。乡下人已经时日无多了。

在辞世之前,多年来所经历的一切在乡下人的脑海中汇聚成一个问题,而他还从未将这个问题提给过看门人。乡下人向看门人示意,因为他再也无法矫直自己的身体,看门人不得不向他弯下腰。由于他们之间的身材迥异,看门人的庞大身躯显得对乡下人十分不利。

“你到底想知道什么呢?”门卫问,“你可真是难以满足啊。”“每个人都在努力到达法的门前,”乡下人说,“那么,为什么这么多年过去了,只有我一个人在这里要求进去呢?”眼见着乡下人已经在弥留之际,为了适应他衰退的听力,看门人吼叫着:“没有人能在这里进去,因为这个入口本来就是为你一个人打造的,我现在要走了,同时还要关闭它。”

不同于先前对卡夫卡的各种阐释,让我们这样想象,乡下人不是一个要求制度化的合法性(如政治权力、道德、宗教等)兑现承诺的个体。[①] 不妨这样假设，乡下人是个“来自乡下”的法官，他在乡下必须根据法律来处理一个法律案件，而现在他处于法律决策的折磨中，无法依据法律，就什么是对的来找到答案。换句话说，让我们想象，乡下人不过是法律程序本身，或更普遍一些，在混乱的生活里，法律程序的决策实践身处自己的法之前，对自己在做什么毫无头绪。

在这种情况下，并不是被告人在刑事诉讼中依据法而做出陈述，也不是当事方在民事过程中依据法而提出权利诉求，是法本身在拼命地为自己寻求法律依据，希望自己可以借此做出决定。如果我们现在让这个双重角色变化中产生的新主角们两相对抗，那么在法的门前所站着的并不是一个特定的个体，而是法律话语。就此而言，法也不是普遍化的、遥远的权威，而是(在更琐碎的层面上)有效和实证的法律，因此我们就必须解决以下问题：在这个“法与法律”的关系为卡夫卡宇宙中的噩梦逻辑所支配时，这个神秘关系内部究竟发生了什么?

这并不意味着个体论的观点应该就其本身而受到争议。但是，作为一种补充，我们的制度论视角允许截然不同的事物在卡夫卡的世界中脱颖而出。笔者这个有点牵强的阐释得到了雅克·德里达(Jacques Derrida)关于卡夫卡的联想风暴的鼓励。在文章中，德里达将文献汇聚在“法的门前”。[②] 卡夫卡自己将观察者派遣到各种各样的社会制度里，包括政府、军方、马戏团和医事部门，他不仅总把他们指定为局外人，而且还将其指定为职业—制度生活的一部分：他们是土地测量师、乡村医生、研究者、年轻律师、银行业务员、辩护人。最后，卡夫卡当然在文学作品中利用了他作为保险业务员的负面经历。作为业务员，卡夫卡要负责处理保险公司荒谬的内部法律。那么，这就变得完全有道理了：卡夫卡的寓言不仅关心那些困在通往法的道路上的每个有血有肉的人，而且还在关切备受自我审查折磨的现代法律制度。

那些试图确保自己的合法性之法律话语正在为噩梦所折磨，这些噩梦不同于那些受法律约束、暴露在司法系统的任意性之下的个人。卡夫卡的寓言呈现出了一道法律的认知共同体(epistemic community)在进行集体自我反思时所

① Franz Kafka, *The Trial*, Schoken, 1998, p. 215. 我非常感谢参加2011年夏季学期在法兰克福举办的研讨会的与会者提出的批评意见。

② Jacques Derrida, *Before the Law*, In Derrida, *Acts of Literature*, Routledge, 1992, p. 186.

面临的深渊。[①] 如果法在法律之前就"存在",那么它正拼命寻找自己起源的时间,以将法律的内容予以正当化,并为法律规范和法律判断提供社会基础。于是,一个无法解决的先后次序问题出现了:法可能先于法律吗?从时间的意义上讲,构成法律程序的事件链是否应该优先于应该协助该事件链做出决定的法律或规范?在实体性问题上,该一系列事件是否应该是法律的起源?在社会的角度上,个别案件中的决定应否被优先考虑,而一般法却从中脱离开来?在看门人、乡下人和法律的三角关系中,问题变得更加复杂:谁先于谁?是法律、法律的代言人还是法律程序?规范的源头与这三者中的哪一个有关?

"那个乡下来的人"——从制度的角度来看,这个对源头的指示变得多层次化了,它不再简单地指在面对法制诡辩的指导时不胜悲伤的那位类似农民的外行。个中所隐含的城乡之间的对比无疑开辟了许多不同维度,我们此处无法全部处理,而只能通过以下区别来加以提示:(1) 法律与生活,更普遍的是——文化与自然;(2) 法定规范与规范适用过程,更普遍的是——结构与过程;(3) 法定文本与法律解释,更普遍的是——规范与决定;(4) 法律与个案,更普遍的是——普遍性与特殊性。"那个乡下来的人"——这不再只是一个作为法律程序的当事方的个人之故事,其事关法的整个复杂过程,这个过程在法的门前得以展现,从而直接将生活与法律区分开来。

B. 自我诽谤

在《审判》中,诽谤约瑟夫·K 的"某人"正是约瑟夫·K 自己。阿甘本(Giorgio Agamben)带着这个大胆的断言提出了一个合理的案例:问题不再是孤立的外部权威单独指控某个"在法的门前"的个人;相反,那个乡下人正在自我归罪。[②] 如果我们遵循上面提出的角色变更,那么一个人的自我归罪也就转化为法律的自我归罪。法将自己带上了审判席。

法无法逃脱它自我归罪的命运,当乡下人"难以满足"地向看门人追问一般

---

① "深渊"——雅克·德里达(Jacques Derrida)以此描述法律自我反省的破坏性影响,参见 Jacques Derrida, *Force of Law: The Mystical Foundation of Authority*, in *Cardo Law Review*, 1990, 11 (5), pp. 919 - 1045。

② Giorgio Agamben, in-Clemens et al. (eds.). *The Work of Giorgio Agamben*, Edinburgh Vniversity Press, 2008, p. 13.

法时，他追随了法律所固有的那种走向普遍化（universalization）的内在冲动。那么，必然地，法律不再提出“对或错”的问题，而是仅针对现在所审理的特定法律案件，并涉及所有人的行为。法律所追问的是——对于所有人的行为而言——他们的法律状态（Rechtslage）为何。确实，现代社会的法律（当它不再以束缚在法律程序之中的方式来思考行动，并开始将法律状态问题与社会上的每一个事件相联系）已经在历史上完成了将法的种类加以普遍化的这个过渡，从而“法化”（juridified）了整个世界。因此，不可避免地，法律程序会转而针对自身，并提出这个折磨自己的问题：适用对与错的差别到底是对还是错？但是，法律随后陷入了自我指涉的悖论中。就像“撒谎的克里特人”这个故事所讲的，他们的真实陈述变成了错误，反之亦然。我们面对的不再是简单的矛盾，而是悖论中的无限振荡：如果对，那么错；如果错，那么对……这正是法律的根本悖论，它没有就基础问题给出明确的肯定或否定之回答，而是以一种近乎嘲讽的方式，在可行正当化选项的正面和负面价值之间变更。①

作为一个事实，法律在一开始就把对与错的区别带到了世界上，并不断地生产新的对与错——这就是法律的原罪。相对于世界而言，法律处于一种罪的地位，因为在这种区别的创造过程中，它对世界造成了伤害，这不仅发生在对一个被判刑的人展开惩罚时，也发生在它简单地提出法律问题时，它用它的“非此即彼”（没有第三种方式）的二进制代码切斩断了世界的纯真。因此，法将所有人、所有事件，甚至其自身置于“卡夫卡式”的普遍怀疑之下，即使带着无罪推定原则的启蒙运动之人文主义规律也无法排除这种怀疑。按照这一标准而不断审视世界的不可阻挡之冲动，生产了越来越多的“错”。正是法这种被大肆吹嘘的普遍性反过来又产生了新的“错误”，尽管普遍性被认为是为了消除个别案件中的任意性而提出的，因为它那暴力的抽象永远无法公正地对待在无限的呈现中所表达的特殊性。

卡夫卡的法律迫使法律实践产生了另一个世界，其创造了一个虚构的，但在活动中又非常真实、几乎可怖的“法律现实”。整部《审判》如噩梦一样，让我们见证了现代生活的法化所能引领我们进入的疯狂世界。在卡夫卡的想象之下，约瑟夫·K将他作为银行职员的平庸现实转变为一种被法律控告的状况。② 卡夫

① 关于在法律自我反思中出现的自我参照的悖论，参见 Niklas Luhmann, *Law as a Social System*, Oxford University press, 2004, pp. 459 - 463。

② 关于法律的疯狂，一个仔细的诊断可以参见 Rainer Maria Kiesow, *Das Alphabet des Rechts* (*The Alphabet of Law*), in *Habilitation-Johann Wolfgang Goethe-Universitt*, *Frankfurt am Main*, 2004。

卡的这座法律宫殿正是马克斯·韦伯预言现代社会的许多“未来奴隶制度的铁笼”之一——卡夫卡的城堡是另一个例子,正如他笔下的流放地、马戏团和美国一样。通过在法律宫殿上行使强制,有血有肉的人沦为受胁迫的法制意义上的人,其特征在于拥有权利和义务,其活动仅限于能够为是或为非,其唯一的性质是有罪或无罪。对第二个世界的大肆宣传——这是法所犯下的罪——是一种对生命的暴力行径,法(如果它将自己的种类适用到自己身上)指控自己。

但是,我们还得更进一步。我们不仅要聚焦于法律的自我归罪,而且要看到法律的自我诽谤,这将是约瑟夫·K 在大教堂上和宫廷牧师争执的第三种解释,即看门人是否欺骗了乡下人。[①] 在寻求法律救济的过程中,现代社会的法律实践成为自欺的受害者,它用自我判断欺骗自己,但这样做不是出于疏忽或间接故意(dolus eventualis),而是基于直接故意(dolus directus)。由于清楚地意识到它在用错误的范畴来自我归罪,因此法律不仅在审判人的时候诽谤自己,而且在审判自己的时候也在做同样的事,因为它只能把自己暴露在它的二进制代码中,即它自己的诽谤类别中。这里,卡夫卡对以自治性和形式性为荣的现代法所展开的批判正在第二次发挥作用,这种批判现在不是针对法律适用的实践,而是针对它的自我反思。传统社会的法律能够在一个包罗万象的宇宙论中对法律进行分类和评估。在这个宇宙论中,道德、宗教和政治关系有着不可分割的联系;而在功能分化的社会中,高度专业化的法律却无法全面评估它的法,以决定其是否真实、善或恶、有益或有害、美丽或丑陋、健康或疾病、正义或不公正。

实在法标准的丧失,以及我们通过决策建立的法律规范的丧失,是现代法律所承受的病症。现代法律只保有其有限的、不充分的(出于描述世界的目的)、没有上下文的、最终没有意义的对错之二元代码——这是现代合法性的“伪善话语”。法只能借助对自己生活的伪造来反思自身。法的自我评估纠结在其标准、过程、诉讼地的局限性之中。法律的原罪不仅在于它通过二进制编码的暴力对法律主体做了错误的事情,而且在于即使在它最好的时刻里,在它做批判性自我反省的时刻,它自己也犯了这种错误,自我诽谤的错误,而且它一次又一次这样做。现代法律欺骗自己的方式是——看门人欺骗乡下人,乡下人欺骗看门人,法律欺骗两者——“你不必考虑所有的事实,你只需要认为它是必要的”[②],一如

① Franz Kafka, *The Trial*, Schoken, 1998, p. 215.

② Franz Kafka, *The Trial*, Schoken, 1998, p. 223.

《大教堂》中的宫廷牧师所说，又如约瑟夫·K在谈到全世界的法化时所言："谎言被制造成一个普遍性的体系。"①

C. 过度的矛盾

然而，诬告(Kalumnia)，这个阿甘本所认为的约瑟夫·K永远被标记上的东西，还并不是故事的全部，因为它仅仅赋予了法负面价值。阿甘本只看到法对人类的暴力。阿甘本的法律史是一个关于伤害的故事，它以神圣人(homo sacer)开始，而且，难免地，结束于现代社会的集中营和难民营——一如卡夫卡的流放地。但是，卡夫卡的"法的门前"的寓言包含了一个更复杂的结构，其不是纯粹的否定，而是过度的矛盾。因为法总是同时生产两种事物，即它认定一些人为是，认定另一些人为非。在谴责的同时，法带来了痛苦、煎熬和折磨，但也带来了期望和信任的确定性，人们可以据此制定自己的人生计划。在他自己的一生中，卡夫卡确实经历了保险法的荒谬，但他也提出了一些建议，希望使这些荒谬的法律带来更多的正义。② 因为法律只能产生法律虚构，所以它是永久性的谎言，但它确实是真正有用的法律谎言，正如著名的伊斯兰法律寓言所示。卡夫卡的法律造成了永久的罪意识之痛苦，但它也唤起了赎罪的希望。现代法的成功在于它的失败，而它的失败在于它的成功。

正是这种同时性，才使得这种折磨变得真正无法忍受。因为在阿甘本呈现给我们的纯粹之负面文本中，逃向自由的道路是开放的，即法律(自我)的解构。那个乡下人不会不知如何是好地坐在门卫面前，他会——事实上他不得不——抗议这明显的非，他要么反抗，要么干脆离开，即发声或退出。在抗议或逃跑中，"权利"最终会从法律中解脱出来。这就是自由法律运动(Freirechtsbeegung)所传递的信息，即当你作出判决时，无视法律。卡夫卡的法律世界与任何的法律崇拜都毫无关系。针对"法适用的是与非"这个紧要问题，法律程序得到了一个悖论式的答案：随着法律的适用过程，你总是在同时为是与为非。

在卡夫卡这里，阿甘本关于法律的在先判断的那种不言自明之确定性，被转

---

① Franz Kafka, *The Trial*, Schoken, 1998, p. 233.

② Reza Banakar, *In Search of Heimat: A Note on Franz Kafka's Concept of Law*, in *Law & Literature*, 2010(22), 463 ff., 467; Stanley Corngold (ed.), *Franz Kafka: The Office Writings*, Princeton University Press, 2009, IX.

化为一种存在的不确定性,即诬告——或者也是真实?如果你观察那位“在剧院顶层楼座”的观察者,那么卡夫卡宇宙中的过度矛盾就更加明显了。“如果一些虚弱的、消耗性的马术表演因被‘马戏团残酷的仪式所驱使’而四处奔走,那么也许一个年轻的画廊参观者可能会跑下来……大喊:住手!”但是,事实并非如此,参观者会“不知情而哭”。[①] 恐怖不仅仅是美丽外表背后的现实,恐怖和外表也不具有相同的“现实地位”。外表通过一种针对真实发生之事物的指示语气而得到表达,恐怖则在对仅仅是可能的事物的虚拟语气中而得到表达。这种显著不对称的矛盾心理证明了阿甘本的消极主义之错误,他只能从现代法律中看到恐怖。事实上,处理过度的矛盾情绪比处理绝对的恐惧要困难得多。

这种悖论使得法的自我归罪也不可避免地在是非价值之间摇摆不定,并且这种指控之后从来没有受到审判,甚至也没有阿甘本所谓的高级法律对法律的判决,对法的判决总是被推迟的。而且,我们总是无法判断,法本身的罪过——或者说法的价值所在——是否存在。确立了“卡夫卡式情景”的,并不是法律的自我归罪这种故意诽谤的确定性(如阿甘本所说,法律的内在罪过是先验的),恰恰相反,而是令人痛苦的不确定性,即自我归罪究竟是对无辜一方的诽谤,还是对承诺真相和正义的自我反省。

正是这个悖论首先解释了乡下人针对看门人那不寻常的主动/被动。这种悖论削弱了法律实践,并剥夺了它支持决定的勇气。在反抗法律中,总是要么逃跑,要么站起来,或者要么发声,要么退出。但是,那只是一面而已。另一方面,悖论鼓励法律通过越来越多的附属性区分来尝试去除悖论,如法律上的“乡下人”几乎顺从地向法的看门人示好。当阿甘本的消极性要求废除法律时,卡夫卡的悖论提出了一种挑衅,即“永不满足”地在不断更新的尝试中,宣扬旨在“于深思熟虑的服从中”趋向法律的区分。但是,这些区分的性质是什么呢?

D. 判断

那个乡下人因无法进入法的大门而生发的困惑并不是故事的结局。[②] 就像闪电一样,在乡下人临死的那一刻,三个突然的、毁灭性的事件发生在他身上。

---

① Franz Kafka, *Auf der Galerie*, in Kafka, *Ein Land-arzt*: *Kleine Erzählungen*, Kurt Wolff Verlag, 1919,34 ff., 34 f. (Her-vorhebungen von mir).

② 从我们所采用的角度来看,法律的奠基悖论和决策悖论引发了法律自我反思之瘫痪。

首先，一道无法熄灭的光芒爆发出来。然后，入口原来只是为这个乡下人准备的。最后，入口被关闭了。在经历了这样一次改变人生(Damascus-like)的经历之后，再也没有人能坚持这种由悖论引发的悬念。

"……这个入口是专门为你准备的。"有了这些话，一个艰难的判断就得以宣告：站在法律面前的人注定要享有决策自由。这一判决为先前看门人给出的模棱两可的回答提供了新的线索——禁止进入，但可以推迟到以后；入口是敞开的，但要警告那些更有权力的看门人。只有乡下人可以——而且必须——做出决定。无论是法律的普遍性(得到决策的帮助)，还是其他人所提供的支持(他们也在寻求诉诸法律)，都无法为乡下人的决策提供帮助。这种绝对的决策强制，就个体的观点而言，意味着从一个外部立法者的客观法(其命令必须由主体服从)向个人的主观权利之根本性转变。从制度的角度来看，这种"只为你"意味着单一的审判在其决策过程中仅仅依赖自身。只有正在进行的该审判本身——而非任何外部权威，哪怕是所有人都遵守的普遍性法律——才得以建立判决所依据的规范。法拥有形式，它仅仅具有空泛的有效性，没有任何实际意义。

作为一种具体的结构，以及一种被定义为具有约束力的行为规范，法与法律事件完全不存在任何关系。法只存在于法律事件所引起的范围内，并且仅在该法律事件引发对未来法律事件的预期之情况下继续存在。法必须不断地被法律事件重新援用。如果作为一系列事件链条的法死去了，那么法的大门也将"关闭"。法律文本本身不是法，其充其量只不过是法的看门人，或者换句话说，法律文本只是意义的沉淀，其只有通过不断更新的法律事件之援引，才能借助新的意义而被重新唤醒。

但是，这种规范制定的自治权是"在法的门前"的，也就是说，它仍然受法的约束。因为没有法及其无限的"世界背后的世界"为"规范性"提供空间，就没有自由设定规范的可能，就没有继续建设法的可能，就没有公正的可能。以法律谴责法律的自由并非无组织的混乱，而是制定规范的自由，一种已经为法律结构所标记的自由。德里达准确地表明，只有条件才能使法律认识成为可能，而这些条件是法律固有的。

这些可能性赋予了文本制定法律的权力——从它自己开始。然而，这是有条件的，文本本身可以出现在其他文本的"法的门前"，这些更强大的监护人保护着这些更有力的文本。

其循环的或重复的这个事实不必被理解为一种批评。相反地，在卡夫卡的小说《审判》中，重言式变得自我逻辑化，因为"大教堂"一章中的文本将规范的循环性运用到自己身上:"法的门前"的这个寓言位于整部小说的"法的门前",正如卡夫卡的小说站在寓言式的"法的门前"一样。上述两种文本不仅构成了互为表里的解释,而且是互为前提的。两种文本的具体"罪的规范性"并非来自任何独立于它们的外部规范设置权威,而是源于两种文本之间的自我参照、不确定、自我支撑之相互关系。

然而,在这项建立规范的指责中,存在着一个特别的矛盾。因为有权势的看门人会禁止乡下人进入法律。同时,入口又只为乡下人而设。在这一点上,乡下人暴露在一种"双重约束"的困惑中,即他在遵守法律的同时又被迫违反法律。以这样一种方式行事,你的意志准则是在任何时候都遵守法律,同时在任何时候又都违反法律。这种"双重约束"为乡下人提供了绝对的自由,但也使他陷入了永久的罪,即决策的强迫和决定的罪。

无论乡下人做了哪种选择,他都会陷入罪之中。个人或因触犯法律而有罪,或因不触犯法律而有罪。贿赂第一个看门人是对的吗,还是这个人应该有勇气为法律而战?

目前,流行的法律理论还拒绝考虑这种悖论式的、不合理的要求。法律的奠基性悖论、法律适用的决策悖论和主观权利的"双重约束"为法律理论所禁止。有些人干脆否认上述悖论的存在,其他人则禁止讨论任何在逻辑基础上的自相矛盾之人物,另一些人则再次对上述悖论嗤之以鼻,并将它们视为哲学上的异想天开。然而,在卡夫卡的文字充满噩梦般的暗示性之背景下,所有这三种反应都被揭示为仅仅是危机面前的无助姿态而已。在当今的法律理论家中,认真对待这些悖论的包括卢曼(Luhmann)、阿甘本和德里达。

E. 妄想的情境

卢曼的法律理论建立在一个大胆的论点之上,即主体的先验地位现在被悖论占据。[①] 与卡夫卡完全一样,卢曼也认为,该法律在其执行过程中提出了极大

① "悖论是(也可以这样表述)知识无条件获得的唯一形式,其取代了康德及其继任者所认为的,可以直接接触到无条件、先验有效且本质上不言而喻的知识的先验主体。"(Paradoxien sind, auch so kann man es formulieren, die einzige Form, in der Wissen unbedingt gegeben ist. Sie treten an die Stelle des transzendentalen Subjekts, dem Kant und seine Nachfolger einen Direktzugang zu unkonditionierten, a priori gültigem, aus sich selbst heraus einsichtigen Wissen zugemutet hatten.) See Niklas Luhmann, *Die Religion der Gesellschaft*, Suhrkamp, 2000, 132 f.

的自治权，现代化从一开始就纠缠于自我指称的悖论，因此它的自我观察有可能沦于瘫痪。对于卢曼来说，摆脱这种瘫痪的方法是，"……这个入口是专门为你准备的"。看门人的惊人发现让我们走出了现代社会可能的瘫痪、悬置或暮年。"做一个区分"——这就是卢曼(Luhmann)对法律实践的要求，以使得它可以绕开悖论。法律话语本身，而且只有法律话语自己，必须做出新的区分——这是一套策略，悖论在其中得以消除，从而使我们免于跌入黑暗的深处。即使新的区别反过来必然建立在悖论上，其也有一种自我支撑的力量，这种力量建立在它的可行性和解决问题的能力上，尽管只是在有限的时间内。

这当然是一个优雅的解决方案，但它无法公正地处理在死亡现场发生的事情。上述方案并未应对另外两个突发事件——事实上，它不得不无视它们。卢曼的悖论解决方案不能为瘫痪的法律关闭大门，它必须不断期待法律悖论的回归。而且，卢曼的"对日常生活的赞美"并没有让任何无法熄灭的光芒从法律的大门中迸发出来，而是延续了以前那种迂腐的法条主义式区分之惯例，即诉诸法律运作的递归性。新的区分只是在一个不太安全的地方掩盖了悖论，悖论很快就会重新出现。

另一方面，阿甘本却将其中两个事件放在一起阅读："……这个入口是专门为你准备的。我现在就去把它关上。"关门——对于阿甘本来说，这是关键信息。阿甘本给了一个令人惊讶的解释。法的大门关闭之事实不是一次败北，不是乡下人的失败，而是他耐心等待的策略之成果，并且这保证了他密集、亲密地和看门人继续进行接触，即法自身并不是不可能渗透的。这个策略的目的是迫使看门人锁上法律的入口。正是在那时，人才找到了自由。当法律的入口是锁着的，当法被取消时，它那空泛的有效性中断，法本身就被废除了。[①]

然而，阿甘本无法接受这耀眼的光芒。在阿甘本的阅读中，人在黑暗中所认识到的思想之光几乎没有起到任何作用。但是，这个"从法律之门无可辩驳地涌出的光芒"是寓言中最强烈的时刻，其"使"死亡现场的另外两个事件"黯然失色"。有了这束光，一切都不一样了。德里达甚至谈到了"最具宗教色彩的时刻"。[②] 关于光的起源和强度，这个寓言说了些什么？光来自"法律之门"，也就是说，它的起源在法律本身；光"源源不断"就意味着，它的强度与法律的永久存

① Giorgio Agamben, *Homo Sacer*: *Die souveräne Macht und das nackte Leben*, Suhrkamp, 2002, 66 ff.

② Jacques Derrida, *Acts of Literature*, *Routledge*, 1992, p. 70.

在有关。

与阿甘本所说的废除法律恰恰相反,如果没有法律,没有它对有效性的空洞主张,没有它的谎言,没有它的悖论,没有它的不堪,那么就不可能有光的体验。没有法,就没有光。阿甘本所希望的法之缺失将永远无法产生光明。由于卡夫卡所唤起的绝望与法的妄想无关,因此阿甘本想摧毁这一点,因为它阻碍了正义。这个想法实在太简单化了。法律可以被搁置、关闭、废除,这种可能性始终是开放的,但恰恰相反的是,乡下人惊奇地发现,正是法的妄想才使正义的前景至少暂时成为可能,或者换一种说法,正义依赖于法的不堪。没有法,就没有正义。

只有在上述三个事件具有不可分割的联系之基础上,我们才能解释死亡的场景——无法熄灭的光、特殊的意图、门的关闭。在出现的光辉中,门的关闭并不意味着法的废除,也不意味着法在未来任何社会中的取消。同时,不像阿甘本所说的那样,光与门的关闭同时出现,而且这一事实也不能被简化为充满厄运的现在和遥远与美好未来的承诺之间的对立。这是对未来社会的一种虚假之希望,是我们这个社会本应摆脱的最严重之耻辱[①],即所谓的"未来社会"之拯救有赖于废除法律。但是,在目前的事件中,光明和黑暗是一致的。在关门前不久的黑暗中,光明似乎是一种偶然的瞬间火花,即在法的门前之失败中,正义是可能的。

从个人的角度来看,这意味着在煎熬结束时,乡下人经历了对个人正义的主观认识。一种制度的视角将更进一步,并且可以将这种可能性与某个法律程序联系起来(并加以限制)。只有为了某个冲突,而不是为了其他的冲突,进入法的途径才能得到决定,而且只有在这个冲突中,我们才有可能看到纯粹为法而存在的正义。仅限于特定案件的个别正义是可能的,对其他案件的任何普遍化都是不可能的。与个别审判相关的正义没有持续效力;相反,既判力的大门是关着的,其在每次审判中都必须重新打开,审判之后又要继续关闭。

这里有两种可能的解释。我们也许会问:文本是否不允许这个将卡夫卡对现代性法律的批判推向极端的解读?但是,自治的法律话语本身就会成为法律面前的集体主体。只有在法的面前,法律才能够在自我超越中体验到闪光,因为法律是为法而存在的。在这种自我超越中,既不会有废除法律的未来,也不会回

---

① Giorgio Agamben, *Homo Sacer*: *Die souveräne Macht und das nackte Leben*, Suhrkamp, 2002, 190 ff.

归传统社会的嵌入合法性。事实上，卡夫卡对前现代法律并不怀旧，这一点从土地测量员在《城堡》中的经历可以看出，他一直在反抗乡村社区的压迫性结构。“专为你而设”则意味着现代自治法律的排他性的法制之公正，即我们只能通过克服法而发展法的公正，并且这不依赖于任何其他制度——不是政治，不是科学，不是道德，不是宗教。在现代社会，可能适用于整个社会的正义是不存在的。对于法律而言，只存在一种特定的正义，它明显不同于其他特定的正义（政治、道德或经济的公正）。现代法的自我超验意味着，作为一种特殊制度的法律有一条独立的正义之路，其只能由法律本身遵循。只有当现代的、去语境化的法律陷入盲目之中时，其才能够看到自我超验的光辉。这种光辉不是个人在超验上的良知，而是对超验的集体性进入。尽管这种进入并不影响整个社会，但是其足以让法律话语超验自身。①

F. 分岔

如果我们以这种方式将上述三件事放在一起思考，那么就会揭示出两种相互矛盾的解释，并以此来判断人的行为。

在一种解释中，正是乡下人坐在那里的事实——这个不特别值得研究的人的“主动主义/被动主义”——使他能够感知正义。这个乡下人的无限等待，以及他永不满足的问题，都没有白费。乡下人在努力的最后时刻获得了判断的能力。乡下人这样做是因为他已经决定不去深入法律的无限空虚，而是在持续性的努力中，试图在不同的世界之间架起一座桥梁。乡下人不是在法之“中”，而是在法之“外”，在法的门“前”，在门槛上，在与看门人的永久性对抗中，他——在那个状态里——在生活和法律之间进行调解。判断的力量不仅体现在将特殊包含于一般中，而且体现在连接两个不可调和的世界上。② 卡夫卡激化了必须跨越的对立，即不仅是在理性和情感之间，而且也在法律论证和非理性决策之间，在法律的秩序和生活的混乱之间，以及最终，在内在与超越之间。

---

① 关于这个问题的更多细节，请参见 Gunther Teubner, *Selbstsub-versive Gerechtigkeit: Kontingenz- oder Tran-szendenzformel des Rechts? Zeitschrift für Rechtssoziologie*, in *Zeitschrift Für Rechtssoziologie*, 2008(29), 9 ff., 25 ff。

② 众所周知，康德不把判断的力量放在纯粹理性的范围内，或是实践理性的范围内，而是把它定义为一种将哲学的两个部分结合为一个整体的手段，参见 Immanuel Kant (1790), *Kritik der Urteilskraft* Reclam Philipp Jun, 1992, 84。

这种解释接近于雅克·德里达用复杂的手法来完成他对法律的深刻解构。[①] 在对实在法的过度超越之后,在穿越荒野之后,在无限正义的终结之后,必须有一个"妥协"(德里达出人意料地要求),一个无限正义与最琐碎的法律后果计算的妥协,以及法治下的平庸之包容。德里达认为,正义的毁灭性经验不应成为泰然仪表的不在场证明,并被用于预期某个可能的未来。

"那些任由它自己、无法计算和给予(获赠)的正义观念总是接近于糟糕,甚至在最坏的情况下,它总是可以被最邪恶的计算重新利用……因此,针对那些无法估量的正义,我们需要去计算。"

更深入地渗透到法律的悖论之中,并在后结构主义的无为论中继续如此——这将是一个应受谴责的错误。取而代之的是,我们必须要求乡下人继续与不堪的门卫妥协,哪怕这很羞辱人。只有在最后一次被拒绝进入的时候,在门重新关上时,乡下人才有灵光出现。这决不仅仅是失败中的满足,而是只有经过了辩护人的努力,经过深思熟虑的妥协、屈辱、贿赂,以及法律话语的不厌其烦之努力后的满足。这不仅仅是对神秘力量的赞美,更是对神秘的正义体验和平庸的法律后果计算之间的互补性的赞美,这将是唯一能将乡下人的等待予以正当化的解释。

如果我们将这个寓言与卡夫卡的另一个文本放在一起阅读,那么另一种解释就会被揭示出来。这种解释不接受这种说法,即与门卫的艰苦对抗会造成正义的实现。相反,乡下人被迫在光辉中意识到,如果他不让自己卷入到对第一个看门人的无意义之询问中,那么他本可以得到正义。乡下人本可以有勇气与其他更强大的看门人作战,并在法之中深入到他的力量所能带他抵达的最远处。这种顺从导致乡下人坐在门前,而履行他的职责,就是他违反了职责。乡下人不应该仅仅贿赂第一看守人,而是应该鼓起勇气打破入口禁令,为法而战。在这种解读中,那闪耀的光芒正是乡下人此时此地所经历的。尽管乡下人现在"承认"了正义,但是这仅仅是另一种正义,一个他未能把握的机会。

但是,另一种正义如何实现的问题在"法的门前"只能消极地被表达出来,即错失大好机会的失望经历。在卡夫卡的作品中,正义在实证上的确立似乎是可能的,而实现正义的方式则更容易在他那篇《皇帝的谕旨》中看到。在这里,我们

---

① Jacques Derrida, *Gesetzeskraft: Der, mystische -Grund der Autorität'* (1991),56 ff., 122 ff. 这引发了解构主义阵营的极大愤怒,参见 Cornelia Vismann, *Das Gesetz, DER Dekonstruktion'*, in *Rechtshistorisches Journal*, 1992(11),250 ff。

还有一个三角关系，即一个遥远的权威、一个权威支配的主体和一个中介，尽管在这个例子中，运动的方向是颠倒的。这里也有一个中间人，他不是看门人，而是一个皇帝的信使，他做出超人的努力，以确保来自权威的信息能传达给主体。此处也有痛苦的失望，人们发现在两个世界之间，任何真正的调解都是不可能的，通过信使的沟通不过是徒劳的希望。取而代之的是，“没有人能在这里奋力前进，即使有死去皇帝的谕旨”。然而，接下来是决定性的一句话，即“但当夜幕降临时，你坐在窗前，梦见它”。①

在寻求正义的问题中，以上两种解读何者是恰当的——正义发生在与不堪的执法者进行耐心、自我折磨、羞辱性的对抗中，或者反过来说，在法的门前发生的、渗透到法律中去的法律话语的集体想象中——这个问题的答案必须保持开放性。然而，两种解读有这样的共性，即当闪耀的光芒照亮一切时，正义也没有取得胜利。卡夫卡过度的矛盾心理仍在继续，甚至在法律无情地发出光芒之前。卡夫卡拒绝回答“是真的变黑了，还是他的眼睛在欺骗他”。这真的是正义之光吗？还是超验而已？如果是这样的话，那是不是一种来自外界的光——它来自上帝、科学、政治、道德还自然法？这道光是仅仅来自于内在，作为一种超验于法律本身“奥秘”的自我，还是仅仅是某种反思的光？或者其只是一种隐藏黑暗的闪光幻觉？抑或现代法律虚伪的自欺欺人使它在形式自治方面变得日益盲目？我们不可能摆脱这种矛盾心理，因为我们没有任何标准可以用来区分集体的正义想象和集体的自我欺骗。

G. 法律与文学

总之，卡夫卡堪称是现代法的敏感观察者，他的见解为法律社会学和法哲学提供了许多值得思考的东西。在描述法律过度矛盾的准确性方面，卡夫卡似乎比许多向我们揭示现代法律困境的社会理论家要做得更好。马克斯·韦伯将这一困境定义为法律的内在“形式”合理性，它受到来自经济和政治利益的“物质”非理性外部影响的威胁。卡夫卡的回答是，正是法律最内在的形式合理性最具非理性。汉斯·凯尔森试图保持法律的“纯洁性”，以对抗不纯的经验世界之影响，但正如卡夫卡的观察，法律的不堪通常是从它的纯洁性中产生的，因此凯尔

① Franz Kafka, *Eine kaiserliche Botschaft*, in Kafka, *Drucke zu Lebzeiten*, S. Fischer, 1996, 280 ff.

森失败了。约瑟夫·K和牧师在《圣经》中的对话表明,那些试图为法律建立理性论证理论之做法是错误的,如哈贝马斯或阿列克西的理论。从讨论参与者的学术性、解释技巧、表达机会的平等性、诚实性、真实性等方面来看,上述对话无疑符合理性话语的要求。然而,上述对话并未结束于一种推动解放的共识,其会带来不确定、瘫痪、焦虑和压迫感。卢曼不得不承认,在悖论的威胁下,他的"去悖论化"策略很快创造了一个新的区别。在这种状况下,人们将永远看不到不可分辨的光芒从法律的大门中迸发出来,这是因为,这些策略并没有将自己暴露在悖论面前,而是停在法和它的悖论的大门前,以尽快开始他们的撤退。

但是,为什么是文学形式呢?为什么一个有经验的保险法从业人员、一名法学博士——弗兰兹·卡夫卡——不去写一部组织严密的法律社会学著作呢?难道卡夫卡的寓言之全部目的是为法律理论或法律实践提供建议,以帮助其处理法律的悖论?或者,如果这样的话,那么法律文献是否为法律理论提供了好处,并添加了额外的价值?

关键也许在于"来自乡下"的法律实践的某些特殊性。在乡下人和看门人之间,以及约瑟夫·K和牧师的长时间对话中,这种交流是在一个比理性的学术学科所能解释的更复杂之层次上进行的。诚然,法理、法理学和法社会学都对法律体系的理性维度、法律程序的构造、法律论证的逻辑、法律体系的建构、"遵循先例"的结构等进行了详尽的描述,但是它们不注意自己所说的法律实践中的"非理性"因素,并且通常将这些排除在分析之外。事实上,这些学科必须这样做。对正义的黑暗诉求,错综复杂的正义感路径,法官职业判断中的武断因素,陪审团审判中的决策煎熬,法律程序中的不堪元素,法的奠基和决策悖论——一般而言,法律的过度矛盾性——这些不能由学术研究进行事后解释,也无法做任何深度的探讨。当乡下人辞世之际,他痛苦地经历着的这场不知所措,以及在光芒照耀下的欣喜若狂,能够为法律悖论的逻辑分析或理论分析提供哪些启示?在错综复杂的法庭审判中,在行政官僚主义的神秘世界中,在从业人员的复杂契约结构中,法律实践为自己创造了现实的第二个版本。与创造了自己的世界艺术和宗教相比,对于法而言,只有通过观察学术界的理性方法,其才能在一定程度上理解到这一点。即使是法律学说——反过来又代表了一种特殊的法律实践抽象——在学术上也还不能被视为是正当的,因为它不能通过其概念工具来控制法律的奥秘。社会科学和法学理论只能将法律实践中的深层次之隐蔽领域定性为非理性,并予以谴责。当法律社会学研究司法机关的预判时,以及当利益理论分析判决时，上述情况也会出现。第二个现实不仅是法律审判的各种角色，其规范、概念和原则也是整个法律世界的宣传体，一个看起来完全不同于日常世界或学术分科的世界。

然而，文学重建可以独立地洞察法律实践的秘密世界。诚然，文本也无法直接触及到法律的最深处，但文学的观察产生了一种附加值，它超越了迄今为止最先进的法律悖论社会学，如卢曼的理论。这种附加值可以间接地描述法律悖论被体验的可能性、判断实践的情感再现、不公正的"情绪内容"等。在处理法的时候，艺术沟通了不能用语言来传达的关于法律事件之信息(参见米开朗基罗的诗集)。就法律文献而言，这似乎是违反直觉的，因为它最终确实是用语言来传达法律的。在某种程度上，艺术传达了一种关于法律世界的特殊知识。但是，艺术的实际信息并不是由内容构成的，其涉及一些口头上的不可沟通之信息，它们伴随着文字而得到了表达(参见克莱斯特的《迈克尔·科哈斯》、卡夫卡的《审判》、博尔赫斯的《德意志安魂曲》)。"艺术具有沟通的功能，尽管——或者正是因为——它不能通过文字(更不用说通过概念)充分地呈现出来。"[①]因此，法律文学的作用绝不应被简化为心理上的正义感(Rechtsgefühl)，也不应被简化为在心理事件中产生的影响。相反，在意识和沟通中，意义生产的重复产生了这样的效果，即在法律文献中，那些不能用语言传达的东西之间存在着真正的沟通。卡夫卡的寓言之附加价值在于法的非沟通性，即它通过文学形式，而且也仅通过文学形式来传播。我们所体验的法的一些秘密而深层之内容，并不存在于法律理论中，而是蕴含于"法的门前"的故事中。

---

① Niklas Luhmann, *Die Kunst der Gesellschaft*, Suhrkamp, 1995, p. 36.

作为套套逻辑的法（学）？
——法的“Integrity”与多元分散型统御

[日]尾崎一郎(Ichiro Ozaki) * /著　林祝钰** /译　谢郁*** /校

0　引言

1　(普通)法的性质

2　法的识别(integrity①)

3　法(被视为)具有正当性(integrity②)

　(1) 认知正当性

　(2) 规范正当性

4　法(被视为)有效地发挥着社会功能(integrity③)

5　实用主义(Pragmatism)，民主实验主义(Democratic Experimentalism)，冒险系统(Daring System)

> “‘法学’应该要能够更多地解释自身吧。”——匿名博主[①]
>
> “自我指涉的系统，将其自身的同一性当作套套逻辑(tautology)来观察。……在系统中不存在其同一性的任何‘标准’。”——卢曼[②]

---

* 尾崎一郎(Ichiro Ozaki，1966—　)，北海道大学法学研究科教授，日本法社会学会理事，研究方向为基础法学、法社会学。

** 林祝钰(1993—　)，本硕毕业于浙江大学法学院，目前在北海道大学攻读法学博士学位，研究方向主要为法哲学、社会哲学、法思想史。

在国内，“integrity”有“整全性”“统合性”“整体性”等译法。本文未对“integrity”进行翻译，实乃一种鸵鸟之策，但译者遵循了作者的意思，因为尾崎一郎教授在原文中就一直坚持用「インテグリティ」(integrity)这一外来词汇。关于作者对“integrity”的理解，参见本书第23页脚注②。——校者注

*** 谢郁(1987—　)，浙江大学光华法学院博士后研究员，北海道大学外国人研究员，研究方向为理论法学、地方法制原理、社会法学。

① 转引自得津(2009b)，第234页，脚注5。

② 卢曼(2000)，第14页。

0 引言

得津氏于2008年10月30日向北海道大学GCOE计划“以多元分散型统御为目标的新一代法政策学”(以下简称“本GCOE”)的内部学习会——“新一代法政策学研讨会”提交的两篇文章(后为得津[2009a]、得津[2009b]),以及日藤谷武史氏于2007年12月18日在北海道大学法学研究科举办的“法形成论LUNCH”上所做的报告《在财产再分配中的法律制度和租税制度之作用分担——法律规则应该只追求效率性吗?》,使笔者切实地体会到,特别是在与经济活动密切相关的法律学领域内,深刻的同一性危机(identity crises)已经到来。正如得津氏的文章所介绍的那样,“法与经济学”,或者说经济学、“藤田—森田一脉”[①]对法律学“教条”的彻底的(潜在的、显著的)批判,如今在日本法学界内部掀起了相互批判的巨大浪潮。这不仅仅是指狭义的经济学,还包括博弈论、认知科学、脑科学等相关的诸“科学”,而它们与法(律)学之间的联系是如何建立的,如后文所要描述的那般,是一个新的老问题。正如得津(2009b)所提出的,以具有科学验证可能性的知识为基础的“政策论”与“法教义学(dogmatic)”之“背离”,依然是未被解决的问题,而且恐怕令部分商法学者感到焦虑的是,大多数民法学者对此或有意或无意地装聋作哑。

笔者不过是至今为止都对“法与经济学”敬而远之的典型的法学部教师中的一员,而且是一名非实在法教师,因此笔者几乎没有参加当前展开的论战之资格和能力。然而,在反复回味藤谷和得津的报告之过程中,笔者产生了这样一种印象,即大家是否混淆了不同层次的问题?[②] 其结果是,固然以经济学知识为代表的实证科学知识在一定的领域内提出了相当具有“说服力”[③]的知识见解,但笔

---

① 得津(2009a),第347页。

② 本文最初是为了给得津氏于2008年10月30日在该研讨会上报告的两篇论文(得津[2009a]和得津[2009b]的原型,后被《新一代法政策学研究》刊登的时候做了相当大的修改)进行评论而撰写的,并且也于同年12月22日在同一研讨会上进行了报告。

③ 得津(2009a),第372页。关于“说服力”,后文3(1)处会论及。常木(2008)第62页使用了经济学模型的“信赖性/信度”之说法。本文从卢曼的社会系统理论中得到了很多启发,卢曼认为,“关于论证的理论”是根据论证(Argumentation)对(法的)沟通的过程持有的说服力(换言之,在沟通过程中保持的贯通力)来对论证进行评价的(卢曼[2003],第468—469页)。有关法律解释论争中近期提到的“议论”“拟制(fiction)”“涵摄技术”等“法律家的传统推理方式”(即“法解释论”),被定义为“在政策论尽头,酝酿出说服力的某种虚构”,相关内容亦可参见得津(2009b),第265页。

者认为人们对其评价过高了,武断地认为法学处于危机是给予了法学过低的评价。得津(2009a)的开头戏仿了《共产党宣言》中的一句名言,他将“法与经济学”比作幽灵,但他对这个幽灵(正是幽灵!)过于恐惧或视其为万能,笔者不禁怀疑是否有如此之必要。

话虽如此,“法与经济学”所纠缠的问题,正如得津(2009b)所暗示的那样,也是曾经的法律解释方法的论争、平井—星野论争等所共通的根本问题,即以“利益法学”“自由法学”“现实主义法学”为摇篮的法社会学这一“怪胎”①,在20世纪初的法律学中诞生的最初动机之问题。然而,笔者并没有勇气和动力去正面讨论这些问题。何况,本来就已经有许多论点似乎被说完了。②

因此,为了整理自己的思路,笔者在本文中想暂时从自由的社会学视角出发,按照“怪胎”的论证方式③——以法学的内部正当化与对外说明责任(accountability)为课题——来整理论点,以便把握今后讨论的线索。在事先约定了这一主旨后,第一,我们有必要区分问题的几个维度进行讨论;第二,“法的领域是什么”“法(学)能做什么”“为何法能作为法而存在”等一系列的同一性(identity)问题是什么以及应该如何回答,这在各个层面是不同的;第三,无论如何,从原理上看,只要法是法,我们就不能避免套套逻辑的自我构建和自我正当化,就无法避免对“现实”认识的错误,即与“现实”的“间隙”(gap),甚至就无法避免“统御”的功能界限。作为结构性问题,这必然会引发来自法律外部的批判,甚至是法律系统内部的自我批判,但我们最终也只能以此为基础来叠构起反思性的法律实践。

1 (普通)法的性质

众所周知,在《普通法的性质》(艾森伯格[2001])④中,艾森伯格(Melvin

---

① 原文所称的“鬼子”,是指不像父母的孩子。作者在这里将法社会学比作“鬼子”,旨在说明法社会学与法律学之间的关系。——校者注

② 得津(2009b)在一度埋头于川岛、末弘、来栖、星野、平井等主要论者的议论,并对日本民法学上的法律解释论争进行精读与内在地重构之后,认为它依然没有给出前述“政策论”与“法教义学”的“背离”问题之根源性解答。广渡(2009)将来栖的拟制(fiction)论、原岛的法判断论等同一法律解释论争的示意图(假设那里有一个“关于法判断论的理论论坛”)与德国及美国在20世纪以后的现代法学理论展开相关联,并进行了整理。“法律论证”(Juristische Argumentation)的社会系统论理解将信息的“变异性”和“冗余性”,以及“压缩”和“再认”作为关键概念,卢曼(2003)在第8章中进行了细致的分析。

③ 针对不像父母的孩子,我们显然需要证明其内在(血缘)的正当性,以及对外负说明他是该父母的孩子之解释责任。——校者注

④ 原题为 *The Nature of Common Law*,日译本译作「コモンローの本質」。

Aron Eisenberg）将哈特—德沃金的论争置于心头，并认为在实际的普通法裁判中，除了法律的教义命题（doctrinal proposition）外，道德、政策、经验命题等社会命题（social proposition）在一定条件下发挥着不小的作用（艾森伯格[2001]，第4章）。无论这是否可以被视为普通法的“本质”或因立场而产生不同，作为现实的情况与真实（real）的性质，恐怕许多论者会达成共识。

这并不限于英国的普通法，美国普通法的这一倾向性更强，并且与英国存在相对差异，对于大陆法系而言也是一样的。① 从社会学的角度来看，现实中的“法律”或“裁判”就是这些杂七杂八的要素之组合。问题是，这一现实的法（law）之性质（nature）是否会威胁到法的“integrity”。这也是如上所述的法律学的同一性危机的根本问题。在法律规则（若用艾森伯格的话来说，就是“教义命题”）无法解决疑难案件时，哈特承认法官那考虑到政策和社会规范所做出的司法裁量判断，即法官立法。德沃金对此表示反对，他将政策论法与原理论法对立，以试图证明被原理贯彻的法的“integrity”。② 在这个过程中，诸如著名的“赫拉克勒斯（Hercules）法官”、“系列小说”（chain novel）的比喻等概念构想被陆续提了出来。然而，仔细思考的话，人们不禁怀疑，如果不提出这样奇特（或直白地说，某些方面是真实的，但又脱离了现实，无法作为描述性的模型使用）之概念，就无法遵守或保护法律中的“integrity”的话（德沃金认为必须做到这一点），那么该“integrity”究竟是什么呢？最近，日本的法律学者似乎也有将“integrity”理解为“整合性”（「整合性」）或“一致性”（「一貫性」）的倾向③，而艾森伯格会用“consistency”或“congruency”这样的词语来表达。日本学者不太明白，为何要

① 本就将“习惯”和“事理”承认为“法源”的日本法，暂且不论政策，就道德与经验命题被考虑进审判而言，毋宁说是已设想好的。另外，政策的考虑在一定程度上做出了贡献，这也是常识性的事实。关于这一点，稍有不同的是，在广渡(2009)第297—299页，针对以法官受法律约束（禁止法官造法）为前提的将立法者意图说和法律意图说相对立的这一德国式立论，广渡氏不采取这个前提本身，而是承认法官对法律的创造，从而站在了将法律和法源区别开来的美国学说之立场上。来栖三郎教授将制定法当作与习惯（法）、判例、学说、事理并列的法源之一，从而引出了法（判决）和法源（法律）看似没有矛盾的“拟制”问题，并将其作为之后的拟制论展开的出发点。

② 德沃金(1986)、德沃金(1995)。德沃金(1995)中的“integrity”被日译为「純一性」。关于法的概念，德沃金对比了惯习主义（conventionalism）、实用主义法学（legal pragmatism）和作为“integrity”的法（law as integrity），并排除了前两者，转而拥护作为“解释性理念”的“integrity”的法（德沃金[1995]，第160—161页）。顺便说一下，本文在后文中所拥护的“实用主义”，并非德沃金所批判的那种无视历史的、机会主义的、工具主义性质的实用主义，而是他所说的以法的整体性承诺为前提的实用主义。正如吉田(2000)第214—221页所说的那样，如果我们将罗蒂等人的对立于基础主义的新实用主义动向作为前提的话，那么不得不说这是对实用主义的矮小化理解。

③ 从田村(2009)第14—16页及第21页可以体现出其中的细微差别。

故意使用“integrity”(「インテグリティ」)这个意味深长的词语。[①] 比起提出这样深奥而模糊的概念或假设一个实体性的统合原理,像(后期)卢曼这样的系统理论家也许会干脆断言这是与“环境(包括其他系统)”区别开来的一个沟通系统(communication system)。

总而言之,本文的主张是,这个问题应该分为以下三个维度:①存在维度,即除了实质性依据外,法被识别为法本身的事实;②正当性(legitimacy)维度,即法作为法(被视为)具有(认知性的、规范性的)正当性;③功能(responsiveness,effectiveness)维度,即法作为法有效地发挥着一定的社会功能,也就是其充分的社会统御功能,如政策实现功能、纠纷处理功能等。[②]

众所周知,德沃金前期非常重视“权利”。举例来说,如果在(结果主义与义务论对立意义上的)功利主义(或者福利经济学)VS. 权利论的框架内定位德沃金的权利观的话[③],那么可以说,不管最后这两者中的哪一个优先,他都是在上述②这个层次上来把握问题所在和捕捉权利概念的。不过,对于法律而言,权利概念具有非常本质性的存在价值,这一点即便德沃金不说,从川岛武宜强调权利意识作为与日本人的传统法意识形成对比之“近代法”基本要素那里,我们也已

---

① 德沃金(1995)第340页以下指出,「純一性」与「整合性」并不是同一概念。顺便一提,德沃金强调自己所说的“integrity”是“考虑权利与原理的「純一性」”。也就是说,单纯的时间一致性以及与先行判断的整合性是不够的,还要包括根据一定的实质性原理被统合在内的概念。相关地,结合原岛—萨维尼的理论来理解,参见广渡(2009),第334—338页。另外,塞尔兹尼克、诺内特(1981)也使用了法律的“integrity”这一概念,译者六本教授将其翻译为「完潔性」,并解释说:“人或制度,规定自己的同一性的一定原理,不被各种各样的外在影响所打乱,并忠实地遵守。「廉潔性」是其特殊情况。”这与德沃金相近。顺便一提,OED对“integrity”的定义如下:“1. The condition of having no part or element taken away or wanting; undivided or unbroken state; material wholeness, completeness, entirety. 2. The condition of not being marred or violated; unimpaired or uncorrupted condition; original perfect state; soundness. 3. In moral sense. a. Unimpaired moral state; freedom from moral corruption; innocence, sinlessness. b. Soundness of moral principle; the character of uncorrupted virtue, esp. in relation to truth and fair dealing; uprightness, honesty, sincerity.”

② 日本学界发生的法律解释论争包括平井—星野论争、川岛的“作为科学的法律学”“经验法学”等系列问题以及来栖的“拟制”论。然后,眼下困扰我们的“法律与经济学”的问题,以及我们的“多元分散型统御”模型,无论是哪一个,都与以上三个维度的问题中的一个或多个有关,都是讨论如何建立法与法“外”的事物之联系,其结果或许可以被理解为,法律的“integrity”被不断地重新追问,直至今日仍然如此。而且,所谓法的“思考方式”或者“思维”之讨论,也可以说是在维度①和维度②上予以一同把握的概念。

③ 关于被认为遵循这样的框架的凯普罗—沙维尔之自我规定与德沃金批判,参见常水(2008),第34—36页。另外,我们看调研报告及田村(2009)会发现,GCOE的负责人田村教授也基本上先采用了这个基本权或结果主义的框架,然后再探寻此外的第三条进路(过程取向)。

经可以看出端倪。[①] 而且,虽然我们无法否认②的方面更多地被意识到,但是①的方面同样重要。说得通俗一点,笔者认为通过权利的论述方式这一“形式”,某种言论本身就被认为是法律的东西了。[②] 那么,德沃金的权利论也能够通过①的维度来充分理解其含义吗?(对于德沃金的语境理解本身而言,这可能是一种牵强附会。)[③]

或者,在其他法律应实现的“目的”“政策”等常用概念中,这些概念在得津(2009b)中也随处可见,②的维度(如法的规范的正当性和不可分的原理、价值群)和③的维度(对社会各种需求的实效回应)都是相关的,它们并不单纯。

这些不过是身边的例子。总之,在探究法—权利(的“integrity”)时,我们需要确认的是,考虑的维度应该并非是单一的。即使经济学知识在某个维度上有着压倒性的优势(如后所述,实际上笔者认为,这也是依赖于相信结果是正确的这一意义上的原理上之有限优势),法—权利也不会因此全部崩溃。

所以,依照这三个维度,下文将对构成法学同一性危机之基础的法的“integrity”的现代现实或趋势(个人对是否真的存在危机持怀疑态度)进行整理,并进行若干考察。

2 法的识别(integrity①)

正如之前也多少提示过的那样,卢曼后期认为,法律的识别是通过某种模

---

① 川岛(1959)等。

② 川岛将①和②之间存在的分歧看作是不将法的理念内在化,而只是在形式上进行“权利主张”之行为,参见川岛(1982)所收录的《封建契约及其解体》《官厅土建请负契约的‘单务契约’性质》等文。但是,川岛并没有轻视①的维度,他之所以重视法律的“语言技术”,大概与①的维度有关吧。

③ 另外,关于法律的规范和法律判断,一边参照先例,一边历史性地进行自身积累(法的历史性),在②的规范正当性之脉络中经常被讨论,而且这也是被韦伯当作传统型支配的正当性来讨论的问题。对此,得津(2009b)的第 271 页以事实和规范的方法二元论为基础,提出了最有力的批判,其认为某一制度在传统上发挥了一定的功能之事实与规范性的期望无关。如果是这样的话,那么我们就更应该将法的历史性理解为维度①的问题。德沃金的“系列小说”正是其形式结构的通称。将法律系统理解为自律的沟通系统的卢曼强调了该系统自创生、运作封闭的重要因素。系统内部的“二阶观察”(second-order observation)不应该被狭义地理解为从元层级(二层的层级)提及的非时间性概念,而是应该被理解为包含时间因素的概念,即对在时间上先行的观察之观察。参见卢曼(2003),第 71—72 页、第 121 页以及第 553—554 页。特别是卢曼(2003)的第 121 页,“同一系统的前决定和后决定通过递归网络连接在一起”的现象被称为“运作上的封闭性”。结合想要克服按照阶层来说明法的妥当性的难点的哈特“初级规则与次级规则的结合”之理论,哈特认为在二阶观察的层面上,循环定义是无法避免的,“可能的是,时间上的非对称化”(强调原文)。另参见卢曼(2003),第 115 页。

式进行沟通(communication)的结果。[①] 卢曼指的是观察之观察，即通过二阶观察的递归网络(循环推论)的封闭运作。[②] 笔者认为，这是值得倾听的见解。如前所述，即使没有任何实质性根据，只要反复提出权利的话语、引用一定的条文等，法律的识别也会作为法律问题而被提出。当然，对方采取无视也是十分可能的，这样的情况经常能够看到；但是，另一方面，对方也有可能利用这种模式进行回应性的沟通。如果我们将自己限定在某一沟通的连锁是否是法律这样一个观点(即前述①的维度)上，那么可以说，所谓法就是这样沿着限定框架的相互沟通，既不多也不少。[③]

卢曼前期展开了稍微温和的讨论。在那里，法被认为是整合规范性预期的社会维度、时间维度和内容维度之一般化。具体而言，法是由手续、程序和制裁共同构成的(社会系统的)结构(卢曼[1977])。同样，法的定义没有考虑法的实质性、价值性或功能性根据。因此，在通常情况下，虽然自我目的化的程序是机械地、自动地运作，但是这也不意味着立即取消其法的资格，而是恰恰相反。

这样议论的意义是什么？那就是，最形式化地理解法的"integrity"这一话语。问其是否存在着完全的(whole)法律实践的外在形态(社会那样看待)时，就是在进行一定模式的沟通。而且，事实上，这样的沟通在社会中确实存在着，并具有一定的历史性[④]，这可能是由德沃金所说的解释性的"integrity"所支撑的(或者至少内部人士是这样相信的)。我们称其为"法律"，并且不认为其本身有特别的动摇和危机，反倒不如说其洋溢着所谓的法律化理论(「法化論」)。[⑤] 这绝不是重新敞开或停止思考[⑥]，而是从卢曼式的系统理论出发，通过结构性的功能分化，使自律的各功能系统得以分离、存在，由此社会好不容易获得应对世界进一步复杂化的可能性，即实现"化约复杂性"功能，避免了自我毁灭。近代以

---

① 法(recht)与非法(unrecht)的二元符码是众所周知的。在这里的法与非法之区分中，"法"这一事物的实体性价值的要素是极小化的。

② 参见本书第25页脚注③。

③ 尾崎(2009)指出，在纠纷当事人的沟通中，为了使法律的"主题化"这一状态成立，我们应重视从许多赋予某种意义的框架中有意识地、自觉地选择法的那一个的必要性，并讨论其成立或阻碍之条件。

④ 关于历史性，参见本书第25页脚注③。

⑤ "法化论"中的"法化"是对英语"legalization"和德语"Verrechtlichung"的日文翻译，是指"社会各种关系为法律所构造的倾向不断强化的过程"，或者说"社会关系为法律关系所置换的过程"。——校者注

⑥ 之所以被视为"停止思考"，是因为针对法律为何存在的问题，学者们没有提出任何实体性根据，而只是将套套逻辑这种毫无意义的答案作为回答。——校者注

降,这可以说是必然的发展(进化?)。通过将自身与外界区别开来,法律系统作为自我指涉的自创生系统而存在,其作为整个社会系统的部分系统就可以不崩溃地继续存在。① 如果法律系统在自我和环境的区别上遭遇失败,外界的各要素直接介入、连接或改写法律系统内的沟通,那么法律系统的"integrity"就已然崩溃。因此,尽管森田果氏对作为"场面话"的民法教义学与作为"真心话"的政策论的分离(变成了分别不同的沟通)提出了批评(得津[2009b],第 233 页),但是至少在沟通系统存在与否的维度(也就是为了可以表示存在法律的沟通系统)上,两者的分离是不可避免的。②

当然,这样的"社会学观察"③对于法学者来说,大概完全不是令人满意的回答吧。从系统理论家的角度来看,即使也许不存在使得法律系统得以存立的必要条件与充分条件,该系统也发挥了与"化约复杂性"不同的某种功能④,而且他们认为这种功能才是使法律成为法律的根据(也就是法律的"integrity"的根据)。正因为如此,本文开头的"'法学'应该要能够更多地解释自身吧"这样一个有些天真的想法,也会从法学学者(?)博主口中说出来。另外,在全球化的经济、流动化的世界、法律化的社会等方面,这些功能可能更加重要。如果是这样的话,那么即使真的是一个毫无意义的问题,我们也必须考察这种法律的功能(当然,我们也要将其关联到"integrity"的问题上)。而且,我们必须将其分为法的正当性(integrity②)和法的功能(integrity③)这两个维度来做进一步的研究。

---

① 如下所述。"……无法将妥当的法作为逻辑上封闭的系统来把握。……因为逻辑系统无法给自身的无矛盾性提供根据。但是虽说如此,对不完全性这一问题的解答,也不能在外部的妥当性的保证中寻求。倒不如说,答案在于不断产生法律文本的过程中,即什么作为法律是妥当的而什么不是,能够这样每次识别法律文本的生产。"参见卢曼(2003),第 303 页。

② 另外,笔者自己并不认为,为了使行为者之间的所谓"法律沟通"成立,只要着眼于表面行为(说话)就"足够"了。这不是因为笔者将后述的法的正当性和实效性当作了问题,而是重视哈特所说的,内在视点和外在视点的区别,并认为应该汲取川岛在理念上提出的近代法主体的概念的含义,即与法律这一虚构叙事相关的行为者的自我欺瞒之承诺,这一主体性条件是不可或缺的。在此省略,具体参见尾崎(2006)。

③ 卢曼认为,这样的讨论不是法律系统内部的"观察",而是环境中所包含的"学术系统"(Wissenschaftssystem)对法律系统的观察。另一方面,法理学、法哲学和其他"法理论"是对法系统内部的观察。参见卢曼(2003),第 27—34 页。

④ 严格来说,在卢曼的系统理论中,法律的"功能"(Funktion)仅仅在于规范性行为预期的反事实之稳定化(据此化约复杂性)。行动的控制和解决纠纷的作用被定位为"效能"(Leistung)。关于前者,几乎不存在法律的替代品,但针对后者则存在很多法律的替代品。参见卢曼(2003),第 167—172 页。本文将在更后面讨论法律的"功能"(参见本文第 4 部分)。

3　法(被视为)具有正当性(integrity②)

这并非意味着法(的规范)应当具有在非时间性的形式层面得到论证(定位)之类的意义的正当性,而是意味着,在时间上持续的法实践的不间断的连续之中,法规范(被视作)具有作为法的一贯的、有意义的、统一的实践之存在价值,即"正当性"。

在此意义上,法主要在如下两个相互紧密关联但在分析上不同的方面提供了正当性,并且其至今仍想要提供正当性,而笔者也认为法应当如此,即认知的正当性与规范的正当性。

让我们逐一来看。不管哪一种正当性,由于法作为与环境区别开的自律系统而与其他系统相分离,以及由于社会所展现的复杂化(现代性结构变动),因此无论是谁都不得不更加深刻地认识到这些正当性供给的原理性界限。

(1) 认知正当性

认知正当性是法由于能够正确且客观地把握其统御的对象(约等于社会)的"实际状态"而具有的正当性。

如果说经济学理论是由认知的、描述的命题所构成的社会学理论的一种精炼之形态的话,那么法绝对没有将这一意义上的社会的理论化当作最重要的目的。不过,法实际上也是对社会形态进行认知性把握的知识框架。在此意义上,法也是广义的社会理论。[1] 于是,法能够更加正确而客观地把握社会(自己能够构建这样的框架),并且在法作为法而运作的基本条件这一意义上[2],其成为了

① 这一社会理论的一个特征是,法通过设计、构建制度的机制,使"理论""现实化"这一自反的一面强于其他领域的理论。关于此点,后文马上会涉及。

② 不管关于存在与当为的二分法的哲学态度如何,至少得津(2009a)中的"……我认为描述性命题的牢固确立是与将来的规范性命题的展现相联系的"(得津[2009a],371 页)这一观点,大概就是法律家与法学者的常识性理解。问题是,是否从法律系统外部筹备描述性命题,以及筹备如何能够与法律系统内部进行沟通接合。卢曼将此问题定义为法律系统的异己指涉(事态≒利益状况的把握)与自我指涉(法的论证)的组合问题,他认为关键是不同的指涉最后被当作不同的东西而区别开来。参见卢曼(2003),第 527—531 页。简要言之,我们无法直接结合或者调和两者。"概念是由处理法律案件的经验积累得到的。……一方面,利益的作用,是成为将环境的意志进行自组织化的催化剂。当然,尽管有这二重指涉,论证却总是系统内的运作。……所以,在法律系统内,利益不得不按照法律系统的运作进行加工、叙述。在这里,利益必须带有提供根据的可能的决定,而且无非是在矛盾的事例之中如此。"参见卢曼(2003),第 524—525 页。

法的正当性根据。我们大概可以更多地意识到，学术性的法律学是这方面的"理论"受到雕琢的最基本的场所①；将法社会学定位为法律学的婢女，即将之视为以收集、提供由关于社会的描述性命题构成的知识和支持法的推论为其目的之学科，这一部分见解就与此有关。

但是，如今，法(律学的)这种认知能力面临的形势很严峻。正如前文已经说到的，认为法(律学)不过是欠缺对社会的正确理解之教条，这样的批判声浪很高，它大概有两个背景：一个是，经济学与博弈论这样精炼的理论在法学外急速地发展，其不仅夸耀自身压倒性的认知把握能力，而且一个接一个地产生了关于法的统御对象的知识见解；另一个是，直面现代的社会变动，既存的法(律学)的认知框架之有效性可能正在变弱。

部分法律领域内的法与经济学之兴盛(?)，作为一下子解决后一背景问题的方式，在笔者看来，就是企图导入法律学的理论群。但是，这里是否有着某种奇妙的既视感呢？……好像过去那个"作为科学的法律学"与"经验法学"成为潮流的时代之感觉复活了，人们幻想法学的教义学(即教条性质)被(在传统的法律学之外)某种普遍的、客观的(也就是"科学的")理论消除。那个时候，作为主导者的川岛武宜没有彻底舍弃对(恐怕是与"民主化"与"自由"重合的)"科学"的憧憬与幻想，他尝试了从历史的发展法则到心理学、行动预测模型的法学"外"的所有可能理论(法社会学者们对现在流行的行动经济学与博弈论的援用正是对这一学统的继承)②，并勉强将之与法学结合。反过来看，这不就是在反复破坏法学的个性吗?③ 这一行为的后果就是对法官的裁判进行预测与统制。这般"科学"理论的目的在法官的素质参差不齐、与政治过程接近、判决对社会具有很大的直接影响力的美国语境下还算成立，但在日本当时的状况下，笔者认为，明显不具

① 我认为吉田邦彦教授多年以来的主张的要点之一便是如此。相关地，参见常木(2008)，第49—50页。

② 得津(2009b)内在地解读了川岛理论的变迁。还可以参见与川岛法学、经验法学等直接相关的大学者的证言，如淡路(2008)(以及之后的讨论)。

③ 川岛教授是否意图使关于法的判断过程的这种"科学的"探究成为对所谓法解释论争的直截了当的解答，笔者不太明了。即便假设川岛教授有此意图，他也已遭遇以失败告终的命运了吧。这是因为在期望法解释的科学的客观性的时候，将法解释过程(法的判断过程)进行科学的模型化(客观的构造分析)，实乃偏离了问题。参见广渡(2009)，第309—310页。那也正是因为法律系统与(科)学系统的相互的自律性，即将某实践"科学化"与澄清该实践所服从的科学的法则性，眼下是两件不同的事情。在笔者看来，即使回顾独特的判例研究的方法论之类的(如川岛[1962])，川岛教授的意向性最终也经常触及后者的范围。另外，关于判决的预测，虽然我们不限于这一问题，但是也与卢曼的如下犬儒主义产生了共鸣，即"进行经验上确切的预测等活动，如果依据与之相关的科学的基准的话，那么要么几乎是不可能的，要么只能满足于不太重要的结果。"参见卢曼(2003)，第511—512页。

有现实性的科学理论的构建自身会陷入自我目的化的琐碎之中。对科学的憧憬似乎都会不知不觉地坠入科学的自我目的化之中。

那么,从那时开始,就没有人注意到科学的认知模式的构建是有界限的吗?也就是说,第一,我们无法借由理论来穷尽对社会的认知,即不可知性、不可预测性的问题;第二,理论自身会构建、改变对象,即不确定性问题;第三,“理论”的前提中蕴含着偏见和意识形态,直白地说就是偏见,即中立性问题。

第一点也是卢曼针对正席卷法学的结果主义之论证所再次指出的问题。卢曼(2000)强调的是对未来的可知性(预测可能性、测定可能性)之信赖问题。卢曼以如下方式呈现疑问:“法律家怎么会如此相信认识未来这件事呢?从通常的决策理论的考察方法以及同样地从经验的、社会学的考察方法出发是完全无法理解的。”(卢曼[2000],第39页)关于法的经济学分析,卢曼严肃地讽刺道,这不仅无法算出未来的结果,(尽管如此)而且正是贯彻法的妥当性这一自相矛盾的行为本身。[①] 另一方面,受到卢曼理论之巨大影响的波尔茨(Norbert Bolz)直截了当地指出了预测世界的不可能性(“无视野性”),他也言及在日常的无秩序中勉强度日,亦即进行“无视野飞行”的勇气之必要性(波尔茨[1998],第25—29页),而这正是以本GCOE的课题(即多元分散型统御)为其要求的社会结构变动之效果问题。仿佛是在嘲笑模型的精致化似的,社会的复杂化、多元化和流动化也在不可逆地进行之中。[②]

第二点甚至在关于自然现象的理论中也能指出来,如海森堡的“不确定性原理”,而对于作为理论构建本身就包含在对象之中的递归性理论、社会理论而言,这些当然也是应当注意的事情。何况,正如本书第28页脚注①所述,从事为社会行为设定框架的制度设计这一活动的法,其影响当然是很大的。

---

① “假设基于效用计算的结果来判断某法是妥当的,那么之后即使判明其计算是正确的,或者是错误的,也已经是同样的事情了。与采取一些形式……企图将法的统一性导入法自身当中的所有尝试一样,法的经济分析也是以自相矛盾的解决(展开、不可视化、文明化、非对称化)为依据的。……无论未来实际证明预期是正确的还是错误的,最终都是没有关系的,这一点正是孕育风险行为的典型标志。因此,法的经济学分析就变成了企图将法的决定作为风险的承担进行正当化的活动。”参见卢曼(2003),第17页。

② 尽管如此,另一方面,藤谷(2009)第51页的主张当然是有道理的,作为法律家的意见是值得倾听的,即并非全部都是不可知的,必要的实证知识“大体上”齐全的领域也确实是存在的;如果我们无法以百分之百的确定性证明其为事实,那么就将之全部当作价值判断的问题。这不能说是一种生产的态度,我们必须在某些地方冷静地加以判断。

第三点与“(2)规范正当性”相关,后面再讨论。[①]

即使是自夸因客观的、普遍的认知把握能力而具有压倒性优势的经济学知识,也无法避免这些原理性的界限。正如得津(2009a)所说的,确实,经济学所展示的许多知识,相比于现有的法学所展示出来的认知,更具有压倒性的“说服力”。但是,问题在于,那只是(恐怕对法学共同体内部人员的)“说服力”而已。经济学模型所澄清的“现实”正是现实本身——以极端的建构主义来消解掉问题是另外一回事——这一点是无法证明的(或者说,即便是数学与理论物理学的模型也是无法证明的[②③])。总而言之,在人们相信其模型是正确的这一依存于“概率”的话题上,与经济学模型相比,法学模型(一部分论者坚称)明显是有缺陷的,但这也不过只是程度上的差别而已。不管哪一种模型,其在原理上都无法避免“与现实存在间隙(gap)”这一批判。

这样考虑的话,针对如下两点,我们也许有必要进行更加深入的考察。

一是,无论认知能力有多高,据此就能直接改善、克服其他维度的正当性——“(2)规范正当性”,乃至“integrity”自身的危机——“integrity③”,这一点并非是自明的。

二是,就理论的“正确性”(概率)而言,根据法的“教条”来改写现实这一特性——恐怕是相当强的特性(比经济学模型更强烈,而以自然界为对象的物理学模型是不具有如此的力量的)——之中,潜藏着逆转法学与经济学之间的优劣之势的可能性。如果我们无法顺利把握对象的话,那么就改变对象以适应自己的

---

① 关于第二点和第三点(递归性与价值偏见),参见藤谷(2009),第51—52页。

② 在2008年11月25日播放的节目“爆问学问”(NHK)上,针对质疑数学的可信度的节目主持人,机器人工学学者高西淳夫教授有如下评论:(1)就算明白是正确的也无法加以证明的事物,有无数多;(2)在数学上无法证明理论等于实在。恐怕,前者是哥德尔不完全性定理的问题,后者是至今仍没有结论的数学的实在论当中,素朴实在论(柏拉图主义)与反实在论(直观主义)之对立的问题。不管哪一个问题,在笔者看来,即便是严密性要求应当如数学那般极端的自然科学理论,最终也还是回归到人们同意理论在多大程度上是正确的这一由广义的实用主义所支持的问题。由于实用主义的诞生,近代的认为通过对整体社会结构的视野生成与复杂性意识的建立就能够仅仅逻辑地、理论地处理世界这一问题的想法,已经被抛弃了。参见卢曼(2003),第435页。

③ 再进一步考虑的话,可能就是无法证明世界乃确实由普遍的法则所支配这一问题了吧。与神的存在一样,就算比神的存在可能性更高一点,也只能说它就是个信念问题。另外,卢曼指责认为,“神”与“正义”分别只是宗教系统和法律系统的“偶连性公式”(Kontingenzformel)。换言之,“神”与“正义”只不过是为了探究如下活动的根据与价值的图式罢了,即通过将本来“只能自相矛盾地或者同义反复地加以陈述的统一性按照其分别进行置换,使得观察不能的东西变得观察可能”(卢曼[2003],第241—247页)。简要言之,大概就是通过带入这类概念,暂时使得通过系统内部视角来把握世界成为可能,可以说是没有实质根据的图式。

理论。吸收经济学(该企图已被采纳)与改写对象(或者仿佛已然改写了似的进行认知),哪一项更容易做到呢?

(2) 规范正当性

规范正当性是通过首尾一贯的一些价值或者原理之支撑而得以具体实现的正当性。具体而言,规范正当性也许是"基本权"(那样的目录化的东西),也许是德沃金(1986)的"获得平等的尊重与关怀的权利"那样统合性的基本原理,也许是富勒所重视的制度内在的道德(internal morality),也许是使得一定的决策方式优于其他方式的原理,也许是常木(2008)在设计规则时作为基本方针优先采用某种福利函数的时候出现的价值承诺(常木[2008],第 24 页),也许是为了对"(1)认知规范性"中所说的客观的认知模型与制度进行规范性评价而构建基础模型之时,所采用一定的前提(个人或市场或竞争)而持有的"规范或者价值的含义"①②,即规范正当性不限于狭义的实在规范的规范性。

不管是什么层面的表象,总之内在于法实践的确实是规范正当性。众所周知,围绕着为在此所预设的正当规范或者价值本身提供最终根据(或者说奠基性)的规范或者价值,始终面临着困难。这种困难象征性地表现出来的便是,在排除自然法这一不自然的假设之后,围绕着为法规范提供根据的规范是什么而产生的凯尔森与哈特之著名争论(哈特[1990],第 325—388 页)。凯尔森将奠基的作为基础之阶梯推升到极限,从而最终得到预设了基本规范的理论等,并且他以之为武器,执着于"规范就是规范"的命题。与凯尔森相对,哈特(1976)排除了承认"承认规则"的规则这一无限的超越过程。由于承认规则就是承认规则,因

---

① 在构建理论模型之时,如设想自然权的存在或者个人这一参照框架(「準拠枠」,frame of reference)之类的,假定最终无法"实证"的基准点将必然具有规范或价值的含义。关于基准点问题,参见得津(2008b),第 8—11 页及其引用文献。对此,更进一步追问的话,就连("认知的"或者"描述性的")自然科学的理论也会成为依据一定的承诺(commitment)之"教条"。相关地,根据卢曼的观点,作为共同符合法律系统与学术系统的东西,这以如下方式得到了说明,即"悖论代表了在系统中至今仍无法观察到的世界……。悖论是不得不停留在不可视层面的根据。因此,所有的根据赋予都变得具有'教条'的性格"。参见卢曼(2003),第 189 页。

② 长谷川(2008)详尽探讨了田村的知识产权法论,并指出它由"'创造实效性'的保障"这一"根本的秩序理念"(或者"价值")所支撑(在它下面,由下述"原理的设定"构成:"'市场活用的原理'—'成果与开发的前提'、'目的论制度化的原理'—'规制方法的实效性的前提'、'激励最大化与自由的补充性原理'—'目标基础伦理的前提'",参见长谷川[2008],第 110 页)。另外,与田村的知识产权法论相对立的,一是自然权论的路径,二是达沃豪斯(Peter Drahos)一派的"信息的正义"论的路径。不用说,这些理论都是以一定的规范的承诺为前提的。

此“……法院、公机关官吏、私人在参照特定的基准将法律特定化的时候,虽然复杂,但是法规范通常只作为取得了调和的实践而存在”(哈特[1976],第 120 页)。简要言之,哈特将上述问题消解为社会实践的事实问题。问题不是哪一方才是正确的,而是无论哪一方都回避了问题,即法律系统的规范正当性之套套逻辑的[①]或者自我正当化的性质。

正如德里达所指出的,一开始将法定义为主权者制定的规范时,就存在规范的循环自我正当化,而且它被巧妙地隐藏起来了。[②] 将规范正当性的套套逻辑隐蔽起来的不仅仅是主权者概念。恐怕,基于程序的正当性,或者被比喻成“系列小说”的历史统合性的社会实践,或者审议民主,或者“市场、立法、行政、司法的功能分担的过程”(本 GCOE 调查书),或者在更加抽象的原初状态上的社会契约,乍看之下,那些仿佛能够回避正当性问题的实质价值承诺的具有希望的“解围之神们”(*Deus ex machina*),其实每一个都发挥着那样的隐蔽功能。重要的是,如果不能发挥此功能的话,它们也就不能够成为解围之神了。[③]

总而言之,法进行着套套逻辑的或者自我循环的自我建构与自我正当化,而就本文的目的而言,重要的不是将之归因为法作为“教条”与“虚构”的性质(或者认为法因为进行着这样的过程而成为“教条”或“虚构”),而是既然“integrity”的一翼是由规范正当性担当的,那么它在原理上就是无法避免的了。也就是说,即使以更加精致化的经济学之知识见解为根据来进行一定的论证与制度设计(在此意义上,教条性与虚构性得到了尽可能的缓解),我们也无法消解这一原理性

① 参见本文开头对卢曼的引用。卢曼除了说到作为自我指涉的系统的法律系统是套套逻辑外,还指出了悖论的问题,即“自我指涉的系统在运作上将自我指涉与否定的使用结合起来的时候,就会催生出内部的悖论”。参见卢曼(2000),第 15 页。关于悖论与内部矛盾的问题,以及规范的不确定性的问题,本文无暇顾及。

② 参见德里达(1999),第 30—36 页。德里达强调的乃是,“正义与法/权利的出现这一确实无疑的时刻,亦即创造出法/权利、奠定其基础、使之符合正义的瞬间,就包含着施为(「行為遂行」,performative)的力量”,以及作为“使得制定规定/支配场域的作用得以成立”的“实力行使,亦即正因为是完成行动的进行解释的暴力”的问题。于是,“权威的起源、给规定奠基的作用以及构成规定的基础的东西、定立规定的作用,它们最后的根据,由于按照定义只能是其自身,因此这些事态就是没有基础的暴力。……它们在完成奠基的瞬间既非合法的也不是非法的。”参见德里达(1999),第 20—33 页。

③ 卢曼(2003)认为,法律论证中的“根据”,不过是表达“冗长性”(来自 Henri Atlan 的概念)的标志而已。这一“冗长性”通过减少信息和意外情况来使得自创生形式的递归沟通网络成为可能。相信作为这样的“根据”经常被使用的“原理”无疑是落后于时代的潮流的,即使想要逃避到程序的规定里去,其也会因不完全性而面对着不能实行性(卢曼[2003],第 475 页)。“出色的根据”经常作为“文本”的可能之解释被提起(卢曼[2003],第 514 页)。在过去的欧洲法中,虽然神的睿智与意思、自然、理性被假定为“根据的根据”,但是这些无疑已经不具有可信性了。

问题。甚至可以这么说,越是标榜自身的非"教条"性的人,越有可能对此问题毫无自觉。如果真是这样的话,那么意气风发的现代新社会学的法律学大概又正在重蹈某种"社会学的法律学"所特有的欺瞒性与错误了吧。

4 法(被视为)有效地发挥着社会功能(integrity③)

法正是由于作为法,因此其所能实现的社会功能①是法的"integrity"的重要构成维度。具体而言,作为"为了实现更好的社会的工具"②之功能正在于此。本 GCOE 所探求的多元分散型"统御",或者更一般地说,对社会需求的回应、政策的实现、秩序的实现、纠纷的处理之类的,都属于此。

但是,近代以来,法恰恰因为作为法,所以其在这样的社会功能上面临着根本的局限。原本在近代社会,法对自身的实效性之界限是有自觉的,因此其对"活法"(Ehrlich 语)之类的抱有持续的兴趣。也就是说,不是在法那里,而是在某个地方,有一种富有实效的统制机制。如今的软法(soft law)或者架构(architecture)③之类的,大概就是这般理想的对象。

围绕法的界限,学界已经有了各种讨论,它也是法社会学的一个基本主题。不过,笔者认为,目前与本 GCOE 相关的重要内容涉及如下两点:

第一,社会的流动化、多元化正在加速进行,既存的近代法的或者形式合理的框架(边界线)所无法把握的诸现象与问题正在大量生成。这是在说明本 GCOE 的现代法政策学班的问题志趣与对象领域选定(竞争、环境)的时候,负责人吉田克己教授一有机会就加以强调的。

第二,诺内特与塞尔兹尼克(Nonet & Selznick)所展现的"自治型法"的界

---

① 关于法的"功能"的概念,参见本书第 27 页脚注④。

② 得津(2009b),第 237 页。得津氏在同一处认为,此考虑方法是"绝对的前提",至少其是与之同世代的商法学者们所共有的价值观。得津(2009a)第 372 页认为,"想要功能性地把握法律这一方向性本身是本 GCOE 项目中许多成员所共有的"。不过,笔者既不是与得津氏同世代的人,也不是商法学者,而是项目里的少数派,因此笔者并不认同此观点(从到目前为止的论述中也能清楚看出来吧)。这种古典的美国式的法律工具主义观念,即便是批判法学的评论家们也不能达成共识了吧。也许读者从后面即将论述的内容中也能清楚看到,如果我们立足于这种工具主义的前提,那么有可能反过来并没能掌握多元分散型统御的必要性及其现实,这也是现代社会的法秩序之现实。

③ 在 2008 年秋的法哲学会上,松尾阳氏引用了莱斯格(Lawrence Lessig)的论述,做了题为《架构(architecture)的规制作用的性质与其意义》的报告。笔者由于没有参加而不了解详细内容(手头有提纲)。

限就是回应了社会的滞后现象,并作为近代法的特征而存在的。在卢曼的系统理论中,这一问题被理解为作为自我指涉的自创生系统的法只能对环境中的其他系统(如经济系统)进行间接统御,即在对外界的认知之基础上的自组织的、自我指涉的“回应”无法直接统御外界,而外界的逻辑也无法直接转变为法的逻辑。[①] 例如,对于经济社会的诸逻辑而言,法的统制(统御)作为法面临着困难,即只要没有按照经济的逻辑完全将法改写,法的统御的困难就会持续存在。[②] 这一问题大概能够这样被具体地理解吧。

诺内特与塞尔兹尼克(1981)提出了作为第二个问题的答案的“回应型法”(responsive law)。在此,对于积极主义、开放性、认知能力而言,这些容易变成自治型法的致命因素存在着大胆的希望与期待(诺内特与塞尔兹尼克[1981],第116页)。在本GCOE中,笔者将联系第一个和第二个问题,并将之作为由“多极的、双方向的、动态的治理(governance)结构”构成的“开放的法治主义”的构想而予以探究。但是,如果像塞尔兹尼克关于“回应型法”的理论所承认的那样,“这是一个模棱两可的理想,会不会达成、是否是可欲的在历史上是不确定的,特别是依赖于那时不时必须处理的紧要事、能够尝试利用的新的资源”(诺内特与塞尔兹尼克[1981],第184页),那么未免太过于悲观。如塞尔兹尼克自己所说的,也许法已经丧失了“固有的同一性(identity)”,堕落成了与政治和经济未加分离的某种东西(压力装置?),走在了前往“法之死”的道路上(诺内特与塞尔兹尼克[1981],第185页)。结果,塞尔兹尼克或许只能抽象地表示,“在来自环境的压力下,是否可能维持法的目的之权威与法秩序的‘integrity’,与设计更具能力的法律诸制度相关”(诺内特与塞尔兹尼克[1981],第121页)。

5 实用主义(Pragmatism),民主实验主义(Democratic Experimentalism),冒险系统(Daring System)

以上便是笔者对问题的整理。简要言之,如最初所述,在原理上,以及在现

① 参见卢曼(2000),第90—122页;卢曼(2003),第131—176页、第715—719页。尽管这些地方提出了免疫系统的比喻等理论,但是它们还指出,即便在法不能对环境进行具有一定实效的制御之场合,法律系统自身也会反事实地贯彻规范的预期;在此意义上,法律系统具有运作上的封闭性;法律系统会在与其他的自创生系统(即政治系统和经济系统)的结构之耦合下运作;在这种耦合下,来自环境(其他系统)的刺激与动摇,只会作为违背预期而出现的纯粹的内部构成物。

② 当然,这一困难与法律系统的继续存在是硬币的两面。

代社会的语境下,法无法避免套套逻辑的自我建构与自我正当化、对"现实"的错误认识,以及与"现实"之间的"gap"和"统御"的功能界限。这必然会不时地引发法"外"的观察者的批判,以及法律系统内部人员的自我批评(法与经济学的兴盛、对法律家团体内部通用的同义反复的虚构以寻求面向社会的更进一步的说明责任,得津[2009b]的结论便是此例①)。但是,最后一下子就能解决该问题的万能钥匙似乎又是不存在的。如果万能钥匙存在的话,那么可能就意味着"法"的"死亡"吧。结果,我们首先就只能不断积累基于该原理特性的科学与反思的法实践,并且不能无视在时间上先行的已经积累的判断与论证。相对于被批评为沉溺于法教条的被批判者,批判者并不具有原理上的优越地位。②

如果我们认真思考复杂化社会的多元分散型统御,即对社会的多元分散型回应,那么结果也就只能是暂时以实用主义为志向,做符合法领域的,以及历史、社会语境下的个别非结构性之回应。"价值的序列"之存在本身就极其可疑。即便"价值的序列"存在,法律家拥有特权性的认知这一件事也相当可疑。若不假定存在"价值的序列",而是根据每一个场合的不同状况进行临时性判断,则利益衡量③或许可以成为有力的武器。④ 在此意义上,平井式"议论"与非星野式"利

① 如果用嘲讽的口吻说的话,那么得津氏的这类要求之成立就是基于法只要是法,其便在原理上无法完全满足。面对来自外部的批判时,法律学者变得谦虚,并且以更能回应社会为目标当然是好事,但是假如在这背后,法律学者持有内部者特有的偏见,过分夸大作为社会统制与改革的工具的法所能发挥的作用,那么我们或许可以说,其就会陷入施为性质的前后矛盾中。

② 在重新思考日本的法解释论争,以及也可以说是其复现的近来的法与经济学对法教条的批判(得津氏所说的"民商之壁"问题)的时候,卢曼的如下记述或许是富有启发的。卢曼认为,关于"异己指涉的(工具性的、实质的、利益相关的)法实践,与自我指涉的(形式的、分析的、概念的)法实践的对立"(换言之,与古代的科学理论上的论争有许多相似点的利益法学与概念法学的论争,它在培根类型的经验主义与笛卡尔类型的理性主义之间展开斗争,并最后煞费苦心地得到了"在学术系统的事实性运作中,这相区别的两者的一些方面都获得了运用"这一结论)。虽然要回答历史上是否存在偏重两者之一的明确之倾向还必须进行详细的研究,但是重要的是,存在这种他者(异己)/自己(自我)的形式,并且在这一形式上,法律系统以经常性地将其他的方面保持在视野之中(也就是进行区分的同时又纳入视野之中)的方式进行运作。于是卢曼认为,这就只是显示系统是存在的,而没有表明应该使得系统获得优先性(卢曼[2003],第527页、第530—531页)。或许反过来也可以说,系统外的逻辑亦不应该是优先的。亦如广渡(2009)所表明的,20世纪以降,不管是在日美德哪一国的法律学上,卢曼指出的这一自我指涉的法实践与异己指涉的法实践之对抗,都以各种方式引发了方法论之争。本文开头所称的"古论新争"便是因此之故。

③ 在笔者以前(1989年到1994年期间)参加的一些课程和研讨会上,村上淳一教授依据Karl-Heinz Ladeur等人的论述,强调利益衡量本来就是那种暂时性的东西,其语境便是认为平井—星野论证中预设的利益衡量概念一开始就是不合理的。虽然笔者受到了这一主张的影响,但是文责当然是自负的。

④ 卢曼认为,利益衡量是认知维度的问题,由于其不是具有妥当性的法,因此不能为决定提供法的根据(与星野法学形成尖锐的对比),其只不过在实务上发挥着通往韦伯所谓卡迪司法的(即实质的非理性的司法)引子之作用罢了。参见卢曼(2003),第528—529页。

益衡量”对于法实践而言是等价的。不过，这完全不是仅仅从机会主义与工具主义的观点出发，对法进行的观察。① 法的“integrity”具有虚构的正当性与意义，我们不应该轻视这点。再回头看，正如卢曼(2003)所言，作为法律系统内部的沟通之法的论证是“从部分到部分”的“递归网络”(卢曼[2003]，第477页)，而非临场性论证的集聚。“二阶观察想要法律系统的运作模式(运作不仅仅是在正确的根据、目的与条件下进行)主题化。从这一观察来看，问题是要在多数所决定的相互关系中确立充分的一致性。可是，那时就会附带一项条件，即无论哪个决定，都不能定义其他决定的全体集合与赋予它们界限，更不用说认识其内容(卢曼[2003]，第485页)。② 虽然我们能够洞察全部的赫拉克勒斯是不存在的，但是“integrity”还是存在的，或者说是被意欲的。

Martha Minow在*Partners，Not Rivals*一书中批判性地考察了现代美国的治理状况。在现代美国的教育、福祉、医疗、刑事等领域内，市场原理在以票券(voucher)方式与民间化的形式进行渗透(privatization)的同时，私企业、NPO、宗教团体等多元的行动者(actor)也复杂交错。在那里，将国家与市场以及各种团体截然区分开的权限和责任之界限正变得不清晰，流动化正在加强。结果便是，与政教分离等有关的基本权的问题出现了，财富的有效率且公正的再分配变得可疑，在关于公共性较高的行为的可问责性(accountability)也正在模糊化。另一方面，关于自由的选择这一不同的价值方面，我们也能看到一定的发展。针对这一状况(虽然在处理性别歧视与残障歧视、大规模暴力与战争犯罪等问题方面，Minow迄今为止的研究也是如此)，Minow没有给出单一意义的建构主义的解答，这大概是因为她无法也不应该给出解答吧。在以宗教的基本权为根据而

---

① 参见本书第23页脚注②。

② 在这样立论的时候，卢曼经常参照的是以“tort”为主要素材，将定位为美国普通法上的法律推论的案件之历史发展当作细致遵循的古典研究，参见Edward H. Levi，“An Introduction to Legal Reasoning”，*University of Chicago Law Review*，Vol. 15，No. 3，1948，pp. 501－574(该论文来年将以同名书籍之形式由芝加哥大学出版社出版)。从基于案件的法律知识之发展来说，值得注意的是，藤谷(2009)认为，基于事先(*ex ante*)考虑的功能主义之法制度设计论成立的条件便是，必须一个一个地在个别的问题领域内克服知识问题；在走向克服的阶段性的前进过程中，“发生了具体的纷争，就暂时根据从前的概念体系来理解事后(*ex post*)‘发现’的价值与利益，在重复一个个这样那样的案例的推论过程中逐渐就会有所预见——法教义学或许就能够被定义为这样的活动”(藤谷[2009]，第54—55页)。在此，法教义学对功能性地收集、整理信息是乐观的(藤谷[2009]，第61页)。但是，对在根据法教条筛选出来的“信息”中存在着的扭曲，按照克服上述意义的“知识问题”之形式加以中和，不就是现实主义的设想吗？藤谷氏自己也将其作为规范性要求提出，即要“寻求”(藤谷[2009]，第56页)使得将案件的积累当作“学习”的过程进行有效的活用成为可能的法教义学之应有状态。

断然抛弃教育学券(voucher)制的同时,Minow 相反也没有将效率当作金科玉律来探讨制度设计。Minow 表示,①个人信仰与言论自由,②政府的宗教中立性,③法的支配,④免于因种族、民族的出身、语言、性别、残障、宗教、性倾向而遭受歧视与排挤的自由,⑤对人的基本需要的回应,⑥对多样性的尊重,⑦民主等"公共价值"应该为人们所共有(Minow[2002],第 144—150 页)。但是,Minow 保留认为,正是由于尊重多样性的民主,因此这一主张自身就不是(她说不能也不应该是)确定的;Minow 认为,重要的是,在关联的行动者之间,信息得到共享,各自的声音得到理解与回应,从而实现了"被纳入讨论"之意义上的可问责性(Minow[2002],第 150—156 页)。[①] 也许是个人寻求基本权保护的声音,也许是寻求更有效率的事业的利益集团(advocacy group)的声音,总之并非在原理上将特定的行为者或特定内容的声音放在优先位置。重要的是,面对这类符合语境的,分散、多元、个别的声音,公共空间如何能做出回应?因此,我们显然要将参加诉讼与行政程序等定位为传达这样的声音之场所。[②]

正是这种——按 GCOE 的说法——"多极的、双方向的、动态的统治结构",使得多元声音的交织以及对此的回应显现出真正的面目。如果担当该治理一翼的法学者认为根据经济分析或者按照正义论,抑或基于一定的单一意义的基准做适当的区分使用等特定的方案,就能够对该结构进行事前设计,那么就会自相矛盾吧。[③]

---

① 对于当事人而言,这当然是具有即便不胜于但也不劣于治理(governance)的"科学的"设计(假如这是可能的话)的"说服力"的。

② 针对 Minow 的理论,笔者考虑的是如何给连发声也做不到的最弱者进行定位这一批判。在美国社会,受无休止的法的异议声明与要求之影响,治理的效率性与统一性受到了明显的损害,卡根(Robert A. Kagan)(2007)用了"当事人对抗的法律主义"(adversarial legalism)一词来表现这一深刻的弊病之存在。另一方面,藤谷(2009)认为,"有必要检讨……有意识地将法制度作为使从市场与市民社会一侧输入(input)新的知识与价值得以可能(但也并非允许所有的价值与言说的毫无限制的流入)的构造,以及如此进行定位的现实状况"(藤谷[2009],第 58 页,着重号引用部分)。

③ 一方面,常木(2008)认为,"最终,多大程度上,怎样的原理论的制约是有效的,抑或目的论式的福利经济学的路径是有效的,或许只能逐个案件地进行检讨"(常木[2008],第 46 页);另一方面,常木(2008)有如下彷佛能预先发现灵活运用的标准之论述,即"经济模型的可信度越高,就越能期待法规则根据福利经济学的方法精密地建构,司法的作用会缩小。其理由便是,由于据此人们的行为规范得以明确化,行动的预见可能性得以确保,个人的选择自由就得到了保护,并且社会目的能够有效地达成。对此,如果模型的可信度存在疑问,那么,就可以希望按照一般条款的形式设计、记述法规则,据此为对人们行动的后果进行司法的事后救济留下了广阔的空间。因为这样会削减实现社会目的之效率,两者就会产生妥协(trade-off)"(常木[2008],第 62 页)。但是,常木紧接着就强调了基于"对话"的动态判断,即"将此点放在心头,在经济学者的事前分析与法律家的事后处理技术之间,关于提高哪一项的使用比重更合适,要根据个案寻求法律家与经济学家的冷静对话"。不过,有资格参与"对话"的,为何就只有"经济学家"与"法律家"呢?

Minow宣称，经济学者Charles Sable和Michael Dorf所说的“民主实验主义”(democratic experimentalism)(Minow[2002]，第170页)是与这两条路径不同的第三道路。Minow认为，那也是研究者、记者、运动拥护者们(advocates)不惧怕将存在于社会上的紧张与对立赤裸裸暴露出来，并进行批判与托付给公共讨论的“冒险系统”(daring system①，Robert Cover语)。“民主实验主义”是由保证人们的声音被切实、稳定地接受与反映的民主所支撑的，在反复进行试错的同时，不断进行反思性实践的实验主义。此外，根据特定基准来单一意义地确定国家介入的正当性之好坏，这类的姿态是不存在的。对此，大概也有批判会认为，这不过是欠缺理论严密性的实践论。但是，第一，在“立法上的解决是可欲的”这一场合下，假设存在可以非语境地言说的问题领域的话，那么该立法过程就绝不是理念上已经预设好了的姿态本身，而是诱发并进行着经济的、政治的强者游说(lobbing)之过程，那么这正是本GCOE作为现实主义的课题所认定的。第二，正如吉田邦彦教授通过引用寺田逸郎(2018)的发言，针对昨天的“民法修改”讨论而委婉指出的，让“全面修改”陷入困境的现代社会的结构性变动，恐怕会使得超出实用主义的个别实践的积累方案(scheme)在理论上的提出变得犹豫不决(寺田逸郎[2018]，第108页)。这可能就是希望对现代社会的法进行定位的我们直率的现实主义吧。

【参考文献】

アイゼンバーグ，M・A・(2001)『コモンローの本質』(石田裕敏訳、木鐸社)/[美]M. A. 艾森伯格：《普通法的本质》，石田裕敏译，木铎社2001年版。

淡路剛久(2008)「淡路民法学・公害環境法学の40余年　私の研究史断章：川島法学・連帯債務・不法行為・公害環境法」『北大法学論集』第59卷4号所収/[日]淡路刚久：《淡路民法学、公害环境法学的40余年我的研究史片段：川岛法学、连带债务、不法行为、公害环境法》，载《北大法学论集》第59卷4号。

尾崎一郎(2006)「都市の公共性と法主体」『北大法学論集』第56卷5号所収/[日]尾崎一郎：《都市的公共性与法主体》，载《北大法学论集》第58卷5号。

尾崎一郎(2009)「紛争行動と法の主題化」太田勝造他編『法社会学の新世代』(有斐閣)所収/[日]尾崎一郎：《纷争行动与法的主题化》，收录于[日]太田胜造等编：《法社会学的新时代》，有斐阁2009年版。

川島武宜(1959)『近代社会と法』(岩波書店)/[日]川岛武宜：《近代社会与法》，岩波书店

① 之所以称其为冒险系统，是因为该系统内部在充满多样性、冲突性的同时，又在寻求共同性。——校者注

1959年版。

川島武宜(1962)「判例研究の方法」『法律時報』第34巻1・2号所収/[日]川岛武宜:《判例研究的方法》,载《法律时报》第34卷1、2号。

川島武宜(1982)『川島武宜著作集第1巻法社会学1』(岩波書店)/[日]川岛武宜:《川岛武宜著作集第1卷法社会学I》,岩波书店1982年版。

ケイガン,ロバート・A・(2007)『アメリカ社会の法動態—多元社会アメリカと当事者対抗的リーガリズムー』(北村喜宣他訳、慈学社出版)/[美]罗伯特・A.卡根:《美国社会的法动态——多元社会美国与当事人对抗的法律主义》,北村喜宣等译,慈学社出版2007年版。

田村善之(2009)「知的財産法政策学の成果と課題」『新世代法政策学研究』Vol. 1所収/[日]田村善之:《知识产权法政策学的成果与课题》,载《新时代法政策学研究》Vol. 1。

常木淳(2008)『法理学と経済学—規範的「法と経済学」の再定位—』(勁草書房)/[日]常木淳:《法理学与经济学——规范性"法与经济学"的再定位》,劲草书房2008年版。

デリダ,ジャック(1999)『法の力』(堅田研一訳、法政大学出版局)/[法]雅克・德里达:《法的力量》,坚田研一译,法政大学出版局1999年版。

ドゥオーキン、ロナルド・(1986)『権利論』(木下毅=小林公=野坂泰司訳、木鐸社)/[美]罗纳德・德沃金:《权利论》,木下毅、小松公、野坂泰司译,木铎社1986年版。

ドゥオーキン、ロナルド・(1995)『法の帝国』(小林公訳、未来社)/[美]罗纳德・德沃金:《法律帝国》,小松公译,未来社1995年版。

得津晶(2009a)「負け犬の遠吠え:多元的法政策学の必要性またはその不要性」『新世代法政策学研究』Vol. 1所収/[日]得津晶:《丧家犬遥远的咆哮:多元法政策学的必要性以及其不必要性》,载《新时代法政策学研究》Vol. 1。

得津晶(2009b)「民商の壁:商法学者からみた法解釈方法論争」『新世代法政策学研究』Vol. 2所収/[日]得津晶:《民商之壁:以商法学者来看法解释方法的论争》,载《新时代法政策学研究》Vol. 2。

ノネ,P. =セルズニック,P. (1981)『法と社会の変動理論』(六本佳平訳、岩波書店)/[德]P.诺内特、[德]P.塞尔兹尼克:《法与社会的变迁理论》,六本佳平译,岩波书店1981年版。

ハート,H. L. A. (1976)『法の概念』(矢崎光圀監訳、みすず書房)/[英]H. L. A.哈特:《法律的概念》,矢崎光圀监译,みすず书房1976年版。

ハート,H. L. A(1990)『法学・哲学論集』(矢崎光圀監訳、みすず書房)/[英]H. L. A.哈特:《法学、哲学论集》,矢崎光圀监译,みすず书房1990年版。

長谷川晃(2008)「〈競争的繁栄〉と知的財産法原理—田村善之教授の知的財産法理論の基礎に関する法哲学的検討—」田村善之編著『新世代知的財産法政策学の創成』所収(有斐閣)/[日]长谷川晃:《"竞争繁荣"与知识产权法原理——关于田村善之教授的知识产权法理论的基础的法哲学讨论》,收录于[日]田村善之编著:《新时代知识产权法政策学的创立》,有斐阁2008年版。

広渡清吾(2009)「法的判断論の構図:法の解釈・適用とは何か」広渡清吾『比較法社会論研究』(日本評論社)所収/[日]广德清吾:《法判断论的构图:什么是法的解释、适用?》,收录于[日]广渡清吾:《比较法社会论研究》,日本评论社2009年版。

藤谷武史(2009)「プロセス・時間・制度:新世代法政策学研究のための一試論」『新世代法政策学研究』Vol. 1 所収/[日]藤谷武史:《过程、时间、制度:为新时代法政策学研究的一次尝试》,载《新时代法政策学研究》Vol. 1。

ボルツ,ノルベルト(1998)『意味に餓える社会』(村上淳一訳、東京大学出版会)/[德]N. 波尔茨:《意义缺乏的社会》,村上淳一译,东京大学出版会 1998 年版。

吉田邦彦(2000)『民法解釈と揺れ動く所有論』(有斐阁)/[日]吉田邦彦:《民法解释与摇晃的所有权》,有斐阁 2000 年版。

吉田邦彦(2008)「近時の「民法改正」論議における方法論的・理論的問題点」『ジュリスト』1368 号所収。/[日]吉田邦彦:《近期的"民法修正"议论中的方法论、理论的问题点》,载《Jurist》1368 号。

ルーマン、N・(1977)『法社会学』(村上淳一 = 六本佳平訳、岩波書店)/[德]M. 卢曼:《法社会学》,村上淳一、六本佳平译,岩波书店 1977 年版。

ルーマン、N・(2000)『法の社会学的観察』(土方透訳、ミネルヴァ書房)/[德]M. 卢曼:《法的社会学观察》,土方透译,ミネルヴァ书房 2000 年版。

ルーマン、ニクラス(2003)『社会の法 1,2』(馬場靖雄 = 上村隆広 = 江口厚仁訳、法政大学出版局)/[德]M. 卢曼:《社会的法 1,2》,马场靖雄、上村隆广、江口厚仁译,法政大学出版局 2003 年版。

Martha Minow, *Partners, Not Rivals: Privatization and the Public Good*, Beacon Press, 2002.

违法性·违法性阻却的一般原理

[日]盐见淳(Shiomi Jun)*/著　姚培培**/译

导言

本文就支撑违法性基础证立以及阻却的一般原理进行考察。之所以要这样分开进行思考,是因为在违法性基础证立的场面中,我们讨论的是"行为人—被害人"的单纯关系,而阻却的场面则附加了"行为人"甚至"第三人"是被害人、"被害人"是行为人等错综复杂的关系,因此在确定一般原理之时,我们要对其进行特别的考虑。不过,这与"基础证立和阻却构成一体,从而最终性地决定'违法性'存在与否"这一通常的理解并不抵触。

那么,我们首先从基础证立意义上的违法性之一般原理开始进行探讨。

一、法益侵害说

(一) 结果反价值论以前

在想要超越"违法性就是'违反实定法规'"这一形式定义,从而实质性地表明其内容之际,传统上被采用的见解是法益侵害说。在明治·大正时期,大场茂马认为,"从实质上看,所谓违法,就是对法律上保护的利益(即法益)的攻

---

* 盐见淳(Shiomi Jun,1961—),京都大学法学研究科教授,京都大学法学研究科科长·法学部部长,日本刑法学会理事长,曾任京都大学法科大学院院长。本文日文标题为『違法性·違法性阻却の一般原理(上)(下)』,载『法学教室』265 号·266 号(2002 年),本文翻译已经获得作者授权。

** 姚培培(Yao Peipei,1990—),中南财经政法大学刑事司法学院讲师,法学博士(京都大学),师从盐见淳教授。

击”。[①] 泉二新熊认为，“法的命令与禁令以保护社会上的生活利益为目的，因此对此命令与禁令的违背，归根结底不得不是对法益施加危害的行为”。[②] 活跃在昭和时期的泷川幸辰也认为，“刑法的任务在于，通过施加国家强制来防止攻击他人利益的行为。在法律上，被保护的利益就是法益”。[③]

需要留意的是，主观主义刑法学的主要倡导人牧野英一将“行为的危险性”（即“行为是对法益造成一定侵害的东西”[④]）作为犯罪的客观要件之一。同样是主观主义者且提出了主观违法论的宫本英修也认为，“违法性的实质性含义是法益的侵害或威胁”。[⑤] 主观主义者要求将客观的违法行为作为行为人危险性的表征，而主观违法论在违法评价之际，将客观的行为（意思表现）与行为人的主观（意思）并列，以作为其要件。因此，我们就算将违法性的实质求诸法益侵害也没有任何矛盾。这些见解，特别是未遂犯的危险判断的主观化之妥当与否，仅仅是法益侵害说内部的对立而已。

不管怎么说，针对传统的法益侵害说，到了二战后，如后所述，批判意见区分了作为违法性要素的行为反价值和结果反价值，并认为该说只考虑了后者。对此批判意见的反驳之要点在于，法益侵害说也没有忽视“行为”。例如，佐伯千仞指出，之所以“只将窃取、强取、诈骗、侵占等样态中（而非所有财产犯）的侵害行为犯罪化”，是“因为这些样态能够还原为占有、自由、信赖关系的侵害等另外的法益侵害”，而且“所谓行为反价值，正是因为具有引起结果反价值的危险才被作为反价值，其实际上不过是预先取得了的结果反价值（或者说具有结果发生危险的行为）”而已。[⑥] 平野龙一认为，在违法性之下，“不仅（要考虑）现实发生了的结果，还必须考虑行为的方法与样态”，这是在追究“方法与样态所具有的法益侵害之一般危险性”。[⑦]

（二）结果反价值论的彻底化

但是，其后的法益侵害说——从上述所谓想要将“行为”纳入该学说框架内

---

① ［日］大場茂馬：『刑法総論（下巻）』，中央大学出版 1914 年版，第 529 页。
② ［日］泉二新熊：『日本刑法論（上巻）』（第 40 版），有斐閣 1927 年版，第 336 页。
③ ［日］瀧川幸辰：『犯罪論序説』（改訂版），有斐閣 1947 年版，第 80 页。
④ ［日］牧野英一：『日本刑法（上巻）』（重訂版），有斐閣 1937 年版，第 92 页。
⑤ ［日］宮本英脩：『刑法大綱』，弘文堂書房 1935 年版，第 78 页。
⑥ ［日］佐伯千仭：『刑法講義総論』（四訂版），有斐閣 1981 年版，第 175 页。
⑦ ［日］平野龍一：『刑法総論 II』，有斐閣 1975 年版，第 216 页。

的角度来理解——转换到了将“行为”除去的方向。结果反价值(论)原本不过是批判者为法益侵害说——在对其内容进行削减的基础上——贴上的标签而已。尽管如此,出于某种原因,法益侵害说“彻底化”为结果反价值论。

“彻底化”的第一点,就是完全排除行为人的主观面。虽然佐伯、平野等人将目的犯之目的、未遂犯之故意等作为违法要素的做法有所限定,但是其还是得到了承认。与此相对,内藤谦则认为,“从‘构成要件=结果无价值论’型的违法行为类型说之立场看来……行为人在主观上怎样想的这种内心的、心理的要素,原则上是责任问题,不是违法问题,因此……不是构成要件的问题”,并且他从这个立场出发进行探讨,从而得出结论认为,目的和未遂犯中的故意都是责任要素。①

“彻底化”的第二点,就是认为未遂犯是结果犯。关于这一点,平野就已经主张“之所以处罚未遂犯,是因为其行为具有结果发生的具体危险性。……未遂犯不是抽象危险犯,而是具体危险犯”,但与此同时,他认为对危险性“不是纯客观地、类型性地(进行判断),而是……从一般人的立场看来,根据是否存在结果发生的危险性”来判断②,这在某种程度上使危险发生了主观化。与此相对,中山研一则表明,“将结果无价值论进一步彻底化,将一切主观从作为未遂犯处罚根据的客观危险中排除出去”。③

“彻底化”的第三点,就是使结果反价值论发展完善的,是从违法性中排除“实行行为”的做法。山口厚是这样主张的,即“杀人罪的构成要件的内容是‘杀了人’,而并不是‘实施了杀人的行为’。……在这个意义上,只有能否认定‘人的死亡的引起’这一构成要件该当性是问题,‘实行行为’的要件并不先验地独立出现。……关键是,在判断构成要件该当性之时,只有行为与构成要件结果之间是否具备刑法上的因果关系或者客观归属的要件才是问题”。④

---

① [日]内藤謙:『刑法講義総論(上)』,有斐閣1983年版,第216页以后。

② [日]平野龍一:『刑法総論 II』,有斐閣1975年版,第313页和第325页。

③ [日]中山研一:『刑法総論』,成文堂1982年版,第403页。包括否定主观违法要素也在内,同样的见解参见[日]前田雅英:『刑法総論講義』(第3版),東京大学出版会1998年版,第53页、第64页以及第146页。

④ [日]山口厚:『問題探究　刑法総論』,有斐閣1998年版,第5页。但是,山口厚部分地承认主观违法要素,参见[日]山口厚:『刑法総論』,有斐閣2001年版,第88页以后。

(三) 问题点

针对彻底化了的结果反价值论,不得不作为问题点被指出的,是其“社会”形象的匮乏。所谓违法的事情,是社会上的现象,对违法性的讨论与如何理解社会是不可分地联系在一起的。针对认为甲、乙、丙、丁等各个人的生命,以及自由、财产等汇集在一起的东西就是“社会”之构想,笔者感到难以赞同。换言之,在从一定的角度对人们实施的各种各样的行为进行关照的社会科学中,我们难以对忽视人们的行为而仅着眼于结果的(违法性的)理论奢求太多的成果。

违法概念中的社会性之阙如,也会对作为法律效果的刑罚之机能施加影响。关于这一点,井田良做了如下批判,即结果反价值论的“背景是认为刑法的目的在于事后处理,这与不考虑将来的犯罪预防,只考虑应对过去发生的事情的刑罚论直接联结”。[①] 从结果反价值论中可以得出,刑罚的机能是对发生了的结果之报应,而广泛面向社会的预防效果则并不来自违法性,其充其量只能是基于报应的处罚之派生品。

不过,上述问题点不管怎么说都是在结果反价值论的彻底化见解中被认定的东西。那么,除了结果反价值论外,法益侵害说是不是就没有其他应该前进的道路了呢?

二、规范违反说

(一) 行为反价值论以前

处于法益侵害说对立面的规范违反说一般从将违法把握为社会现象之观点出发进行论证。在认为“规范”是社会性存在这个意义上,规范违反说可以被评价为具有优越的一面。针对规范违反说,横跨战前与战后的有力主张者是小野清一郎。小野认为,“行为的违法性是对该刑罚法规想要维持的行为规范之违反。其……是对构成其根底的法秩序的规范要求之违反,即违反客观的道义文化(客观的反道义性)”。[②]

问题是“道义”从何而来?关于这一点,小野一方面提出“国民共同体的道义

① [日]井田良:「結果無価値と行為無価値」,载『現代刑事法』1999 年 1 卷 1 号,第 86 页。

② [日]小野清一郎:『刑法講義総論』(新訂增補版),有斐閣 1950 年版,第 84 页。

秩序"与"国民生活中的道义文化",另一方面也使用"国家道义"这样的词①,而这些表述残存着国家主义的色彩。可能也是为了擦拭掉这样的色彩,团藤重光尝试用"社会伦理"来代替"道义",以定义违法性,即"所谓违法性,……是违反作为整体的法秩序。……(其)……无非就是违反构成法秩序基底的社会伦理性规范"。②

(二) 行为反价值论的登场

虽然团藤能够看到作为规范之违反的违法确保了社会性格,但是在通过与结果反价值相对的行为反价值的概念来进一步明确说明违法的社会性的人中,我们可以举出福田平。福田平主张,"如果法将引起法益侵害或者其危险的一切行为都作为违法而加以禁止的话,那么我们的社会生活只有立刻静止。这是因为,当我们经营社会生活时,其中存在无数伴随法益侵害危险的行为,而且在这些行为中,存在着对于我们的社会生活而言不可缺少的行为。……'处于在历史中形成的社会生活秩序范围内的行为样态'(社会相当行为)即使侵害了法益,也不违法。……即在违法性中,不仅仅是法益侵害这一结果的无价值,行为的无价值也必须被作为问题"。③

此外,在同样也"将违法性的实质"求诸"……脱离了社会相当性程度的法益侵害"之同时,藤木英雄就社会相当性做了如下详述,即"所谓社会相当性,说的是根据在现代社会中一般受到承认的健全的社会通常观念,认为行为在一见之下不具有不法性,不值得唤起处罚感情;换言之,在构成日常一般的市民生活或者社会生活上的主要部分之职务范围或其他各种生活领域中,一般承认具有通

① 参见小野清一郎:『刑法講義総論』(新訂増補版),有斐閣 1950 年版,第 81 页、第 114 页、第 120 页等。

② [日]団藤重光:『刑法綱要総論』(第 3 版),創文社 1990 年版,第 188 页。类似的见解有[日]木村亀二:『犯罪論の新構造(上)』,有斐閣 1966 年版,第 234 页。木村认为,"违法是违反国家承认的社会生活目的或者虽然并未违反该目的,但对于该目的的达成而言是不适当的"。此外,参见[日]植松正:『刑法概論 I 総論』(再訂第 8 版),勁草書房 1974 年版,第 162 页。

③ [日]福田平:『刑法総論』(全訂第 3 版増補),有斐閣 2001 年版,第 141 页。其他还有[日]大塚仁:『刑法概説総論』(第 3 版),有斐閣 1997 年版,第 338 页和第 350 页(但是,其认为"违反了国家、社会伦理规范的"法益侵害行为是违法);[日]西原春夫:『刑法総論(上巻)』(改訂版),成文堂 1998 年版,第 127 页和第 133 页;[日]大谷實:『刑法講義総論』(新版),成文堂 2000 年版,第 248 页和第 255 页。此外,将行为的反价值性理解为评价行为人危险性的见解有[日]井上正治:「法益の侵害」,载[日]団藤重光ほか编:『犯罪と刑罰: 佐伯千仭博士還暦祝賀(上)』,有斐閣 1968 年版,第 265 页以后。

常性、日常性”。[①]

(三) 行为反价值的结果反价值化

通过导入社会伦理规范或者社会相当性,将违法作为社会现象加以把握的可能性被打开。不过,这同时也蕴含着问题。这是因为,违反社会伦理规范的行为,以及在社会上看来不相当的行为是广泛存在的。无视他人的打招呼在社会上也可以说是不相当的吧。如此的话,就会产生这样的疑问,即行为的反价值——即便如福田、藤木等所强调的那样与结果的反价值相并列——真的就作为违法性的要素而被讨论来说是合适的东西吗?平野的如下批判意见也是同样的意思,即“法是为了保护个人的生活利益而存在的,不是为了对个人教育礼貌的‘举止动作’而存在的。因此,只有在发生了针对法益的‘侵害或者其危险’之时,法才能够进行干涉”。[②] 法,至少刑法,只不过是对社会生活进行断片性的规制,其与通过对社会整体进行整序的规范之基础证立存在难以整合的一面。反过来,将保护对象个别性地取出来考虑的法益侵害说的长处在此就显现出来了。

于是,如何在行为反价值之中导入法益侵害说的思考方式就成为焦点,学说给出的有力回答是其结果反价值化了的构成。例如,野村稔认为,“由于应当认为刑法的任务在于生活利益的保护,因此应当认为后者(结果反价值论)基本上是正确的。但是,法益侵害的危险不是客观的危险或作为结果的危险,而是作为行为的危险,是一般人在行为时所判断的危险性”[③],所以我们应以引起结果反价值的(基于一般人判断的)危险作为行为反价值。再者,曾根威彦认为,“作为行为无价值,原则上只考虑客观的法益侵害的一般危险性的观点”是与结果反价值论联结的思考方法。在此基础上,曾根威彦指出,“针对具备法益侵害的一般危险性,但没有现实造成侵害与危险的行为,虽然其结果无价值被否定,但是行

---

① [日]藤木英雄:『刑法講義総論』,弘文堂 1975 年版,第 78 页。其他还有[日]板倉宏:「違法性における行為無価値と結果無価値」,载[日]中義勝編:『論争刑法』,世界思想社 1976 年版,第 27 页。此外,将行为反价值的内容理解为不受评价程度的危险行为的见解有[日]林幹人:『刑法総論』,東京大学出版会 2000 年版,第 35 页以后。

② [日]平野龍一:『刑法総論 I』《有斐閣 1972 年版,第 51 页。

③ [日]野村稔:『刑法総論』(補訂版),成文堂 1998 年版,第 147 页。

为无价值得到肯定”。[①]

(四)结果反价值的定位

如果像前述那样对行为反价值进行结果反价值化了的把握的话,那么基于其同质性,我们恐怕就感觉不到讨论与本来的结果反价值之间关系的必要了。野村将自己的学说评价为“扬弃了行为无价值论与结果无价值论”之观点[②],曾根则将结果反价值定位为“确定违法性的要素”,将行为反价值定位为“推定违法性的要素”[③]。这些做法也可以说是能够理解的。

与此相对,如果意识到了行为反价值相对于结果反价值的独立性之立场的话,那么我们就必须斟酌如何将两个反价值用一个违法性的概念统括在一起。尝试对包括福田、藤木在内的诸多行为反价值论者那里仅仅二元并列的两价值的关系进行关照的论者之一是增田丰。

增田赋予了规范以控制个人行动的手段(行动规范)之性格,并认为“为了保持作为手段的有效性,……必须要禁止‘志向于一定的法益侵害的’行为,……命令实施‘志向于一定的法益维持的’行为”。[④] 换言之,增田将行为反价值的实质求诸反价值结果的志向性。另一方面,由于这样的行动规范“不能以受‘偶然情况’左右的结果之发生或不发生作为义务(规范)的内容”[⑤],因此其从违法性的要素中排除了结果反价值。于是,被定位为处罚条件的反价值结果就仅仅在如下意义上被赋予了“划定处罚边界的机能”,即由于其发生而可罚性得到承认,或者由于其轻微性而刑罚得到减轻。[⑥]

井田也采取了这样的立场,即在指出“刑法的任务限于法益保护”的同时,认

① [日]曾根威彦:『刑法総論』(第3版),弘文堂2000年版,第99页以后。虽然否定行为反价值的概念,但是对实行行为要求危险创出的是[日]山中敬一:『刑法総論 I』,成文堂1999年版,第387页以后,以及[日]山中敬一:『刑法総論 II』,成文堂1999年版,第681页以后。认为行为反价值是“为对法益的抽象危险提供根据”的是[日]振津隆行:『刑事不法論の研究』,成文堂1996年版,第42页以后(但是,其认为故意是违法要素),我们从中也能够看到类似的想法。

② [日]野村稔:『刑法総論』(補訂版),成文堂1998年版,第148页。

③ [日]曾根威彦:『刑法総論』(第3版),弘文堂2000年版,第100页。

④ [日]增田豊:「人格的不法論と責任説の規範論的基礎」,载『法学論叢』1977年49卷6号,第145页。

⑤ [日]增田豊:「人格的不法論と責任説の規範論的基礎」,载『法学論叢』1977年49卷6号,第160页。

⑥ [日]增田豊:「人格的不法論と責任説の規範論的基礎」,载『法学論叢』1977年49卷6号,第147页。同样的构想有[日]金澤文雄:『刑法とモラル』,一粒社1984年版,第82页和第86页。但是,金澤认为违法的实质在于志向于法益侵害性的行为之“反社会性”。

为通过"规范对人类行动的控制"来谋求其任务的实现。[①] 但是,行为反价值的内容并不是反价值结果的志向,而是从社会的见地出发来把握为"脱离刑法在考虑了社会生活现实的基础上对国民要求的规则",这个意义上的行为反价值作为"违法的基本"而受到重视。[②] 但是,井田认为,结果反价值并不消解于行为反价值。井田给出的理由是,"即使是现在,在刑罚论中也还不能忽视报应的侧面,而且还存在发生了一定的结果才能够肯定当罚性(其也有助于保障处罚范围外观上的明确性)的场合"。结果反价值就"作为附加要素,或者为了限定处罚"而被纳入到了违法性之中。[③]

(五)问题点

将社会伦理规范违反或者社会不相当作为内涵的行为反价值论之后的展开,就是行为反价值的结果反价值化。作为其例子,前文列举了野村与曾根的学说,其实增田的见解也属于这个系列。确实,在增田那里,行为反价值的存在与否是以行为人自身的认识和能力为基础的[④],其内容被大幅度地主观化。但是,这是规范理论性分析的结论,而作为违法性的实质,增田仅仅举出了行为所具有的结果实现的志向性,归根结底就是结果发生的危险。

于是,不得不说,在结果反价值化的倾向中,存在着极其根深蒂固的东西。但是,我们难以认为这是妥当的。对被认为具有与结果反价值不同的实体之行为反价值进行所谓还原为结果反价值的操作,等于是理论的自杀行为,这往往会让我们再次丧失将违法把握为社会现象的线索。受到支持的是行为反价值的去伦理化和法益侵害观点的导入,并非行为反价值的结果反价值化。

围绕行为反价值论中的结果反价值之定位,在有意识地考察了这一点的论者那里,"将其放在违法性框架的内还是外"这一点姑且不被讨论,他们一般都将其把握为划定处罚边界的附加要素。如果我们将违法性的实质求诸行为反价值的话,那么在性质上与其不同的结果反价值具有的意义就变得稀薄,这也可以说是逻辑上的必然。针对这种构成的疑问,恐怕就是刑罚法规的目的在于法益保

---

① [日]井田良:「結果無価値と行為無価値」,载『現代刑事法』1999年1巻1号,第84页和第85页。

② [日]井田良:「結果無価値と行為無価値」,载『現代刑事法』1999年1巻1号,第86页和第87页。

③ [日]井田良:「結果無価値と行為無価値」,载『現代刑事法』1999年1巻1号,第87页。

④ 参见[日]増田豊:「人格的不法論と責任説の規範論的基礎」,载『法学論叢』1977年49巻6号,第165页注53。

护,而作为其手段,反价值的行为受到处罚,那么在这样的理解之下,为何仅具有手段性质的行为反价值被作为违法的基本,而作为目的之法益保护的挫折(即结果反价值)就被作为是附随的呢?根据朴素的想法,违法难道不就是法的目的之否定吗?

不过,上述疑问能够通过这种方法得到消解,即在将违法的实质求诸法的目的之否定(即"法益侵害")的同时,对结果反价值进行与这个意义上的"法益侵害"有所不同的把握。在此,以行为反价值本身的把握方式为基础,我们进行了类似于面向彻底化了的结果反价值论的问题设定。如此,针对法益侵害,我们就能够加入结果反价值之外的内容。

三、试论

"法益侵害 = 结果反价值"这样的把握至少不能说是唯一的看法,这一点通过如下事实表现出来。举例来说,关于杀人罪所保护的法益,认为其是"人"的生命的看法是通常的,这种看法并没有认为法益是实际发生了死亡结果的"甲"的生命。对此,能够想象的反驳意见是,"所谓的'人',就是综合了甲、乙、丙、丁……的集合概念"。但是,在着眼于实际发生了的反价值结果——"甲"的死亡——的违法观之下,将连活着的其他乙、丙、丁等的生命也包含在内的"法益"之侵害作为问题的做法颇为勉强。更重要的是,正如本文一(三)所述,正是这种"汇集"的思考,剥夺了违法概念的社会性,其被认为是使法益侵害说走到尽头的原因,并且不得不说是应当被克服的对象。

于是,成为问题的,就是与各个反价值结果("甲"的死亡)在性质上不同的"法益侵害"("人"的生命侵害)之内容。作为试论来表示的话,所谓"法益侵害",应当被理解为"在社会上产生的对法益安全的信赖的动摇"(对法益妥当性的侵害)。违法性的内涵不是(由 X 故意引起的)甲的死亡,而要被理解为给社会带来的,对人的生命的安全感之动摇。

当立足于上述立场之时,我们认为福田、藤木等人的"在历史上形成、在现代社会秩序中得到承认的社会相当行为,即使引起了反价值结果也不是违法的"之主张基本上能够得到支持,因为这样的行为并没有损害社会对法益安全的信赖。而且,违法性的存在就直接与作为法效果的刑罚之机能——特别是犯罪的预防效果——结合起来了。违法行为的处罚意味着通过刑罚来恢复一度丧失了的法益的安全感，这就与预防将来的法益侵害关联起来了。

此外，围绕行为反价值和结果反价值的关系，我们可以指出，既没有对行为反价值进行结果反价值化的构成，又没有将结果反价值轻视为划定处罚边界的附加要素，但是在没有仅仅将这两个反价值进行二元并列的情况下，对两者关系进行说明也成为可能。使一般人感到对法益的威胁之行为，在使得法益的安全感动摇这一点上已经是违法了，而当该行为引发了个别的具体反价值结果之时，动摇变得更加激烈，违法性的程度增加。在此，行为反价值与结果反价值被同等作为侵害法益妥当性的要素，并且被定位为具有量的连续性。

四、法益侵害的扬弃

(一) 前史

接下来，我们讨论违法性阻却的一般原理。关于违法性的基础证立，从很早的时期开始，法益侵害说就被提倡了，这一点前面已经提到过了。另一方面，关于阻却，当初学界似乎并没有给出实质性的说明。例如，大场仅形式性地论述道："在一个法令中不能实施、被禁止的行为，在其他的法令中被命令实施或者允许实施或者付诸不问的情况也不是不存在的。……像这种将乍一看似乎违法的行为认定为不违法的理由，学者称之为违法阻却的原因。"[①]泉二也认为，违法阻却事由的存在"就不能成为在实质上侵害法益的违法行为"[②]，但他仅仅展示了结论。

在这样的状况中，受到注目的是牧野的见解。牧野认为，"行为的违法性……说的是法益的侵害脱离社会的常轨"。牧野进而说道："行为的社会常轨性，说的是行为没有违反公共秩序及善良风俗。……实际上，由于该当于各本条的行为一般同时具备违法性，因此刑法在规定违法性之上，作为消极方面，认为行为由于具备一定的事由而不构成犯罪。此等事由被称为违法阻却的原由。"[③]我们在此可以看出，作为违法性阻却的实质，公序良俗违反的不存在被意

---

① [日]大塲茂馬：『刑法総論(下巻)』，中央大学出版1914年版，第537页。

② [日]泉二新熊：『日本刑法論(上巻)』(第40版)，有斐閣1927年版，第336页。

③ [日]牧野英一：『日本刑法(上巻)』(重訂版)，有斐閣1937年版，第338页和第342页。参见[日]黒田誠、[日]牧野英一：『行為の違法、不作為の違法性』(第2版)，有斐閣1920年版，第13页以后；[日]八木胖：「超法規的違法阻却事由」，载[日]団藤重光ほか编：『刑事法学の基本問題：木村亀二博士還暦祝賀(上)』，有斐閣1958年版，第289页和第303页。

识到了。

(二)法益衡量说

但是,在以法益的侵害证立违法性的同时,于阻却之际援用规范违反说之思考方式的构成在其后可以说并未有力化。在法益侵害说内部,登场的是被称为法益衡量说的思考方法,其初期的主张者之一是泷川。

泷川分两种情况讨论违法性阻却。“第一是使行为的侵害性本身消解的情况。行为的侵害性完全仅与被害人意志相关的场合中的被害人同意就是这种情况。……第二就是行为的侵害性被由该行为带来的更大的利益填补了的情况。……刑法第35条中的基于法令之行为、刑法第36条中的正当防卫行为就属于这种情况。”[①]不过,泷川在此并没有使用“法益”这样的词。关于这一点,“刑法第35条到第37条的规定,都是优越的法益被维持的情形,……被害人同意……阻却违法的情形,是保护法益阙如的情形”。[②] 佐伯的这种整理可以说将法益衡量说更加明确化了。

此外,就法益衡量说提出的两个原理之关系进行论述的是平野。平野指出,“如果是认为刑法的机能在于法益保护的思考方法,那么在考虑违法阻却的场合中,法益的考量就成为基本”,即将优越法益的维持作为违法性阻却原理的基本。而且,平野认为正当防卫是“侵害人法益的法益性在该(为了防卫不得已而实施的)限度内被否定”的违法阻却事由,属于法益阙如原理。[③] 在这一点上,平野也表现出了与泷川、佐伯等人在观点上的不同。

虽然法益衡量说有像这样地从以法益侵害作为违法性实质的前提出发来逻辑性地推导出结论的外观,但是即便以紧急避险为例来看,我们也会马上产生诸如“侵害法益和保全法益的比较实际上是如何进行的”“仅仅单纯地比较‘法益’就行了吗”这样的疑问。关于这一点,该说的论者也意识到了,泷川用了“被更大的利益填补”这样的表述,而平野认为,违法阻却的“场合中被考量的法益,可以

---

① [日]瀧川幸辰:『犯罪論序説』(改訂版),有斐閣1947年版,第82页。

② [日]佐伯千仭:『刑法講義総論』(四訂版),有斐閣1981年版,第197页。其他还有[日]平場安治:『刑法総論講義』,有信堂1952年版,第69页以后;[日]中山研一:『刑法総論』,成文堂1982年版,第262页。此外,参见[日]内田文昭:『刑法概要(中巻)』,青林書院1999年版,第66页,其采用以对立之中优越法益的保全进行正当化的“优越利益的原理”。

③ [日]平野龍一:『刑法総論 II』,有斐閣1975年版,第213页。其他还有[日]中義勝:『講述刑法総論』,有斐閣1980年版,第130页。

是稍微模糊一点的东西”。[1] “法益”衡量说也并没有否定在具体状况下的各种各样“利益”衡量之必要。倒不如说，以这种具体的“利益”衡量的部分为一般原理核心的是优越利益说。

(三) 优越利益说

作为本说有力支持者的内藤认为，如果法益衡量说“仅意味着法益的抽象比较衡量的话，那么仅凭此不能构成违法阻却的一般原理”。在此基础上，内藤说道：“要想在法益冲突的场合中肯定违法阻却，……必须要实质地、具体地衡量所有对于法益侵害的容许性而言有利的客观(外部)情况和不利的客观情况。”具体而言，内藤主张“①以一般的价值顺位中法益的价值衡量为基本，由此出发，将②对保全了的法益的危险的程度、③保全了的法益和侵害了的法益的量和范围、④为了法益保全而采取法益侵害手段的必要性程度、⑤作为前述手段的行为的方法与样态所具有的法益侵害的危险性程度等有关冲突的法益的要保护性的一切客观情况纳入考虑之中，在此基础上，……将违法阻却的一般原理求诸保全了的法益的要保护性(保全了的利益)比侵害了的法益的要保护性(侵害了的利益)大这一点上”。而且，内藤认为，“就基于被害人同意的违法阻却而言，被害人(法益主体)自己放弃了作为其具有处分可能性的法益的事实性基础的生活利益，由此，……刑法保护侵害法益的必要性消失，在这个意义上，反映了‘优越利益的原理’”。[2]

内藤尝试基于优越利益说来进行统一的说明，而山口则认为，“违法性阻却的实质原理，是‘法益性的阙如’和‘法益衡量’”。山口维持了二元的构成，并就后者援用了优越利益说。而且，被害人同意作为前者的典型例子被提出。

---

① [日]平野龍一:「結果無価値と行為無価値」，载[日]平野龍一:『刑法の機能的考察』，有斐閣 1984 年版，第 20 页。

② [日]内藤謙:『刑法講義総論(中)』，有斐閣 1986 年版，第 313 页以后。采取相同见解的有[日]斎藤信治:『刑法総論』(第 4 版)，有斐閣 2002 年版，第 92 页(以法益性的阙如说明被害人同意)；[日]川端博:『刑法総論講義』，成文堂 1995 年版，第 284 页(但是也考虑了目的说的见地)；[日]曽根威彦:『刑法総論』(第 3 版)，弘文堂 2000 年版，第 109 页；[日]曽根威彦:『刑法における正当化の理論』，成文堂 1983 年版，第 166 页以后和第 177 页以后；[日]前田雅英:『刑法総論講義』(第 3 版)，東京大学出版会 1998 年版，第 200 页以后；[日]山中敬一:『刑法総論 I』，成文堂 1999 年版，第 406 页；[日]林幹人:『刑法総論』，東京大学出版会 2000 年版，第 187 页(认为被害人同意不该当于构成要件)。此外，参见[日]西原春夫:『刑法総論(上巻)』(改訂版)，成文堂 1998 年版，第 163 页，其认为“具有保护必要性的优越且正当的利益之保护”是正当化的原理。

根据山口的观点,所谓法益衡量的原理,就是"相关法益(被拥护的法益与被侵害的法益)衡量的结果是,作为整体被保护的法益被评价为与侵害法益同等,或者比之更为优越的场合……被称为(优越的利益保护)"。具体来说,"为了法益保护,除了构成要件该当行为外,不存在侵害性更少的手段的意义上的'补充性要件'以及回避的害和侵害的害之间的均衡('害的均衡')"被作为需要考虑的要素。①

(四)问题点

法益侵害说中的"法益侵害"之内容在"结果反价值"的意义上被彻底化了,这一点前面已经说过了。如果我们以这样的理解为前提的话,作为违法阻却原理的"法益"衡量也就意味着,在实际发生了的反价值"结果"与免于侵害而维持了价值的个别的"结果"之间进行衡量。被山口称为"害的衡量"的东西之实质也是如此。但是,我们可以认为,作为违法阻却的一般原理,仅以此为凭是不充分的,所以优越利益说导入了"利益"衡量这样的思考方法。

在此被指出的一点是,如果"利益"的内容是所有"对于法益侵害的容许性而言有利的客观(外部)情况和不利的客观情况"这样包括性的东西的话,那么优越利益说最终也难免成为考虑围绕法益侵害的诸般事情来承认正当化的模糊之见解。不过,山口通过"补充性的要件"来限定利益衡量的范围,内藤也将前述②④⑤列为被考虑的要素,因此他们可以被看作站在相近的立场上。但是,这样我们就会面临如下的疑问,即补充性的要件是从怎样的一般原理而得出的呢?该要件早已不是"法益(害)衡量"与"优越的利益",不得不说这一点是确实的。

针对在说明违法阻却之际提出"利益"概念之做法,我们也可以指出这样的难点,即其会使得将违法的事情作为社会现象加以把握的做法变得困难。如果我们认为违法性通过基础证立要件的充足和阻却事由的不存在而被认定的话,那么不仅是基础证立,连阻却的一般原理的背景也需要具备一定的社会形象。在优越利益说之下,社会变成"各种各样利益存在的场所",但这对于"社会"而言就等于什么也没说。

---

① [日]山口厚:『刑法総論』,有斐閣 2001 年版,第 96 页以后。

五、规范违反的不存在

(一) 目的说

与法益侵害说的情况一样，在规范违反说之中，当初有关违法性阻却的一般原理的说明也并不充分。例如，将违法性的实质求诸“违反客观的道义文化”的小野说道：“即使在尚应当认定定型性的反文化的场合中，当作为具体的行为并不违反国家法秩序的精神、目的之时，不得不说该行为早已经不存在该违法性了。”[①]在此，小野仅展示了客观的反道义性的定型性判断和具体判断的不同，而并未触及对作为“具体判断”的违法阻却事由进行通底的逻辑。

从对这样的“逻辑”进行明确化的观点出发进行探讨的，是木村龟二的观点。因为木村已经具备如下的意识，即“将实质的违法性的概念进行明确化”就是“将违法性被阻却的场合(即正当化事由)之范围与内容进行明确化”。[②] 在此，木村在“认为行为是就为了达成国家所承认的共同生活的目的而言的适当的手段，并以此作为违法性阻却的一般原理的”目的说之外，还就优越利益说及后述的社会相当性说进行了讨论。在此基础上，木村得出结论认为，“比较而言，目的说是最妥当的”。[③]

目的说的特色在于，其提示了“为了达成正当目的而作为相当手段的行为”这一适法行为的内容，但这同时也是目的说的局限性。在不是从违法性的基础证立，而是从正当化的场面进行讨论的场合中，这或许是不得已的结论。但是，积极地规定适法性，从而将不满足的东西认定为违法之做法，作为违法性定义的方式而言是不妥当的。最近，从行为反价值和结果反价值的观点出发，尝试对目的说进行重新评价的吉田宣之提倡新目的说，该说认为，“以认为违法性和违法性阻却处于表里一体关系的立场为前提，只有行为和结果都是有价值的场合才

---

① [日]小野清一郎:『刑法講義総論』(新訂増補版)，有斐閣 1950 年版，第 120 页。

② [日]木村亀二:『犯罪論の新構造(上)』，有斐閣 1966 年版，第 235 页。其他还有[日]阿部純二:「正当行為とはなにか」，载『法学教室』1975 年第 2 期 7 号，第 48 页。

③ [日]木村亀二:『犯罪論の新構造(上)』，有斐閣 1966 年版，第 239 页以后。不过，木村强调，目的说并不是违法阻却的一般法原理，其只不过是法解释的规整原理。目的说的理由是不应当允许超越法规规定的违法阻却事由的文言的解释与违法阻却事由的根据是多元的。但是，这种说法与在正文中提到的木村自己的问题意识之间是否整合，恐怕是个疑问。

是适法的……,除此之外的诸场合都是违法”。[①] 如果按照其字面意思进行理解的话,那么引起了在价值上既不好又不坏的结果之行为也好像要被评价为违法,这样的评价谁也——恐怕吉田自身也——不会承认吧。

(二) 社会相当性说

作为立足于规范违反说,并有意识地谈论违法性阻却的一般原理之论者,福田可以被举出来。福田进行了如下的明快论述,即“所谓违法,是指在社会上不相当的法益侵害,这一点已如前述。于是,在社会上相当的行为样态,即使侵害了法益,也是适法的。质言之,不得不说,这种社会相当性就是违法性阻却的统一原理”。[②]

此外,关于违法性阻却,将违法性的实质求诸“脱离了社会相当性程度的法益侵害”的藤木认为,除“想要通过加害行为来守护的法益与被侵害的法益之间的优劣比较、实害发生的程度、实害发生的危险程度等结果无价值要素”外,我们还“必须考虑这种加害行为的样态,即为了维持共同生活的最低限度的社会伦理规范,加害行为的目的能否被认定为是妥当的或者至少说是能够忍受的。具体而言,对在实施该加害行为之时具体选择的手段、方法、当此之际加害人进行了怎样的考虑之类的意思方向、心理准备等进行考虑时,能否认定其以无法忍受的程度脱离了在社会生活观念上被认为妥当的基准与共同生活的伦理基准”。[③] 这可以说是对福田所说的社会相当性的内容进行了展开。

(三) 问题点

正如上文所述,有关违法性阻却的社会相当性说,是以有关违法基础证立的(与结果反价值并列的)社会不相当性或者社会伦理规范违反(即行为反价值)的思考方式为背景而展开的。由此产生的疑问是,由于在社会上不相当,并且违反社会伦理规范而一度被评价为违法的行为,为何以在社会上是相当的,并且没有

---

① [日]吉田宣之:『違法性の本質と行為無価値』,成文堂 1992 年版,第 345 页。

② [日]福田平:『刑法総論』(全訂第 3 版増補),有斐閣 2001 年版,第 147 页。其他还有[日]大塚仁:『刑法概説総論』(第 3 版),有斐閣 1997 年版,第 359 页(但是,大塚仁认为一般原理是基于“国家与社会伦理规范”的行为之容许)。

③ [日]藤木英雄:「違法性の実質と違法性阻却」,载『法学セミナー』1977 年 266 号,第 65 页。其他还有[日]大谷實:『刑法講義総論』(新版),成文堂 2000 年版,第 261 页。

违反社会伦理规范为根据而阻却违法性呢?

关于这一点,福田说:“类型上在社会上相当的行为样态,阻却构成要件该当性本身。”①我们由此可以看出福田将违法性的基础证立和阻却区分为社会相当性的类型性判断与个别判断的趣旨。但是,强调基础证立和阻却处于原则/例外、类型/个别的关系之中这件事并没有多么了不起的意义。重要的是,对前者中的社会相当性与后者中的社会相当性之不同进行实质性的明确化。不这样做,而是仅仅提出社会相当性与社会伦理规范,这可以说仍旧只是基础证立和阻却的讨论之循环。换言之,社会伦理规范这一对社会整体进行整序的规范,不仅在违法性的基础证立中没有展现作用,而且其在表明阻却的实质性理由的场面中也没有妥当地发挥机能。

六、试论

那么,在将违法性的基础证立求诸“在社会上产生的对法益安全的信赖的动摇”(针对法益妥当性的侵害)之立场中,阻却的一般原理是如何被构成的呢?从前面的探讨中变得明确的是,仅援引成为问题的法益(的妥当性)侵害与同等乃至超越的利益的存在的话,处于阻却原理背后的社会形象就并不明确,甚至被考虑的利益的范围会变得无原则化。此外,如果仅仅从法(社会伦理规范)秩序整体的见地出发,认为法益(的妥当性)侵害被个别地否定的话,那么阻却所固有的原理就没有得到表明。如果在考虑到这些点的同时展示试论的话,那么我们应当将“社会连带”作为违法性阻却的一般原理。

当行为使法益的安全感产生动摇之时,社会在原则上通过处罚引起了动摇的行为人来实现安全感的恢复。但是,根据法益侵害之际的情况,放弃对行为人的处罚、社会连带地接受该动摇等情况也不是不可能存在的。这就是违法性被阻却的实体。在这样的理解之下,正当化之际被考虑的因素就必须与社会无论如何都不得不忍受法益侵害这一点关联起来。而且,与违法性的基础证立中的个人责任之追究相对,在阻却的场面中,我们可以认为,“连带责任的忍受”这一固有的原理得到了明确化。

---

① [日]福田平:『刑法総論』(全訂第3版増補),有斐閣2001年版,第149页注2。

结语

本文的结论是,将违法性·违法性阻却的一般原理求诸"社会中对法益安全的信赖的动摇"及"社会连带"。针对如此强烈意识到"社会"的构成,学界或许存在认为是蔑视了"个人"的观点,这属于整体主义的批判意见。但是,对于犯罪的成立而言,除违法性外,责任也是必要的。对"个人"的深入考虑,在责任阶段能够进行。不过,本文对这样的"责任"还没有进行具体的构想,关于与违法性有关的一般原理,原本也没有超出试论的范围,因此充分的论证就成为必要。关于这些,笔者想将其作为今后的课题进行进一步研究。

分析证据推理的两种混合方法之比较*

[荷]范・勒文・路迪(Ludi van Leeuwen)** [荷]巴特・维赫雅(Bart Verheij)***/著
杜煜雯****/译

摘要：运用证据进行推理很容易出错，特别是在定性证据和定量证据相结合的情况下，如荷兰的"露西娅・德・伯克(Lucia De Berk)案"等臭名昭著的冤假错案就说明了这一点。证据推理的理性分析方法有不同的种类，通常以论证、情节和概率作为基本类型。近来，人们对论证方法、叙事方法和概率方法的各种组合进行了研究。由于主题的复杂性和微妙性，我们很难评估不同方法的具体优势和注意事项。比较案例研究直到最近才开始，而且还没有一个团队进行过研究。在本文中，我们对一个单一案例进行分析，以便比较最近在人工智能与法领域中提出的两种方法之相对优点：一种方法使用嵌入情节的贝叶斯网络，另一种方法使用案例模型对论证有效性进行形式分析。为了优化这两项分析的透明度，我们选择了一个最终裁决毫无争议的案例。我们对这两项分析提出了一个比较评价，以显示两种方法的优缺点。我们发现，这两种方法有一个共同的证据推理核心。

关键词：贝叶斯网络；案例模型

---

* 本文原文于2019年发表在《第32届法律知识系统(JURIX)学术年会论文集》中，参见 Michał Araszkiewicz and Víctor Rodríguez-Doncel(eds.), *Legal Knowledge and Information System*, in *The Thirty-second Annual Conference. Amsterdam*, IOS Press, 2019, pp. 53 - 62。原文来源网址：https://jurix2019.oeg-upm.net/。

** 范・勒文・路迪(Ludi van Leeuwen)，荷兰格罗宁格大学应用科学学士，研究方向为人工智能、认知科学。

*** 巴特・维赫雅(Bart Verheij)，荷兰格罗宁根大学人工智能与认知工程研究所(ALICE)终身讲师及研究员。

**** 杜煜雯(1998—)，女，上海松江人，华东政法大学刑事法学院硕士研究生，研究方向为法律逻辑。本文翻译已经获得作者授权。

引言

运用证据进行推理的难度很大。这在法庭上尤其恰当,因为在法庭上,对证据的正确推理可能意味着正确定罪与错误监禁之区别。为了避免错误,本文研究了三种理性分析工具,即基于论证的工具、基于情节的工具和概率的工具。①②③④ 在论证分析中,我们将重点放在论证结构、击败和评价⑤⑥⑦⑧⑨上。情节方法起源于法律心理学,它的重点是构建和比较融贯的解释情节及其与证据的关系。⑩⑪⑫⑬⑭ 概率工具分析假设事件与证据和证据更新的概率相关性,特别

① T. Anderson, D. Schum and W. Twining, *Analysis of Evidence* (2nd Edition), Cambridge University Press, 2005.

② H. Kaptein, H. Prakken and B. Verheij (eds.), *Legal Evidence and Proof: Statistics, Stories, Logic* (*Applied Legal Philosophy Series*), Ashgate, 2009.

③ A. P. Dawid, W. Twining and M. Vasiliki (eds.), *Evidence, Inference and Enquiry*, Oxford University Press, 2011.

④ M. Di Bello and B. Verheij, *Evidential Reasoning*, in *Handbook of Legal Reasoning and Argumentation*, G. Bongiovanni, G. Postema, A. Rotolo, G. Sartor, C. Valentini and D. N. Walton (eds.), Springer, 2018, pp. 447 – 493.

⑤ D. N. Walton, *Legal Argumentation and Evidence*, The Pennsylvania State University Press, 2002.

⑥ F. J. Bex, H. Prakken, C. A. Reed and D. N. Walton, *Towards a Formal Account of Reasoning about Evidence: Argumentation Schemes and Generalisations*, in *Artificial Intelligence and Law*, 2003, 11(2/3), pp. 125 – 165.

⑦ T. F. Gordon and D. N. Walton, *Proof Burdens and Standards*, in *Argumentation in Artificial Intelligence*, I. Rahwan and G. R. Simari (eds.), Springer, 2009, pp. 239 – 258.

⑧ H. Prakken and G. Sartor, *A Logical Analysis of Burdens of Proof*, in *Legal Evidence and Proof: Statistics, Stories, Logic*, H. Kaptein, H. Prakken and B. Verheij (eds.), Ashgate, 2009, pp. 223 – 253, Chapter 9.

⑨ F. H. van Eemeren, B. Garssen, E. C. W. Krabbe, A. F. Snoeck Henkemans, B. Verheij and J. H. M. Wage-mans, *Chapter 11: Argumentation in Artificial Intelligence*, in *Handbook of Argumentation Theory*, Springer, 2014.

⑩ W. L. Bennett and M. S. Feldman, *Reconstructing Reality in the Courtroom*, Tavistock Feldman, 1981.

⑪ N. Pennington and R. Hastie, *Reasoning in explanation-based decision making*, *Cognition*, 1993, 49 (1 – 2), pp. 123 – 163.

⑫ W. A. Wagenaar, P. J. van Koppen and H. F. M. Crombag, *Anchored Narratives. The Psychology of Criminal Evidence*, Harvester Wheatsheaf, 1993.

⑬ J. Keppens and B. Schafer, *Knowledge Based Crime Scenario Modelling*, in *Expert Systems with Applications*, 2006, 30(2), pp. 203 – 222.

⑭ R. J. Allen and M. S. Pardo, *The Problematic Value of Mathematical Models of Evidence*, in *Journal of Legal Studies*, 2007, 36(1), pp. 107 – 140.

是通过使用贝叶斯网络来进行分析。[①][②] 混合方法的研究包括情节和论证[③]、证据性的贝叶斯网络[④]、情节和概率[⑤][⑥]的组合。用于评估这些方法的相对优缺点之比较案例研究目前还很少。最近，在这方面做出的一项有价值的成果是使用不同的方法对"西蒙肖文(Simonshaven)案"所进行的研究(即将刊发的《刑法中的理性证明模型》[*Models of Rational Proof in Criminal Law*]，发表在《认知科学专题》[*Topics in Cognitive Science*]杂志上，编辑是帕肯[Henry Prakken]、贝克斯[Floris Bex]和麦考[Anne Ruth Mackor])。

本文对近期在人工智能与法领域中提出的两种方法进行了比较和评估，即嵌入情节的贝叶斯网络[⑦]，以及提供论证有效性形式分析的案例模型[⑧]。为此，我们对一起谋杀案进行了两种分析，每个方法形成一种分析。由于我们自己正在发展这两种分析，因此我们可以将最佳相似性作为目标，以增加可比性(与《认知科学专题》[*Topics in Cognitive Science*]中的分析形成对比，每种分析都是由一个单独的团队发展的)。本案例基于一个真实事件[⑨]，我们出于当前的研究目的而对其进行了简化。为了提高透明度，我们选择了一个结论无可争辩的案例：

2002年10月1日，一名25岁的学生N被发现死在她的公寓里。那里存在暴力征兆，包括弹壳和血迹。在N死前，她曾给一位朋友打了电话。这位朋友说他们正常地聊了几句，然后她听到了一声"早上

---

① A. B. Hepler, A. P. Dawid and V. Leucari, *Object-Oriented Graphical Representations of Complex Patterns of Evidence*, in *Law, Probability and Risk*, 2007, 6(1-4), pp. 275-293.

② N. E. Fenton, M. D. Neil and D. A. Lagnado, *A General Structure for Legal Arguments About Evidence Using Bayesian Networks*, in *Cognitive Science*, 2013, (37), pp. 61-102.

③ F. J. Bex, P. J. van Koppen, H. Prakken and B. Verheij, *A Hybrid Formal Theory of Arguments, Stories and Criminal Evidence*, in *Artificial Intelligence and Law*, 2010(18), pp. 1-30.

④ J. Keppens, *Argument Diagram Extraction from Evidential Bayesian Networks*, in *Artificial Intelligence and Law*, 2012(20), pp. 109-143.

⑤ M. Di Bello, *Statistics and Probability in Criminal Trials: The Good, the Bad and the Ugly*. *Dissertation*, Stanford University, 2013.

⑥ R. Urbaniak, *Narration in Judiciary Fact-Finding: a Probabilistic Explication*, in *Artificial Intelligence and Law*, 2018(26), pp. 345-376.

⑦ C. S. Vlek, H. Prakken, S. Renooij and B. Verheij, *A Method for Explaining Bayesian Networks for Legal Evidence with Scenarios*, in *Artificial Intelligence and Law*, 2016, 24(3), pp. 285-324.

⑧ B. Verheij, *Proof With and Without Probabilities. Correct Evidential Reasoning with Presumptive Arguments, Coherent Hypotheses and Degrees of Uncertainty*, in *Artificial Intelligence and Law*, 2017, 25(1), pp. 127-154.

⑨ *Rechtbank Utrecht*，见案例ECLI：NL：RBUTR：2004：AO3150。

好”,随后是尖叫呐喊的声音,最后电话就断了。很快,一名嫌疑人P被确认,他是房东的儿子,也住在这间公寓里。P在被捕之前逃到了波兰,直到2003年才被逮捕。2004年,法院判定P谋杀N的罪名成立。

一、方法比较

(一) 嵌入情节的贝叶斯网络

贝叶斯网络是一个具有相关条件概率的有向非循环图,其展示了联合概率分布。[①] 贝叶斯网络可以用于避免概率推理中的常见谬误。[②] 概率分布可以通过启发式技术来发现[③],不过数据的缺乏导致客观先验值难以寻找[④]。

在具体案例中,我们将概率工具和情节方法相结合,通过情节习语来构建贝叶斯网络。一个情节习语由一个布尔情节节点以及代表该情节各个方面的子节点组成。当情节节点为真时,所有子节点也必须为真,这就确保了融贯性以及证据支持的转移。在该方法中,我们通过约束节点来对互斥情节进行建模。[⑤] 子节点可以代表法院需要证明的抽象方面,如动机或机会。方面节点可以连接到其他方面节点,并且其必须得到证据节点的支持。证据节点以方面节点为条件。

案例模型

案例模型是一种形式工具,其使用案例的优先排序来分析融贯的、推定的和决定性的论证。该形式主义的灵感来自这三种证据方法之间的联系。案例模型可以通过添加分段证据(论证)来构建具有不同可信性(概率)的融贯假设(情节)。

---

① F. Taroni, C. Aitken, P. Garbolino and A. Biedermann, *Bayesian Networks and Probabilistic Inference in Forensic Science*, Wiley, 2006.

② C. Dahlman, *De-Biasing Legal Fact-Finders With Bayesian Thinking*, in *Topics in Cognitive Science*, 2019, pp. 1 - 17.

③ S. Renooij, *Probability Elicitation for Belief Networks: Issues to Consider*, in *The Knowledge Engineering Review*, 2001, 16(3), pp. 255 - 269.

④ N. Fenton, M. Neil, B. Yet and D. Lagnado, *Analyzing the Simonshaven Case Using Bayesian Networks*, in *Topics in Cognitive Science*, 2019, pp. 1 - 23.

⑤ N. E. Fenton, M. D. Neil, D. A. Lagnado, W. Marsh, B. Yet and A. Constantinou, *How to Model Mutually Exclusive Events Based on Independent Causal Pathways in Bayesian Network Models*, *Knowledge-Based Systems*, 2016(113), pp. 39 - 50.

一个案例模型由一组案例及其优先排序组成。案例将假设事件和证据进行组合。优先排序取决于案例中的论证之融贯性、决定性和推定有效性。

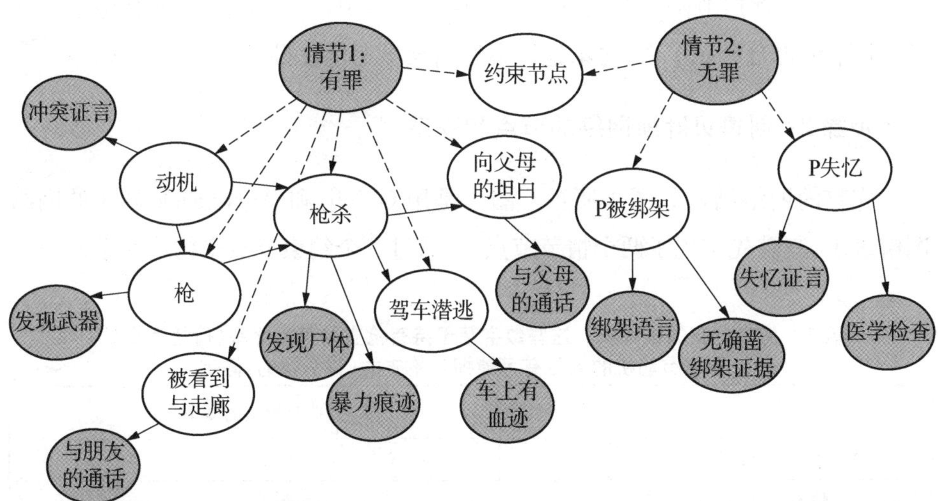

图 1　该案例的贝叶斯网络。深灰色节点是情节节点，情节节点和方面节点之间的联系由虚线表示；白色节点是方面节点；浅灰色的小节点是证据节点。

二、模型

本节将讨论建立贝叶斯网络和案例模型的方法。

贝叶斯网络

按照前文所描述的方法，我们构建了两个不同的案例情节。在贝叶斯网络中，我们对这两种情节进行建模，并确定了各节点的概率表。我们关闭和开启不同的节点，以观察每项证据如何影响情节节点中的概率。

步骤 1：创建情节

情节 1　此情节基于控方的论证。犯罪嫌疑人 P 枪杀了被害人 N。P 是有动机的，即他对先前的一次冲突感到愤怒。P 还非法持有一把枪支。被害人 N 当时在家中与朋友通电话。这位朋友作证，她听到 N 跟某人打招呼，紧随其后的是枪声和尖叫声。这声问候确定了 P 当时在现场，因为其他房客已经去上班了。案发后,P驾驶着N的车潜逃,并留下了血迹。P逃到了波兰。在波兰时,P给他的父母打了几个电话。在通话中,P承认自己对N做了某些事情。

情节2　此情节基于P的证言。在这一情节中,P被绑架了,而且他还失忆了。P不记得自己杀了N,也不记得案发当天早上他在哪里。

步骤2:创建贝叶斯网络的节点和联系

完整的网络结构如图1所示。图1是用GeNIe和AgenaRisk创建的网络图解表示,其首先实现了两个情节节点,并通过一个约束节点来构造联系。

表1　持有枪支的概率表。这些数字基于持有枪支的基本比率(荷兰为6%)以及拥有动机的人更有可能拥有枪支的(有争议的)假定。

	持有枪支的概率
情节1和动机	0.2
情节1和¬动机	0
¬情节1和动机	0.2
¬情节1和¬动机	0.06

情节1的方面节点:动机(即P的动机),由P的父母和N的朋友关于冲突的证言来支持;枪(即P在家中拥有的枪),由武器被发现以及在走廊上看到的凶器来支持;确定P在案发现场,由N与她朋友的电话来支持。这三个节点是持枪谋杀的母节点(即P谋杀N),由N的尸体被发现和现场的暴力征兆(如血迹和弹壳)来支持。持枪谋杀的节点有两个子节点:驾车潜逃(即P是如何逃离的),由N的车在她死后被使用过,并且车里有她的血迹来支持;向父母坦白的节点(即P通过电话向他的父母坦白),由P的通话记录来支持。动机节点也是枪的母节点,因为这不是两个独立的事件,即持有枪支的概率并不独立于拥有动机的概率。

情节2的方面节点:被绑架的方面节点(即P被不明身份的人绑架),由他的证言(即证据节点P的证言)来支持,但此证据节点有减损,因为没有确凿的证据证明此次绑架。这表示除了P的证言之外,没有确凿的证据证明他被绑架了。失忆的方面节点,由证据节点P的证言来支持,即P的证言声称他什么都不记得了。但是,医学调查的节点发现P并没有失忆,而这代表了一个事实,即经医生认定,不存在导致P失忆的物理原因。

步骤 3：创建概率表

每个节点都有一个关联表，其中包含该节点的概率，而条件则是母节点的值。表 1 为持枪节点的概率表，它取决于情节节点和动机节点的值。节点中的概率基于主观选择。当并非只有一个情节为真时，约束节点的值为 NA。

通过网络证据的流动

通过关闭和开启证据节点，不同证据对不同情节概率的累积影响如表 2 所示。按照前述的方法，我们将有罪情节节点的先验概率设置为 50%，将无罪情节的先验概率也设置为 50%，从而建立起无罪推定的模型。

案例模型

案例模型(图 3)是通过对证据的可视化探索(图 2)建立起来的。在这个案例研究中，证据是我们从法院收集的。然后，我们创建了可视化解释，并在其中逐步增加证据(按照表 2 中开启节点的顺序)。通过可视化解释，我们收集了不同的假设。然后，我们将这些假设与最一致的证据相结合，以创建案例。

表 2　对情节 1(有罪)和情节 2(无罪)节点中的累积证据之概率进行四舍五入取整，开启证据的顺序与将证据添加到案例模型的顺序相同。如果没有属于这两个情节的节点，那么一个情节的概率不会影响另一个情节的概率。

证据	情节 1 的概率(%)	情节 2 的概率(%)
起始	50	50
发现尸体	43	56
暴力征兆	76	24
发现武器	83	16
与朋友的通话	83	16
绑架证言	75	24
失忆证言	64	35
车上有血迹	75	25
冲突证言	75	25
无确凿绑架证据	96	4
医学检查没有发现失忆	99	1
与父母的通话	接近 100	接近 0

步骤 1：案例模型的可视化解释

发现尸体。此时，没有任何证据可以假定这是一场犯罪。然而，现场有暴力征兆，包括枪伤和发现的枪(发现武器)，所以被害人是被枪杀的。

除了被害人外，家里只有 P 一个人，而且他在电话里(与朋友的通话)被听到了，所以他是嫌疑人，要么有罪，要么无罪。P 随后接受询问，并作证他被绑架了，而且他失忆(绑架证言与失忆证言)了。P 无罪的假设被进一步细分：要么他是无罪的，他说的关于绑架和失忆的内容就是真相；要么他是无罪的，发生了其他事情。

更多的证据是，发现 N 的车(车上有血迹)，并且车在她已经死后还行驶过，这说明 P 驾驶着 N 的车潜逃。N 的父母也作证了 P 和 N 之间存在冲突，这提供了动机(冲突证言)。P 的证言与医学检查的结果相矛盾，后者表明没有失忆的物理原因，也没有确凿证据证明存在绑架行为。最后一条证据是 P 与父母的通话，他在与父母的通话中承认自己对 N 做了某些事情。

步骤 2：收集假设

案例模型中的每个案例都有一个假设，这一假设可以在案例模型的列表中被找到。本案例模型有以下三个假设：

1. P 有罪
2. ¬P 有罪∧P 被绑架(¬P∧K)
3. ¬P 有罪∧¬P 被绑架(¬P∧¬K)

步骤 3：为假设增加证据以创建案例

为了创建案例，每个假设都要扩展与该假设一致的证据子集。三个假设的共同证据是：发现尸体∧暴力征兆∧发现武器∧与朋友的通话。为了简洁起见，共同证据在这些案例中均以 E 来表示。一共有 7 个案例，如图 3 所示。

P 有罪∧谋杀∧被害人被枪杀∧P 驾驶 N 的车潜逃∧动机∧冲突证言∧向父母坦白∧E∧绑架证言∧失忆证言∧车上有血迹∧冲突证言∧无确凿证据∧医学检查∧与父母的通话。

P 有罪∧P 被绑架∧谋杀∧被害人被枪杀∧E∧绑架证言∧失忆证言∧¬车上有血迹。

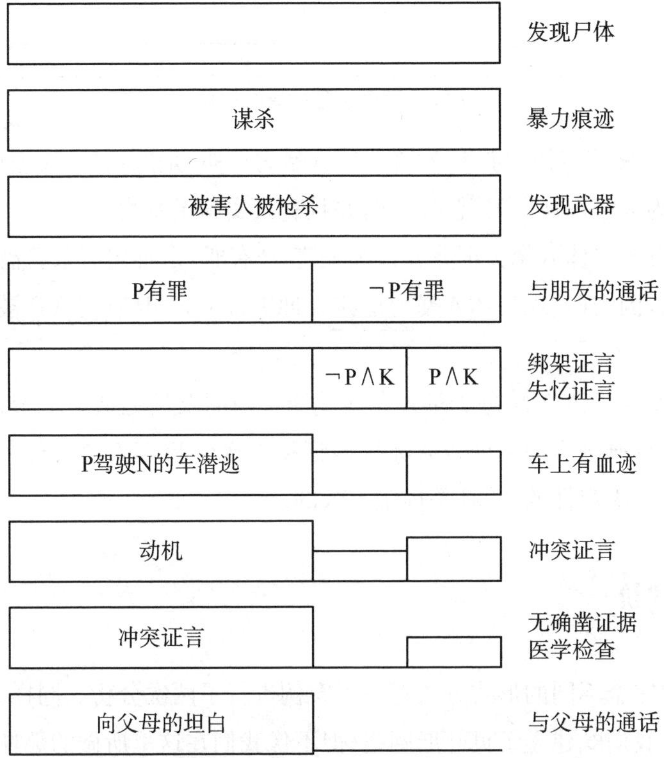

图 2　案例模型的创建，按照时间顺序添加证据

P 有罪∧P 被绑架∧谋杀∧被害人被枪杀∧E∧绑架证言∧失忆证言∧车上有血迹∧¬冲突证言。

¬P 有罪∧P 被绑架∧谋杀∧被害人被枪杀∧E∧绑架证言∧失忆证言∧车上有血迹∧冲突证言。

¬P 有罪∧¬P 被绑架∧谋杀∧被害人被枪杀∧E∧绑架证言∧失忆证言∧¬车上有血迹。

¬P 有罪∧¬P 被绑架∧谋杀∧被害人被枪杀∧E∧绑架证言∧失忆证言∧车上有血迹∧冲突证言∧¬无确凿证据∧¬医学检查。

¬P 有罪∧¬P 被绑架∧谋杀∧被害人被枪杀∧E∧绑架证言∧失忆证言∧车上有血迹∧冲突证言∧无确凿证据∧医学检查。

优先顺序由不同框的面积来表示：1>2～4～5～7>3～6。

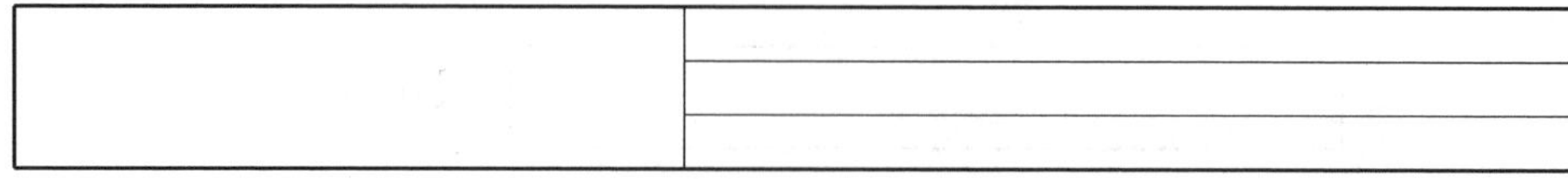

图 3　案例模型的最终创建

论证(T,发现尸体)与(T,发现尸体∧暴力征兆)是融贯的、决定性的和推定有效的,因为大家都认同发现了尸体,并且有人实施了暴力。

论证(发现尸体∧暴力征兆∧冲突证言,P 有罪)是推定有效且融贯的,但不是决定性的,因为(发现尸体∧暴力征兆∧冲突证言,¬P 有罪∧P 被绑架)也是融贯的。

论证(发现尸体∧暴力征兆∧发现武器∧与朋友的通话∧绑架证言∧失忆证言∧车上有血迹∧冲突证言∧无确凿证据∧医学检查∧与父母的通话,P 有罪)是融贯的、决定性的,并且是推定有效的。

三、比较评价

我们用完全不同的形式方法对一个案例进行了两次分析。同样,就"西蒙肖文案"而言,我们既建立了贝叶斯网络(但不像我们在这里所做的那样,按照前述的做法嵌入了情节),又建立了案例模型。① 然而,由于是由不同的作者准备的,因此这些分析是基于对案例的建模内容和方式的截然不同之选择。在这里,我们的目的是优化两个模型之间的相似性,以便进行更具体的比较评价。另外,"西蒙肖文案"可以被认为是一个结果有争议的"疑难案例",而我们选择的是一个结果无可争议的案例。

嵌入情节的贝叶斯网络(BNS 模型)是由一个有向非循环图(带有关联的条件概率表)组成的,其对证据/事件及其概率依赖性进行建模。相比之下,案例模型(CM)由句子和优先排序组成,其对证据和假设事件的融贯组合进行建模。该排序模型对案例的可信性进行了比较,并且可以给出概率解释。因此,这两种模型为联系定性和定量的建模风格提供了截然不同的方式。

我们对比表 2 和图 2 可以看出,这两种分析为良好排列的证据之逐步影响提供了一个视角。CM 模型的设计(表示关于案例理论的逐步构建)影响了 BNS

① B. Verheij, *Analyzing the Simonshaven Case With and Without Probabilities*, in *Topics in Cognitive Science*, 2019, pp. 1 – 25.

模型的数字选择，从而优化了排列。BNS 模型可以对相关性和强度进行精确的数字估计，而 CM 模型则使用更粗糙的排序。BNS 模型中的数字传播不容易被预测和解释(参见 CM 模型对 BNS 模型的影响)。这两种方法的差异(分别是数字和排序)并不明显。

BNS 模型和 CM 模型都可以对证据的冲突进行建模。在 BNS 模型中，添加证据可以对情节的概率产生正面或负面之影响，而在 CM 模型中，证据可以匹配和排除假设情节。

BNS 模型通过使用情节节点和约束节点，对情节中的事件之融贯聚集进行建模。在 CM 模型中，具有情节的证据集群是通过互斥的情况来建模的。

情节节点被增加到 BNS 模型的解释中。此外，开启和关闭证据(如在 BNS 软件工具中)有助于揭示证据对假设的影响。然而，结果的意义以及它们是如何产生的并不总是透明的(为什么结果是 10%? 为什么是 50%?)。CM 模型的构建(图 2)允许如上所述的与表 2 结果一致之解释。模型中的最终决策有一个透明的解释，但是排序的选择仍然是一个问题。

关于证明一项决策的正当性，BNS 模型允许在选取一个阈值的后验概率(如 95%)后进行选择，从而提供一个简洁且精确的证成模型。但是，BNS 模型没有明显的阈值选择。在 CM 模型中，决策的正当性具有排除所有考虑的替代方案后的融贯形式。对于这两种模型来说，问题仍然是，是否存在未经考虑的、未建模的、可能改变决定的替代方案。

在建模的难易程度上，BNS 模型的依赖关系和数值的选择并不容易，但是一旦建立，其就可以直接检验证据对假设结果的作用。CM 模型易于构建。似乎可以肯定的是，CM 模型确实有可能与 BNS 概率模型保持一致(正如 CM 模型允许数字与概率解释的理论事实所表明的那样)。同时，我们还不清楚只关注 CM 模型中的排序是否会降低 BNS 模型所允许的表现力，即在 BNS 模型中，我们可以对微妙的交互效应进行建模。

总结和结语

嵌入情节的贝叶斯网络和案例模型都可以作为混合工具，将概率、情节和论证方法结合起来，以研究假设与证据。在本文中，我们使用这两种方法分析了一个(结果是无可争辩的)案例，目的是通过使用可比较的建模元素来实现最佳相似性。

贝叶斯网络中的证据在整个网络中都是相关的,其对证据强度有精确的解释,并且一旦创建了证据,在使用时也很方便。不同证据之间的关系是通过明确主观概率来实现的,而真实性则是基于阈值概率来确定的。融贯性不是贝叶斯网络的本质特征。对贝叶斯网络进行建模并确定概率是一项挑战。

在案例模型中,证据可以更具局部性,并且仅限于相关案件。关于如何只使用案例的排序来纳入定量数据,我们目前还不清楚。融贯性是本质的。与贝叶斯网络的条件概率相比,证成和解释似乎更类似于人类的推理。对案例模型进行可视化建模是很直接的,尽管提取案例和排序并不简单。

这两种方法都有局限性。主观概率评估,特别是结合大型概率表的节点(具有众多母节点)来评估,是贝叶斯网络中的一个问题。在案例模型中,融贯性同样是主观的,从而缺乏证据强度的表达。然而,这两种方法都可能有助于解决与证据不一致或不正确的推理,从而引导推理者考虑相互冲突的证据和每个假设或情节的整体融贯性。

我们看到,两种不同的方法所模拟的证据性连续(表 2 与图 2)可以很好地保持一致,这表明此种推理在不同的方法中提供了一个共同的证据推理核心。这一证据性连续是两种建模风格的核心。

为了正确使用贝叶斯网络,我们需要可靠的概率启发方法。然而,由于所需的概率通常是不可观测的,因此给出适当的概率评估可能非常困难。改进概率评估之理解的一种理念是创建一个多主体模拟,其中包含不同犯罪的特定已知发生率。然后,基于该模拟中的不同概率范围,我们可以在贝叶斯网络中检验这些世界中的不同情节。

案例模型理论并不排除量化的可能性。然而,我们目前还不清楚这在实践中如何实现。这是否意味着案例模型的每个部分都是量化的,或者是否可以采取一种混合的方法?建立一个更依赖于统计推断(如使用 DNA 证据)的案例模型,将有助于我们发现案例模型中的量化之局限性。

一个有用的、更严格的方法评价可以来自对其他案例的系统性之比较分析,这些案例比本案例更复杂(如“西蒙肖文案”),并且我们之后需要谨慎地预防模型的相似性。

同情与法治*

[美]苏珊·安妮·班德斯(Susan A. Bandes)**/著　孙振一***/译

摘要：同情给法治带来艰巨的挑战。富有同情心的回应通常被认为是对既定法律的偏离，而不是对其原则性的应用。这种对同情心的解读是令人不安的，最明显的是因为它对整体的公平性、关注性和一致性构成了挑战。人们通常将同情视为影响判决实质性结果的一个因素，但笔者相反地认为，同情心不能作为判断谁在法庭辩论中占优势的可靠因素。同情心是否具有实质意义是一个规范性的问题，我们必须根据法庭的宗旨及其寻求发展的原则来回答。不同于此，笔者认为同情心的重要性在于，它能够帮助决策者理解诉讼当事人所面临的风险。从这个意义上讲，同情心与谦逊紧密相联，它们揭示着人类的易错性和个人理解的局限性。

引言

同情能与法治共存吗？对于某些人而言，反对同情类似于反对友善或道德。如果同情意味着一种关怀伦理，那么谁会反对它呢？对于其他人来说，同情的概

---

* 本文原文请参见 Susan A. Bandes, *Compassion and the Rule of Law*, in *International Journal of Law in Context*, 2017, vol. 13, no. 2, pp. 184 - 196. 本文翻译已经获得作者授权。原文来源网址：https://heinonline.org/HOL/Page?public=true&handle=hein.journals/injwcext13&div=19&start_page=184&collection=journals&set_as_cursor=1&men_tab=srchresults。

** [美]苏珊·安妮·班德斯(Susan A. Bandes)，美国德保罗大学法学院百年特聘法学教授，电子邮件地址为 bandes@depaul.edu。笔者感谢德莫特·费南(Dermot Feenan)和杰弗里·墨菲(Jeffrie Murphy)对本文早期草稿的宝贵评论。笔者还感谢德莫特·费南(Dermot Feenan)领导与组织了出色的会议，这篇文章正是在这次会议上首次发表的。

*** 孙振一(1996—)，女，山东淄博人，华东政法大学硕士研究生，研究方向为法律方法论。

念似乎是法治的恶疾。如果法治可以防止任意决定、提高可预测性,并将法律至上的原则凌驾于个人意愿之上(Fallon, 1997),那么同情心可能威胁着以上所有的理想。同情或其他不可预测的情绪之激增,可能会使法律朝着无法预料的任意方向发展。"同情"和"法治"都不是自定义的,上述事实使这一论点变得复杂。同情是否符合法治,取决于同情只是一种态度还是也有行动的号召。这也取决于法治的促进是否有时是背离或者蔑视书本上的法律(例如,马丁·路德·金[Martin Luther King]于1963年在伯明翰监狱中写的信里提出了著名的"违反法律以增加对法律的尊重"之论点)。

近期,这些紧张和模棱两可的问题在路易斯维尔大学布兰代斯法学院的一场争议中得到体现。法学院宣称自己是"美国第一家富有同情心的法学院",并决定想与一个名为"富有同情心的路易斯维尔"的全市性运动合作(Duncan, 2016)。笔者怀疑,在他们最疯狂的梦想中,院长和教务长无法想象到将学校标榜为富有同情心的机构会引起争议,但事实上这却引发了一场风暴。至少有一位法学教授对路易斯维尔大学试图将自己与同情心联系起来的做法持异议,其公开辩称,这威胁到该机构在法律问题上的无党派与无意识形态之立场(Milligan, 2016)。此教授以前的一位学生做出热情的回应,他说同情意味着对生活艰难的人表示怜悯,以及帮助不幸之人的渴望(同上)。该学生认为,本质上,"同情"这个标签承认了倡导社会正义的重要性,而法学院当然应该支持社会正义。但是,教授不同意该学生的观点,他认为法律不应在了解特定争端的事实之前就先选择了一方当事人。

笔者非常欣赏这场辩论。这些问题并不简单,但它们正是我们在讨论法律和同情时应该探讨的一类问题。

笔者想说的是,在法律领域中,我们确实有理由对同情心保持警惕。在其他地方(如家庭、治疗师办公室或宗教机构),同情心可能是一种纯粹的善,但是在法律中,我们总是在哪些情绪能推进法律目标这一问题上做出选择。像积极情绪和消极情绪这样宽泛的标签并不是很有用。所谓的积极情绪(如同理心或同情),并不总是推进法律目标;所谓的负面情绪(如愤怒或恐惧),也并不总是阻碍这些目标。这取决于语境。

笔者认为,我们需要区分同情心的两个独立角色。通常,关于法律和同情心的争论只集中在这些角色中的一个,即同情心是影响谁应在法律争议问题上占优势并得出实质性结论的一个因素(Zipursky, 1990)。但是,这种同情心的概念涉及到难以解决的问题，即同情心如何与法治相协调。笔者将在下文中回答这个问题。第二种可能的角色也是笔者所认为的同情心最重要的贡献，即其是一种理解他人所面临的风险之方式。从这个意义上讲，同情心涉及到认真关注他人在法律诉求中的利益，或者说从内部看待他人的权利，就如同他们所经历的一样。这种意义上的同情心与同理心的概念有较大程度的重叠。

关于定义，情感术语总是难以捉摸的。“同情”“同理心”“同感”“怜悯”等术语没有固定的含义，正如玛莎·努斯鲍姆所观察到的那样，它们是“英语中超乎寻常程度的语言混乱”之根源(2001年，p. 301)。它们的含义随着时间的推移而改变(例如，18世纪的亚当·斯密[Adam Smith, 1790]所称之同情，现在被称为同理心)；它们的含义在不同的学科(如心理学、哲学和人类学)甚至在同一学科范围内都不一样(例如，术语“同理心”仅在心理学领域就有许多公认的含义[Batson, 2011])，许多细微差别可能从其他语言翻译过来时就已丢失(Nussbaum, 2001, p. 303)。我们最好在适用时阐明其含义。因此，让笔者区分自己所使用的同理心和同情心。

同理心是一种理解他人欲望、目标和意图的能力，它需要一种站在别人的角度看问题的欲望，但它实际上是一种换位思考。[①] 它不需要有同理心的人在不同的观点中选择站在哪一边，也不需要采取任何行动来帮助一个特定对象实现其目标。因此，一名法官可能——笔者认为应该——对他面前的所有诉讼当事人都有同理心。法官的工作就是试图了解各方的利害关系。一旦法官这样做，他就必须做出哪一方获胜的法律决定。

同情是“在目睹他人痛苦时产生的感觉，并激发了随后的帮助欲望”(Cuff等人，2016, p. 145)。有同情心的人不仅要看到痛苦，而且还必须“关心这种痛苦并希望减轻它”(Blum, 1980, p. 511)。因此，同情包括行动号召，而这不是同理心的内在组成部分。对受难者利益采取行动的命令表明了同理心和同情之间的另一个重要区别。在亚里士多德看来，同情的一个基本要素是它隐含的判断，即受难者不应该承受他的痛苦。努斯鲍姆(Nussbaum)对同情认知结构的著名论述也包含了这个元素(Nussbaum, 2001, pp. 314 - 315)。在这种情况下，法官

---

① 关于同理心的一个模糊之处在于，它是纯粹的认知层面，还是也有情感层面。正如 Lawrence Blum (1980)所指出的，一个人可能出于求知欲甚至是恶意而寻求理解他人的观点。同理心的许多定义包含了关怀的元素，即有同理心的人出于关心和关爱而设身处地为他人着想。因此，在情感上，同理心就像同情一样，都是出于对另一方的关心。然而，大多数同理心的定义并没有包含为他人行动的欲望。

对诉讼当事人的同情需要建立在这样一个判断之上,即该诉讼当事人没有过错。如果不是在法律上,至少是在道德上,该诉讼当事人没有过错。相反,法官可能会对代理自己不幸的当事人感同身受,也可能对另一方感同身受,而此种理解不需要对过错或责任做出判断。

为了说明这些区别如何在法律领域发挥作用,请思考以下美国法中的示例。

在“萨福德联合学区诉雷丁案(Safford Unified School District v. Redding)”[①]中,美国最高法院思考的问题是,一所学校的校长根据一份内容为某人身上有毒品的报告而对一名13岁女孩进行脱衣搜身是否违反了美国宪法第四修正案。通过最高法院的口头辩论,我们可以对以下片段进行思考:

一方面,苏特法官对学校的校长表现出同理心:

“我怀疑这个孩子身上有毒品。我的想法是,即使我们找不到东西,我宁愿让孩子尴尬地被脱衣搜身,也不愿让其他孩子死掉,因为这些东西是在午餐时间分发而且出了问题。”[②]

另一方面,布雷耶法官试图理解学生的视角:

“我想知道,为什么把衣服脱到内衣是一件重要的事情。孩子们去健身房时通常这么做,但当时不是对着——你知道的,那里只有两个女人。只穿着内衣,这有多糟糕!这是我想要了解的。我问这个是因为我不知道。”[③]

碰巧,金斯伯格法官帮助布雷耶大法官发现,在校长办公室脱衣搜一个13岁孩子的身,并不像一群队友在更衣室里换衣服[④],而且几个庭审顾问也简要声明了光着身子被搜查的羞辱性和侮辱性[⑤]。在结果意见中,法院充分掌握了这一差别,其承认了脱衣搜查的影响。[⑥] 法院努力理解这样的搜查会给一个13岁的孩子带来什么感觉,这有助于它在学校对学生的侵犯和学校维护学生安全之

---

① Safford Unified Sch. Dist. #Iv. Redding, 557 U. S. 364(2009).

② Ibid., Oral Arg. Tr. 48: 18,21 April 2009.

③ Ibid., Oral Arg. Tr. 45: 9,21 April 2009.

④ Ibid., Oral Arg. Tr. 45: 17,21 April 2009.

⑤ Brief of Amici Curiae the Nat'1 Ass'n Of Soc. Workers and Its Arizona Chapter, the Nat'1 Edu. Ass'n, the Nat'1 Ass'n of Sch. Psychologists, the American Soc'y for Adolescent Psychiatry, and the American Profl Soc'y on the Abuse of Children in Support of Respondent April Redding; Brief of the Urban Justice Ctr., Asian American Legal Def. and Edu. Fund, Advocates for Children of NY, and the Nat'1 Youth Rights Ass'n, Amici Curiae in Support of Respondent; Brief of Amici Curiae the Rutherford Inst., Goldwater Inst., and Cato Inst. In Support of Respondent.

⑥ Safford, 557 U. S. 364(2009), p. 375.

间做出利益权衡——第四修正案要求的平衡过程。值得注意的是，尽管法院确实发现搜查违宪，但是它注意到，搜查的侮辱本身并不使其违宪。① 换句话说，法院理解并同情学生的创伤，但这不意味着学生会胜诉。法院需要尽最大努力去理解这两种对立的观点，然后适用法律框架，这需要权衡宪法背景下的对政府利益之侵犯。

这就是同情心，正如笔者所理解的那样。同理心允许我们设身处地为他人着想——它允许法官从所有诉讼当事人的角度来看待问题，而同情心则指引我们去帮助。在这个案例中，对学生的同情不是做决定的恰当工具。每个当事人的观点都值得被认真对待。一个脆弱的年轻女孩与学校管理者对抗，这一事实本身并不能使案件的结果有利于更值得同情的一方。

一、同情及其实质

为了思考同情心与法治之间的关系，区分同情心可能影响法律决策的几种方式是有意义的。首先，我们可能有一条明确允许使用同情心作为自由裁量权之一部分的法规。监狱假释制度可能允许同情心的释放，如囚犯患有晚期癌症。在批准庇护时，移民法可能会考虑到同情心。在这些情况下，同情心不会对法治构成特殊的挑战，因为我们已经预先注意到它将被作为一个因素，并且司法实践中有使用它的指导准则和很多先例。事实上，将同情作为这些法规所考虑的因素是否是合适的，这也是不清楚的。尽管那些主张例外的人可能会将同情心作为使他们的观点深入人心的一种方法，但是适用同情心通常必须符合规定的标准。例如，《美国联邦量刑指南》可能考虑到被告有小孩的事实，但这里的标准是儿童的最大利益②，而不是对囚犯的同情。如果申请人出于某些特定原因而表现出“有充分根据的对迫害的恐惧”，那么其就可以准予庇护。③ 换句话说，这些标准是事先宣布的，但其也需要事实的支持。如果同情是一种感觉，那么它在这里并没有真正发挥作用——这些法律论点与其他任何法律论点一样。

当然，预先规定的因素可能被滥用或被不一致地使用，但任何法律因素的应用都可能出现这个问题。赦免权与宽赦权给法治和同情心带来了更大的困难，

① Safford，577 U. S. 364(2009)，p. 378.

② United States v. Dugalic (2012，CA6 Ky) 2012 FED App. 739N.

③ INS v. Cardoza-Fonseca，480 U. S. 421，107 S. Ct. 1207(1987).

它们允许我们在不那么受约束的情况下运用同情心,因为特赦或行政赦免的自由裁量权是如此广泛。[①] 每个案例是独一无二的。决定可能是基于同情心,也可能是基于赤裸裸的政治。如果执行不被要求解释,那么我们可能没有办法知道实际的理由。然而,自由裁量权如此广泛,任何决定都不能超越它。在这种法律制度下,你不能因指出某一特定的决定缺乏连贯性或可预测性而得分——因为仁慈和赦免通常不需要连贯性或可预测性。然而,认为这些决定不受法律约束并不完全准确,尽管它们是在一个具有极大自由裁量权的领域中被做出的。

当同情心被用来使规则适用于未经授权的例外情况时,更严重的法治问题就会产生。应用《美国联邦量刑指南》的判决可以说明两种可能性——决定一个判决落在允许范围内的什么地方,以及不允许其超过这个范围。法官可以利用同情心,在允许的范围内作出较低的判决。但是,这指南所规定的强制性最低刑罚,令许多法官的良心感到震惊——比如,低级别的毒品犯罪首次入狱的服刑时间就达到数十年。[②] 这就是同情心的角色变得复杂的地方。这个指南的目的是使量刑规范化,从而避免因个别法官的个性或倾向而造成的量刑方面的一些明显差异。有人认为,量刑不应取决于司法人员的运气,不应取决于法官在某一天是否有惩罚的情绪,也不应取决于被告的困境是否令法官想起某种他自己或他家人所经历的事情。

量刑指南最终被许多人视为一种比疾病本身更糟糕的治疗方法。少数法官觉得,出于良心,他们根本无法遵守这些规定,至少有一位联邦法官辞去了他的终身职位。[③] 另一些人则在他们认为判决会非常不公正的情况下拒绝服从。例如,以创造性和勇气而闻名的纽约联邦法官杰克·韦恩斯坦(Jack Weinstein)无视这些指导准则,并辩称法官有责任不施加不公平的判决,有责任揭露不公正,有责任以人道的态度解释法律。[④] 许多人认为,自己对这些准则的不公正性之评估是相当正确的。因此,会发生什么呢?如果被告足够幸运,能请到温斯坦法官(温斯坦法官是一位强大的、打破传统的、非常有道德的法官),那么其将得到

---

① USCS Const. Art. II, §2, Cl 1.

② United States v. Angelos, 345 F. Supp. 2d 1227 (D. Utah 2004); United States v. Reingold, 731 F. 3d 204(2d Cir. 2013).

③ "Criticizing Sentencing Rules, U. S. Judge Resigns", New York Times, 30 September 1990. Available at 〈www. nytimes. com/1990/09/30/us/criticizing-sentenlcing-rulies-us-judge-resigls. htnl〉 (accessed 6 March 2017).

④ United States v. C. R., 972 F. Supp. 2d 457,458 (E. D. N. Y. 2013).

更富有同情心的判决(尽管这些判决很快就会被更高一级的法院撤销)。这里的法治问题是显而易见的,即缺乏可通知性或可预测性,不平等的待遇取决于抽签的运气与任意性。

但是,如果我们允许一些勇敢的法官来充当安全阀的角色,那么我们就会忽略更大的问题,即准则本身就是有问题的。可以说,整个制度反映出未能适当考虑同情心因素之状况。而且,只要我们允许少数法官在一些令人震惊的案件中做出例外决定,那么这种情况或许还会继续下去——不公平的法规会因个别司法违规行为而减少,但这不能被视为同情或法治的胜利。一个更大的胜利是基于同情心的判决方案。[①] 例如,一个判决方案承认人们犯了错误,并且承认一个错误的决定不应该使人的生活脱轨;或者一个判决方案承认破坏能创造牢狱之外更好的选择,并且能给人们提供过上生产力更高的生活所必需的技术和资源的法律制度。

在以上所有示例中,同情心是管理制度中的一个因素、一个权宜之计或一个偏差。笔者的以下内容不会将同情作为一种权宜之计、一种安全阀或一种使一般规则适用于例外情况的动力,也不会将同情心作为一种在自由裁量权框架内确定某个特定决定应该落在何处的手段。相反,笔者想思考的是,同情心是否能帮助构建原则和规则本身,以及同情心是否能帮助我们标示出需要重新审视的原则和规则。

实际上,美国最高法院已经对同情在法律推理中的作用进行权衡。在 1988 年的"德沙尼诉温尼贝戈县社会服务部案"[②]中,法院以五比四的判决反对同情心作为介入司法判决的一个因素。在那种情况下,问题是威斯康星州是否侵犯了 4 岁的约书亚·德沙尼的宪法权利。约书亚(Joshua)的整个短暂人生简直就是一场噩梦,因为在那段日子里,他一直遭到父亲的殴打和残酷对待。这种行为已经多次被报告给威斯康星州社会服务部,该州法律规定该机构负责保护他。但是,威斯康星州违反了法定义务,它没有提供保护。有一天,约书亚被残忍地殴打,以至于他带着无法治愈的脑损伤度过余生(约书亚于 2015 年 11 月在一家

① 或者,正如 Jeffrie Murphy 所说(2016 年 4 月 24 日,Jeffrie Murphy 给笔者的信,由笔者存档),或许不公平的量刑制度问题不应被断定为缺乏同情心,而应被判断为未能公正量刑——量刑应在罪犯之间呈现出适当的区别,且是成比例的。笔者反对这一论点,因为笔者相信,即使是公平和公正的量刑制度,也能反映出人们对第二次机会和更可取的惩罚选择的各种态度。但是,这是一个强有力的论点。

② DeShaney v. Winnebago Cty. Dep't of Soc. Services, 489 U. S. 189, 109 S. Ct. 998(1989).

疗养院去世,年仅 36 岁)。这个案件所涉及的问题,是政府在违反保护约书亚的法定义务的同时,是否也侵犯了约书亚在联邦宪法中的享有正当法律程序之权利。法院认为本案的事实不可否认是悲惨的,并指出:

"……在这种情况下,法官和律师像其他人一样,被自然流露的同情情感打动,想为约书亚和他的母亲找到一种方法,以赔偿他们遭受的严峻伤害。但是,在屈服于这种冲动之前,我们要再次记住,伤害不是由威斯康星州造成的,而是由约书亚的父亲造成的。"①

同情被描述为法官必须避免的人类冲动——一种对理性思考的干涉。通过这种描述,我们可以看到一些关于情感的普遍而根深蒂固的假设,即情感是冲动的,它不包含有用的认知内容,而且干扰了逻辑分析。的确,"德沙尼案"是美国法理学研究的著名催化剂,它帮助人们重新审视特别的同情心和一般情感的作用(Brennan, 1988; Minow and Spelman, 1988)。当时,笔者写道,讨论同情心和其他情感的作用是朝正确方向迈出的重要一步。但是,笔者也告诫人们,不要盲目地把同情、同感和同理心视为温和、仁慈的东西,从而将其作为应对严酷法律的一剂受欢迎的解药。笔者认为,任何特定的情感是否有利于法律分析取决于语境。同情和同感情绪既会将我们引入歧途,又会将我们引向正确的方向。这取决于是谁在寻求我们的同情,以及出于什么法律目的来寻求(Bandes, 1996)。

以"德沙尼案"为例,法官不仅应寻求了解约书亚·德沙尼的苦难,而且应关注威斯康星州社会服务部。在意见书中,很明显,法院在理解政府机构担忧的方面做了全面工作——儿童福利机构面临困难的衡量问题,即他们把孩子从亲生父母身边带走或者把孩子留在父母身边太久时的各自之责任风险。问题是,他们没有完全理解 4 岁的约书亚·德沙尼所遭受的痛苦吗?很难提出这样的论点。事实上,一个 4 岁孩子的短暂一生都在遭受父亲恐吓。暴力和忽视造成德沙尼在收容机构的生活,这样的悲剧是不难理解的。在某种程度上,这是最简单的同情,况且这种痛苦是严重的,是完全不应该的。受害者是一个弱小无助的孩子。正如法院观察到的那样,对这种痛苦的同情是相当普遍的。但是,困难的问题是,谁应该承担减轻或预防它的责任。

布莱克蒙大法官(Blackmun)②是著名的异议者,其指控法院缺乏同情和怜

① DeShaney, 489 U. S., p. 202 (Blackmun H., dissenting).

② DeShaney, 489 U. S., p. 212 (Blackmun H., dissenting).

悯。此异议之所以出名，主要是因为它的情感表达。此异议包含的一个短语——或实际上是一个标点符号——似乎违反了司法意见书的规定："可怜的约书亚!"(感叹号)

"可怜的约书亚！被一个不负责任、欺凌、胆怯、无节制的父亲反复袭击的受害者，被一个使他陷入危险的困境，知道或了解正在发生的事情，但实际上什么都没有做的机构(即社会服务部)抛弃，正如法院显露地指出的那样，社会服务部只是'将这些事件忠实地记录在他们的档案内'。"[1]

布莱克蒙大法官的指控并非针对法院未能理解约书亚的苦难，而是针对法院未能正确回应。如果同情需要法官不仅要理解，而且还需要采取行动来减轻痛苦，那么这对于法官来说是一种问题情绪，其会产生严重的法治问题，因为同情至少其本身并不是一个判断谁在法律纠纷中应该胜诉的可靠指标。

法官或陪审员可能出于各种原因而感到同情，但并非所有原因都令人信服。诉讼当事人可能是软弱的、有缺陷的或带有偏见的，这会与一个特定事实的发现者产生共鸣，如德克萨斯州的法官拒绝以针对同性恋男子的恶毒仇恨罪来对一名年轻人作出判决，因为被告想象自己的儿子是攻击者，并指出他希望自己的儿子或任何一个有男子气概的年轻人像被告那样行事。[2] 我们可能最容易同情那些我们理解的人和我们认同的人。考虑一下，检察官几乎可以自由决定起诉谁，或起诉什么。同情可能会让某人成为一个更明智的检察官，或者某人会发现自己的同情会让他给那些他本能理解、同情、认同的人以喘息的机会。在美国和其他地方，基于种族偏见和阶级偏见，这种同情心可能会被有意或无意地施予。

同情心不能解决矛盾的诉求，我们必须确定其是否是法律愿意宽恕或鼓励的一种同情心。此外，同情心可能会因为错误的原因而使某些特定的诉讼人获得特权——承租人胜过出租人，有魅力和可爱的个人胜过有距离感的法人。除非我们能够阐明更多的原因而不只是对小人物的困境产生同情，否则出租人或法人在这种特殊情况下会失败。

但是，到目前为止，笔者所说的内容并没有充分传达在"德沙尼案"中的布莱克蒙法官所提出的异议论点之中，也没有充分传达在布伦南大法官[3]所提出的

---

① DeShaney, 489 U. S. , p. 213 (Blackmun H. , dissenting).

② State Commission on Judicial Conduct, Order of Public Censure of Morris Jackson Hampton, Judge, 238 Judicial District Court, Dallas, Texas (1989).

③ DeShaney, 489 U. S. , p. 203 (Brennan J. , dissenting).

有力异议之中。事实证明,布伦南大法官的异议更有影响力,此现象或许是因为它的写作风格在法律上更为常见。这可能不仅仅是文体或语义上的差异,布伦南大法官的异议揭示了同情作为一种达到实质性结果的工具之重要局限性。

关于同情心的最令人困惑的问题之一是,它会导致什么样的行为。德沙尼多数派认为,他们并没有忽视约书亚·德沙尼的困境,只是认为他的问题不需要政府来解决。现在的问题不在于个案是否需要个人的同情回应,而在于政府是否存在需要被纠正的不公正。

因此,布伦南大法官的论点与布莱克蒙大法官的论点没有太大的不同,只是它不是一个关于我们应该如何看待约书亚这个个体的论点,而是一场关于政府义务的争论。德沙尼多数派表示,本质上,政府在这里没有做错任何事。政府根本没有行动,因为这是父亲对儿子施加的私下伤害。法院表示,政府的社会服务是一种选择,而不是义务。如果威斯康辛州介入,那么这将是有利的。也许威斯康辛州违反了它自己的法规,但约书亚并没有被剥夺任何受宪法保护的自由(Bandes, 1990)。布伦南大法官回应说,政府承诺保护他,承担保护责任,并在约书亚父母离婚时,确信地将约书亚安置在他父亲的家中,以有效地使其成为约书亚安全的唯一保证人,因此这确实剥夺了他的自由。[①] 一个人可以对自己没有亲手制造的困境感到同情,这种感觉很好地说明了富有同情心的灵魂。但是,当一个人帮助创造了困境,那么这种感觉应该不仅仅是同情,而且应成为一种仁慈但可选择的行为——它应该是一种责任,一种法律上可强制执行的义务。

我们可以通过思考标志性的美国权利确认案例(即"布朗诉教育委员会案"[②])来说明语气和框架上的差异。简而言之,同情心可能在揭示黑人儿童在种族隔离及全黑人学校受教育的不公平之真实本质方面发挥了重要作用。但是,种族隔离学校出于对黑人儿童的同情而被取缔,这听起来很奇怪,甚至冒犯了我们现代社会的情感。我们不以同情为理由来实施法律的平等保护和保证正当的法律程序。这种表述在慈善、屈尊和怜悯的语境下听起来让人不安(Garber, 2004)。"我们"并不是出于内心的善良,而是作为"我们"实施的一种慈善行为,将平等和完整的学校授予"他们",尽管我们对这种情形是没有责任的。需要回答的问题是,是否允许一种被侵犯的权利和不公正的种姓制度以法

---

① DeShaney, 489 U.S., pp. 207-210 (Brennan J., dissenting).

② See Brown v. Bd. Of Educ., 347 U.S. 483(1954).

律的名义持续存在,以及是否应该一直区分“我们”和“他们”。[①] 一旦我们开始从义务层面谈论恢复不公平的种姓制度,“同情”这个词就逐渐显得不合时宜。

“同情”的问题不仅在于它似乎让给予者摆脱了不作为的困境,而且在于它似乎是让给予者沐浴在阳光下,以奖励她的慈善行为(Berlant, 2004; Spelman, 1998)。这个词其实也有问题,因为它将接受者描绘成一个被动的受害者,一个幸运地得到善意的接受者。在种族平等、性别平等和同性恋权利方面,从来没有任何东西是出于善意而给予的。每一项权利的承认都经过了艰苦的斗争。笔者不认为通常是同情来促使不公正得到纠正,其更相关的情感是不公正的受害者的道德愤怒(Bandes, 2011)。

二、同情及其理解

现在我们要谈谈同情在承认法律权利方面所做出的重要贡献,这就是同情照亮苦难的方式。在这一点上,同理心和同情心之间的区别,以及这两个概念的模糊性,变得特别棘手。同理心有助于法官理解诉讼当事人的利害关系。虽然同理心通常被认为是只从强者流向弱者,但是笔者一直认为这是一个错误的设想(Bandes, 1996)。法官可能会对社会服务部感同身受,就像它对约书亚·德沙尼(Joshua DeShaney)一样;对学校管理者感同身受,就像对被脱衣搜查的学生一样;对教育委员会感同身受,就像对布朗女士一样。在某种程度上,这是因为同理心具有很强的认知成分——它要求理解他人的目标和意图,而这不需要感觉。但是,即使是情感成分——与他人产生“共鸣”的能力——也不会使同理心只流向无助或无权的人。因此,法官可能会对公司或政府方当事人有同理心。此外,法官也可能会对他面前的所有当事人都有同理心。如果同理心不要求法官代表任何特定诉讼当事人行事,那么这就没有问题。问题产生于选择性同理心和同理心的不准确性(Bandes, 2009)。对于法官来说,这都是严重的问题,因为法官被鼓励相信自己是无所不知的,这造成一种真正的职业危害,即没有人提醒他们的观点是片面的,他们是有盲点和偏见的。

同情心也会引起类似的担忧,尤其是当它不仅要把别人的困境放在心里,而

① 然而,劳伦斯·布鲁姆可能会说这种屈尊是怜悯的特征,而不是同情。他认为,同情需要一种共同的人性,而怜悯的特征是一种让自己远离受害者的冲动(Blum, 1980, p. 512)。

且还有要减轻困境的欲望时。同理心可能是不准确的——试图推断目标的想法和欲望是不正确的(Ickes, 2011)。同样地,同情心也可能建立在不准确的认知上。实际上,同情心对不准确的担忧要甚于同理心。同理心的本质是努力、准确地理解他人的观点。同情不是对所同情对象的情感,而是对那个人的感觉。在不理解他人想要或需要的情况下,我们可能会同情他人的痛苦(Blum, 1980, p. 516)。一个人可能会基于对接受者的需求或欲望的错误假设而同情,也可能会被迫采取行动来帮助那些不需要帮助的人(Carr, 1999)。同情可能包含对他人痛苦的误解,但理解他人的能力是可训练的,就像上面的萨福德学校的案例一样,它可以通过接触不同背景的其他人的观点和经验来得到训练。[①] 但是,这种训练的一个基本前提是自我意识,即需要认识到自己的观点必然是片面的——考虑他人的观点才能获得更全面的认识。

更重要的是,我们需要认识到我们是通过自己的镜头来看待他人的,我们自己的盲点和误解可能会影响我们清晰地看待他人的能力。因此,真正的同情心的一个重要组成部分必须是谦逊。墨菲(2017)最近写道,谦逊的概念有几个线索:一个是自我批评的能力——愿意审视可能妨碍自己对他人行使同情心的能力之错误和偏见;另一个是低估运气和不应得的好运在一个人的成功中所起的作用,从而产生一种对他人的自以为是和优越感。

哲学家理查德·彼得斯(Richard Peters)在他关于理性和同情心的演讲中(Peters, 1973)提出了一个令人信服的论点,即同情心是对于理性来说至关重要的情感之一。理查德·彼得斯认为,理性之人拥有"一种谦卑的感觉,这种感觉是全心全意地接受一个人犯错的可能性",以及"对其他人可能有值得可考虑观点的尊重"(Peters, 1973, p. 79)。

思考这个著名的、失败的、缺乏谦逊的同情心案例。肯尼迪大法官在"卡哈特诉冈萨雷斯案"(Carhart v. Gonzales[②],其通常被称为"部分分娩堕胎案")中考虑了堕胎对选择堕胎的妇女之情感影响,特别是晚期堕胎。肯尼迪大法官做出了一个假设,且承认这个假设没有任何证据支持,但他看来这似乎是正常的,或者是一种常识:

---

① "感受他人"的情感能力也是可以训练的。一项有趣的研究发现,对同理心和同情之训练不仅导致行为而且还导致神经反应的调节之差异。此外,研究发现,对那些处于痛苦中的人施以同理心会导致其幸福感下降,然而施加的同情心却被认为是积极的、以他人为导向的(Singer and Klimecki, 2014)。

② Gonzales v. Carharnt, 550 U. S. 124(2007).

“不言而喻，当一个母亲后悔自己选择堕胎时，她必须在悲痛中挣扎，痛苦也更深重，这是因为在堕胎后，她才知道：她让医生刺穿了她未出生的孩子的颅骨，并抽空她未出生的孩子（一个具有人形的孩子）快速发育的大脑。”①

事实上，有大量的证据与悲伤和后悔是选择性堕胎的一种常见反应之观点相矛盾。然而，肯尼迪大法官依靠他自己的信念（即妇女应该感受到这种情感），以保护妇女不做出会导致这种感觉的选择（Guthrie，2008）。

为了避免这个陷阱，有同情心的人必须小心、开放地看待和探寻别人的感受、别人需要什么以及别人需要我们什么。这种认识与我们对自己的错误和弱点之理解紧密相连。最终，这种认识可能不仅会导致个人关系的重新定位，而且会导致一种更广泛的共享人性和责任之观念。

让笔者用一个量刑案件的例子来说明同情心的力量。然后，笔者将介绍自己的主要观点，即同情的适当作用——同情在提醒我们当前法律框架的局限性和法律改革必要性方面的作用。

亚历克斯·科辛斯基（Alex Kozinski）是加州的一名联邦法官，他也是一名勇敢的反传统人士，但他与笔者之前提到的温斯坦法官截然不同。最值得注意的是，没有人认为科辛斯基法官是一个流血的自由主义者，他支持死刑，也不反对判处长期监禁。科辛斯基法官讲述了一个感人的故事，关于他被要求判处一个名叫凯瑟琳·庞塞的年轻女人。这个没有犯罪记录的女人，愚蠢地同意为一个男人安排一笔毒品交易，而这个男人原来是一个便衣缉毒人员（Kozinski，1997）。当时还不存在强制性量刑指南，所以这个领域是很开放的——这个女人可能会被判缓刑、终身监禁或介于两者之间的任何判决。科辛斯基法官回忆说，当他思考这个女人的判决时，一个似乎毫不相干的想法潜入了他的脑海：

“大约一周前，当我听到门铃响起时，我正忙于工作。当我走到前门时，我发现门是敞开的，一对年轻夫妇站在那儿抱着一个小孩，是我的小儿子克莱顿。我有些惊讶，因为我以为克莱顿还在屋子里玩耍。（这对夫妇）开车经过我房前街道时……发现孩子坐在路中间。显然我忘了关门，克莱顿……他走了出去，进入了车流中。”（Kozinski，1997，p. 1219）

当科辛斯基法官思考凯瑟琳·庞塞的判决时，引起他发自肺腑之触动的是：

“（庞塞）不是法庭上唯一犯大错的人。一周前，我也犯了一个大错误，就是

① Gonzales v. Carharnt，550 U. S. 124（2007），pp. 159 - 160.

使我小儿子的生命处于危险之中……我内心深处将这两个事件联系在一起,并让我知道因宽恕而犯错,我就不是在犯错。"(Kozinski, 1997, p. 1219)

正如科辛斯基法官本人所观察到的,这个故事并非没有困难。科辛斯基法官不必违反任何指导准则,因为当时没有任何指导准则——若有则会带来更困难的问题。但是,科辛斯基法官仍然担心基于偶然的个人经历做出决定,这个担心本身就是故事的一个重要部分。个人经验、认同,以及出于各种原因而产生的同情心,不管是明确的还是不明确的,都会影响决策。在某种程度上,我们可以清楚地表达我们的同情冲动,我们也可以检查和评估它们,并确定它们是否相关。在这个故事中,科辛斯基法官抓住了同情心最强大的一面——理解人类共有的错误。在这个案例中,科辛斯基法官对自己推理过程的反复无常和偶然性感到担忧是对的。不管是最近发生在他蹒跚学步的孩子身上的事件,还是凯瑟琳·庞塞让他发自内心的认同,这些似乎都不是科辛斯基法官量刑裁判的坚实基础。在这个案例中,发挥作用的是科辛斯基法官的自我意识,其扮演两个角色,并教导他要给别人第二次机会,因为我们都会犯错误。但是,自我意识也提醒科辛斯基法官,他可能在这个案件中犯了错误,他需要对影响他判决的因素保持高度警惕。

笔者关于同情在法律中的作用之论点是,它不能解决相互竞争的观点之间的问题,但它提供了一种理性和谦逊地接受他人观点的方式,甚至它可能提供了一种理解宪法解释背后的价值观和紧张关系的方法。

法官如何反思像需要随着条件和价值的变化而不断得到解释的美国宪法或其他创始文本那样的文件之价值和理想?法官们是如何赋予诸如"平等保护"和"正当程序"这样宽泛的不确定的语言以内容的?法官们又是如何解决自由和平等、隐私和安全等原则之间不可避免的紧张关系的?人们不是从抽象原则出发,而是从道德直觉出发。这些直觉来自他们自己的经验,在他们自己的社会世界中形成(Johnson, 1994),并且这些直觉在大多数情况下被证明是不可动摇的。其实,我们大多数人都不擅于重新审视自己的道德直觉,而人们要重新审视自己的道德直觉或试图扩展自己的道德宇宙的话,通常就需要与持有不同观点的人进行交流(Bloom, 2004)。至少,开放和谦逊地承认其他观点是值得尊重的。

这种可能性将我们带到了"德沙尼案"观点的一个更深层次的问题上,这也是关于同情的一个更深层次的观点。多数意见认为,政府不需要做任何行为来保护它的公民,它只需要避免伤害公民。此时,政府的推理转向了这个问题,即究竟是谁导致了约书亚受伤的局面。这是一场关于正当法律程序意义的辩论。确实,如果我们只有被孤立的权利,如果政府的唯一角色是避免直接伤害我们,那么我们从政府得到的任何保护都可能被描绘成一种礼物,一种同情的行为。但是,也有另一种观点认为,正当程序创造了从政府到人民的积极义务——不仅是不受干涉的自由,还有生存和繁荣的自由,即免受私人暴力和政府暴力的被保护之权利。布伦南大法官认为,美国宪法中的政府责任之概念不同于德沙尼多数派的观点。在具有分水岭意义的最高法院"戈德堡诉凯利案"(Goldberg v. Kelly)[①]中,布伦南大法官对政府的目的进行了反思,他指出,"自建国以来,政府的基本承诺就是要在其境内促进所有人的尊严和福祉"[②]。因此,布伦南大法官推断,公共援助"不仅仅是慈善,其更是一种(用美国宪法序言的话来说)增进大众福祉之方式,旨在让自由的福祉惠及我们自己和我们的子孙后代"。[③]

结语

政府的保护职责是它的最基本功能。霍布斯认为,人民放弃自治权并将其让渡给强大国家的意义在于,国家承诺保护其公民不受自然状态下的普遍存在之条件的影响。对于那些生活在暴力恐惧中的人来说,生活是"孤独的、贫穷的、肮脏的、野蛮的和短暂的"(Hobbes, 1651, Section XIII. 9)。美国最高法院的"消极宪法"概念(Bandes, 1990)是基于不受文本或历史约束的解释性选择。积极的保护义务越来越受到国际法的保护。例如,施行《欧洲人权公约》的欧洲人权法院对成员国规定了积极义务,以防止私人当事方侵犯公约之权利。[④] 欧洲法院对《欧洲人权公约》之解释,借鉴了当代道德价值观和现代社会发展的实质观(Schriwer, 1999)。[⑤]

最深层的宪法问题是,我们应该对政府抱有什么期望,而这个问题是关于我

---

① 397 U. S. 254(1970).

② 397 U. S., pp. 264 - 265.

③ Ibid., pp. 264 - 265.

④ Marckx v. Belgium, 13 June 1979. Available at: 〈http://hudoc.echr.coe.int/eng?i=o0I-57534〉(accessed 6 March 2017).

⑤ 同样,美洲人权法院认为,墨西哥未能防止和调查对妇女的暴力行为,这侵犯了其公民的人权。国际美国人权法庭 2009 年"冈萨雷斯等人('棉花田')诉墨西哥案"(Gonzalez et al. [Cotton Field] v. Mexico),2009 年 11 月 16 日判决。

们要创造和延续什么类型政体的更大辩论之一部分。而且,在这个层面上,同情心的问题是无法避免的。同情心成为一个更深问题的一部分,即自由是纯粹的自治,还是它用关心、关怀和义务的网将我们捆绑在一起?(Bandes, 1990)那么,在法律制度体系上的问题则是,我们的法律、法院以及法制在帮助我们实现这些目标方面应发挥什么作用?

美国缓刑后备措施的调查与评估[*]

[美]理查得·福雷斯[**](Richard S. Frase)/著　高一飞　寇滢滢[***]/译

摘要：本文基于美国各州和联邦司法管辖区的量刑指南制度，研究了量刑指南体系下确保缓刑执行的三种缓刑后备制裁措施的实施情况。“暂缓执行监禁”(SEPS)规定了特定刑期，并有条件地暂停执行，从而为罪犯遵守释放规定提供了更具体的激励；“暂缓宣判”判决(SIS)确定适用缓刑，但不规定具体刑期；“独立缓刑”(FSS)不会因违背条件而转化为监禁刑。在美国的19个量刑体系内，第一种和第二种缓刑适用广泛，独立缓刑仅有5个州完全准予适用。本文对美国各州和联邦指南体系中常用的作为后备措施的前两种缓刑进行了调查和评估，分析了每种方案在主要的刑罚政策和刑罚改革目标方面之利弊，并另给出了应当适用的额外保障措施建议。在此基础上，本文提出了第三种选择方案，即采用更为有限的羁押措施。

关键词：缓刑后备措施；暂缓执行监禁；暂缓宣判；独立缓刑

引言

缓刑和其他基于社区矫正的判决需要后备措施来督促罪犯遵守缓刑所规定

---

* 本文原文请参见 Richard S. Frase, *Suspended sentences and freestanding probation orders in U. S. Guidelines systems: a survey and assessment*, in *Law and Contemporary Problems*, 2019, No. 1, pp. 51—79。本文翻译已经获得作者授权。原文来源网址：https://scholarship.law.duke.edu/lcp/vol82/iss1/4/。

** [美]理查得·福雷斯(Richard S. Frase)，明尼苏达大学刑法学教授。

*** 高一飞(1965—　)，男，湖南桃江人，广西大学君武学者、法学院教授、博士生导师，研究方向为刑事诉讼法；寇滢滢(1998—　)，女，江苏江阴人，西南政法大学人工智能法学院本科生。

的条件,并对违反这些条件的行为予以相应的惩罚。在美国的重罪案件中,最严厉的措施是撤销释放并判处监禁。这种撤销是大规模监禁的一个主要原因。[①] 此外,这种撤销可能导致罪犯的罪行实质上不足以被判入狱,从而使其在缓刑中被转为监禁,即"法网扩张"问题。[②]

就违反缓刑监督规定的行为,法律设定了多种强制措施,尤其是监禁。本文对美国各州和联邦指南体系中常用的作为后备措施的两种缓刑进行了调查与评估,并提出了第三种选择方案,即采用更为有限的羁押措施。

第一种缓刑为"暂缓执行监禁"(SEPS, a suspended execution prison sentence),其首先规定了一个特定的刑期,然后暂停执行部分或全部刑期,并对罪犯施加特定的缓刑条件。如果罪犯违反了这些规定,那么法院可以选择执行宣判时预计的监禁,这通常需要最低要求的听证或其他程序规范。在一些制度中,法院也可能只执行部分监禁。

第二类缓刑为"暂缓宣判"判决(SIS, suspended imposition of sentence),其本质是推迟量刑。"暂缓宣判"判决呈现出另一种形式,即法院首先确定适用缓刑,但不对罪犯被定罪的一项或多项罪行应判处何种具体刑期做出任何决定。如果罪犯违反了缓刑所规定的条件,那么法院将举行正式的量刑听证会。在符合所有程序要求的前提下,法院可以对可能判处的刑罚进行正式宣判。

第三种缓刑为"独立缓刑"(FSS, free - standing sentence),其也可以被称为"非监禁后备措施的缓刑"。为了表述的方便,我们称其为"独立缓刑"。"独立缓刑"的特点是,缓刑不会因违背条件而转化为监禁刑。在"独立缓刑"中,制裁违反缓刑规定的最严厉形式是"判罚就近拘留"(LJT, local jail terms)。[③] 在各司法辖区适用独立缓刑又包括如下两种情况:在有些司法辖区内,尽管立法规定了监狱监禁的后备措施,但是刑事政策仍鼓励法院使用"判罚就近拘留"作为缓

---

① Cecelia Klingele, *Rethinking the Use of Community Supervision*, in 103 *J. CRIM. L. & CRIMINOLOGY* 1015, 2013, pp. 1019 - 1021.

② Michelle S. Phelps, *The Paradox of Probation: Community Supervision in the Age of Mass Incarceration*, in 35 *LAW & POL'Y* 51, 2013, 9. 52. 广义的"法网扩张"不仅包括缓刑撤销后转监禁,还包括不撤销缓刑,而是用缓刑代替严厉程度较低的非监禁刑罚(如罚款)。具体可见 Oren Gazal - Ayal & Nevine Emmanuel, "Suspended Failure of Alternatives to Imprisonment", in 82 *LAW & CONTEMP. PROBS*, 2019, no. 1。当然,如果新的中间制裁填补了罚款和拘留之间的刑罚空白,且罪犯在这种情况下因违反条件和缓刑撤销而入狱的比率较低,那么后一种类型的"法网扩张"并非坏事。

③ 根据中文的习惯,本文将"prison"翻译成"监禁",将"jail terms"翻译成"拘留"。——译者注

刑后备措施；在另一些司法辖区内，针对违反缓刑规定的人，法院只能判罚“就近拘留”，而不能判罚任何监狱监禁。缓刑不以暂缓执行和暂缓宣判为条件。在这种情况下，一旦法院判处缓刑，监狱监禁的适用就被彻底排除。①

上述不同措施皆有利弊，本文第三部分将对此进行探讨。本文第二部分阐述了一项调查，其涉及已经在美国运行的19个量刑指南系统中适用的单个或多个刑罚组合运用之不同方式。

鉴于本次专题研讨会讨论的问题种类繁多，且涉及许多国家的法律制度，因此笔者有必要澄清这篇文章的范围。

一方面，本文以美国为视角，关注暂缓执行或暂缓判决，而不是通常在地方城市或者县政府管理下的监狱或济贫院里服刑的短期监禁。② 本文重点关注监禁判决，因为它们反映了美国最突出和最重要的羁押问题。与其他发达国家相比，美国的量刑更为严厉，审前羁押的适用也更为频繁。本文反映了人们本应该担心且思考，但他们实际上却普遍不关心的美国过度适用监禁问题。

基于监禁刑罚的严重性和破坏性，实施和执行监禁判决更具严肃性。在美国，监禁的刑期通常高于一年，并通常在一个远离罪犯家庭、社区的国家机构中进行。基于对监禁判决的重视，本文仅研究了几乎所有美国司法管辖区的重罪判决。相反，轻罪一般判处不超过一年的监禁，且罪犯在当地监狱或济贫院服刑，因此将轻罪判决排除在外符合本文的主题。如下所述，美国法院的量刑指南制度和原则，大多数只适用于重罪。③

另一方面，本文只在量刑指南制度中分析后备羁押措施，尽管上述三种选择中(当然包括前两种)的每一种在许多没有具体量刑指南的州都可以找到。本文关注指导性判决的原因包括：第一，不同的后备措施规范的实际影响在整个缓

① 《中华人民共和国社区矫正法》也有类似的规定，该法第二十八条规定：“社区矫正对象违反法律法规或者监督管理规定的，应当视情节依法给予训诫、警告、提请公安机关予以治安管理处罚，或者依法提请撤销缓刑、撤销假释、对暂予监外执行的收监执行。”如果上述规定中的治安管理处罚是行政拘留，那么其就属于一种“判罚就近拘留”的措施。但是，违反法律法规或者监督管理规定的社区矫正对象又可以被收监执行，所以上述规定的本质是“就近拘留 + 监狱监禁”。——译者注

② 本文未涉及缓缴罚金，也未提及多数模式下的定罪前之有条件释放——在恢复起诉的威慑下施加类似缓刑的条件(使其部分类似于缓刑)。这种非正式的“量刑”方式不是任何现行量刑指南制度的一部分；但是，这些方式得到了修订后的《示范刑法典》的认可，并有了相应规范。具体参见 MODEL PENAL CODE: SENTENCING §§ 6.02 A - B (AM. LAW INST. 2017)。

③ 在分析美国司法量刑时，我们仅关注重罪犯罪的另一个原因是，美国全国范围内没有关于轻罪判决的任何数据，现有的量刑数据仅限于重罪。

刑制度中更容易表现,因为与非指导性判刑(即没有量刑指南制度)相比,法律文本与司法实践通常没有太大的差距,而且关于判刑的数据也更为可靠与可用;第二,为了减轻三种后备措施中的单独或联合适用之弊端,量刑指南体系能够且确实包含了一些量刑规则,这些规则以一种比非量刑指南制度预测性更强、更有效的方式进行;第三,由于笔者长期对这一量刑结构有兴趣,且明尼苏达大学量刑指南资源中心为我们收集到了部分关于这些系统的详细信息,因此笔者对这些准则下的量刑问题更为熟悉。①

本文最后的评论分析还涉及美国的国家背景和量刑指南体系,而这也是本文重点。与其他国家不同,缓刑的适用似乎是美国司法管辖区的一种长期做法,而且这在准则通过后几乎没有发生变化。② 此外,近几十年来,缓刑和其他非监禁判决在美国各州的司法管辖区内之使用频率一直相当稳定。因此,尽管监狱人口和监禁率的稳步上升反映出整体刑期的加重,但是美国的政策制定者似乎仍然相信社区矫正方案,并继续支持缓刑和暂缓宣判与暂缓执行的判决。美国的政策制定者坚定地认为,这些措施能够实现刑罚的恢复性目的(recovery)和罪犯重返社会的目标。

一、缓刑后备措施的适用情况

以下调研将从一些美国司法管辖区的具体细节开始——什么是量刑指南制度,以及哪些司法管辖区有这样的制度。

就本文而言,量刑指南制度具有以下特点:第一,针对大多数罪行,或者至少是大多数重罪,法官会被推荐具体的量刑刑期;第二,在典型案例中,即在法官没有提出可证明其有理由背离建议的相关加重或减轻因素之情况下,建议的刑罚一般被认为是适当的;第三,这些推荐的量刑是由立法机构设立的量刑指南委员会制定的,不论这些规则是否体现在成文法中,甚至也不论委员会在指南生效后是否仍然存在。就像加州和其他几个州在 20 世纪 70 年代中后期所采用的那

① 罗比纳研究所的量刑指南资源中心的网站包含了指南和其他主要文件——每个体系的详细资料和其他背景信息,以及针对量刑指南和指南委员会的各方面愈加常见的跨司法管辖区之概述。

② 华盛顿州是美国量刑指南体系中的唯一对缓刑制度做出重大改革的司法管辖区。

些判决，它们皆没有立法机构设立的量刑委员会之参与。① 在审查量刑政策问题时（包括以不同方式为社区矫正判决构建后备措施），设立一个正式的量刑委员会极其重要——特别是在准则实施后仍然存续的委员会。这样一个机构可以（大多数委员会实际上就是如此）收集和分析以下数据，即关于依据指南规则判处的刑罚、违反社区矫正条件的撤销或其他措施的适用情况、量刑和撤销决定导致监狱人数变化的情况等。

美国的 19 个州和联邦司法管辖区目前存在符合上述定义的正式量刑指南制度，如表 1 所示（按照委员会起草规范的生效日期及该辖区准则委员会的运作年份排列）。除了下文第二部分所讨论的构建社区矫正之方案不同外，这 19 个州的量刑指南制度在许多其他方面也有较大差异，如被建议的判决在多大程度上具有法律约束力（或者仅具有建议性）、假释自由裁量权是保留还是基本取消、前科对加重量刑的影响等。但是，上述差异并不影响本文所讨论的缓刑和独立后备措施之可比性。

表 1　截至 2018 年 6 月的美国量刑指南体系②

司法管辖区	量刑指南委员会的运行时间	各委员会的量刑指南首次生效的年份
明尼苏达州	1978—	1980
宾夕法尼亚州	1978—	1982
马里兰州	1996—	1983
佛罗里达州	1982 - 1997	1983
华盛顿特区	1981—	1984
特拉华州	1984—	1987
联邦法院	1984	1987
俄勒冈州	1985—	1989
田纳西州	1986—1995	1989
堪萨斯州	1989—	1993

① 佛罗里达州是一个边界性例子，因为该州委员会起草的量刑指南在 1998 年被法定推定最低刑期所取代。佛罗里达州之所以被纳入调研范围，是因为其现行的刑罚法规继承了前欧盟委员会起草的量刑体系的部分内容。

② Univ. of Minn.，Robina Inst. of Criminal Law & Criminal Justice，SENTENCING GUIDELINES RESOURCE CENTER，https：//sentencing. umn. edu/ [https：//perma. cc/77HQ - YEDE]（last visited Sept. 5，2018）.

续 表

司法管辖区	量刑指南委员会的运行时间	各委员会的量刑指南首次生效的年份
阿肯色州	1993—	1994
卡罗莱纳州	1990—	1994
弗吉尼亚州	1994—	1995
马萨诸塞州	1994—	1996
俄亥俄州	1990—	1996
犹他州	1983—	1998
密歇根州	1994—2002,2015—	1999
华盛顿特区	1998—	2004
阿拉巴马州	2006—	2006

如表 2 所示,美国的量刑指南制度通过适用各种单独或联合的监禁后备措施来执行缓刑和其他基于社区矫正的刑罚。在 19 个量刑体系中,暂缓执行适用于其中 12 个体系下的所有情形——暂缓执行是其中 5 个体系的唯一可适用选项,也是其中 7 个体系的几个选项之一。19 个量刑体系中的 11 个体系下之所有案件均适用暂缓执行——暂缓宣判是 4 个体系的唯一选择,也是其他 4 个体系的可选项之一。第三种方案是将独立缓刑(或偶尔适用短期监狱监禁)作为后备措施,其在 5 个体系中得到授权,其中有 2 个体系在大多数情况下将监禁作为唯一的后备措施。

表 2 美国量刑指南体系针对违反缓刑规定可适用的后备措施①

后备措施	适用的州
只适用暂缓执行	阿拉巴马州、田纳西州、马里兰州、堪萨斯州、哥伦比亚特区
只适用暂缓宣判	阿肯色州、佛罗里达州、密歇根州、宾夕法尼亚州
多数案件暂缓执行与暂缓宣判同时适用	特拉华州、马萨诸塞州、明尼苏达州、俄亥俄州、弗吉尼亚州
暂缓执行单独或与暂缓宣判同时适用,但鼓励适用非监禁监护性后备措施(non—prison Custodial Backup Sanctions)	联邦法院(单独适用暂缓宣判)、北卡罗莱纳州(单独适用暂缓执行监禁)、犹他州(暂缓执行监禁和暂缓宣判同时适用)
多数案件只能适用非监禁监护性后备措施	俄勒冈州、华盛顿特区

① Univ. of Minn., Robina Inst. of Criminal Law & Criminal Justice, SENTENCING GUIDELINES RESOURCE CENTER, https://sentencing. umn. edu/ [https://perma. cc/77HQ - YEDE] (last visited Sept. 5, 2018).

如本文开头所述,两种缓刑在指定司法管辖区内的运作方式极为相似。在根据刑事诉讼法作出初次判决或延期判决时,法官要么从该罪犯的定罪罪行和前科所核准的刑期范围内选择一个具体的刑期,要么根据对加重或减轻罪行情节的认定,判处更长或更短的刑期。对违反刑期释放条件的行为,在采用暂缓执行或暂缓宣判的方式进行处罚时,有些体系允许法官在判处缓刑或执行剩余缓刑期间的同时仅执行部分刑期,而另一些体系则要求法官必须执行完整刑期。

在后备措施之适用受到限制的 5 个体系中,我们可以发现更大的差异。对于俄勒冈州和华盛顿州的大多数罪犯来说,缓刑是一种实质独立刑罚,而不是暂缓执行的条件;对于违反缓刑规定的罪犯来说,以之前承诺的方式进行拘留是唯一被允许的羁押后备措施——监禁是不被允许的。相比之下,联邦法院、北卡罗莱纳州和犹他州将缓刑与暂缓判决结合起来,缓刑可以被撤销,但法院常被鼓励甚至有时被要求适用短期拘留后备措施。[①]

以下是这 5 个体系中的每一种制度之具体内容,以及修订后的《模范刑法典》之详细情况:

(一) 联邦法院

联邦量刑指南制度将拘留后备措施与缓刑相结合。《联邦量刑指南手册》从三个方面规定了对违反缓刑规定的处罚。首先,根据犯罪的法定最高刑,手册对违法犯罪行为进行分级,并界定了违规行为的三种严重等级(最低等级还包括非刑事案件的违法行为)。其次,手册明确了哪些违规行为应当被撤销缓刑。第三,手册为每一个违法等级设定了建议的拘留期限范围和法院可对其适用的监视措施[②]或其他替代措施。这些羁押(即拘留、监视等)期限往往短于适用于所定罪行的建议刑期。然而,与包含了限制性羁押后备措施的任何一个州的指南体系不同的是,许多联邦法院规定的刑期部分或全部超过了传统最低刑期——一年。

此外,上述所有联邦量刑指南的规定都是"政策性说明",而不是必须遵循的

---

① 这 5 个体系在另一个方面也有所不同:其中 3 个系统(北卡罗莱纳州、俄勒冈州和华盛顿州)通过上诉审查执行了具有法律约束力的准则;而在其他 2 个系统(犹他州和联邦法院)中,量刑准则和政策说明是咨询建议性质的,它们很少或根本没有实质性的上诉审查。

② 在本文中,监视措施被定义为"所有限制自由的措施",这显然不限于中国的监视居住,它还包括了拘留。——译者注

"量刑规定"。实际上,联邦最高法院在"布克诉美国案"[①]中确认了量刑指南不应当具有强制适用效力[②]之前,法律也没有强制法官遵守这些规定。此外,《联邦量刑法规》规定,当缓刑被撤销时,法官可以施加任何法规和定罪准则所允许的刑罚[③]。这就意味着,从功能上来说,所有的联邦缓刑判决都仅仅是延期判决,即监禁永远不会完全被排除适用。

(二) 北卡罗莱纳州

与联邦法院制度一样,北卡罗莱纳州将限制性羁押后备措施与撤销缓刑的可能性结合起来,但后者通常是判处暂缓执行监禁——前提是法官必须对所有重罪案件判处监禁。[④] 自 2011 年以来,两种特殊的违反重罪缓刑条件的行为(潜逃或实施新的犯罪)应当被直接执行监禁;至于其他情形,法院可能会对每项违规行为判处不超过 90 天的监禁。[⑤] 自 2012 年以来,缓刑执行官有权对违反缓刑规定的人进行临时拘留制裁。在 3 个月内,缓刑执行官每个月可执行 2 到 3 天的刑期,最多每月 6 天。如果罪犯同意,那么缓刑执行官可以不经法庭庭审就实施这些临时制裁,这也是一般惯例。从 2013 年到 2017 年,适用这一措施的人数增长了近 10 倍。[⑥]

(三) 犹他州

与上述两种制度一样,犹他州也将独立的非监禁后备措施与撤销缓刑的可能性结合起来。与北卡罗莱纳州一样,犹他州也通常判决暂缓执行监禁。[⑦] 犹他州的量刑指南建议对违反缓刑规定的行为采取一系列的分级制裁措施,范围

---

① Booker v. United States, 543 U. S. 220 (2005).

② 我国有文章专门介绍过这一案件及其要义,即量刑指南限制了法官的自由裁量权和独立审判权,我们应当理性规制而不应刻意限缩司法自由裁量权,强制适用量刑指南是违宪的。参见彭文华:《布克案后美国量刑改革的新变化及其启示》,载《法律科学》2015 所第 6 期。——译者注

③ 18 U. S. C. § 3565 (2012).

④ N. C. GEN. STAT. § 15A-1342(c) (2018).

⑤ N. C. GEN. STAT. § 15A-1344 (2018).

⑥ N. C. Sentencing & policy advisory comm'n, justice reinvestment act: implementation evaluation report, 2018.

⑦ 除非法律规定必须强制执行监禁,否则法官有权先判处监禁,然后暂停执行。UTAH CODE ANN. § 77-18-1(2)(a) (West 2018).

涵盖从非羁押措施一直到更为严厉的监视措施。① 在得到法院或缓刑机构的书面批准后，缓刑犯可在 30 天内被判处总数不超过 5 天的拘留，每次处罚可包含 1 至 3 天的拘留。

当法院进行完整庭审时，其适用以下指导规则和最高拘留处罚期限：针对因缓刑期间的第一次释放令而被撤销刑期的罪犯，法院可以对其处以 15 日至 30 日的拘留；同一缓刑期间内，针对因第二次释放令而被撤销刑期的罪犯，法院可以判处其 30 日至 60 日的拘留；针对同一缓刑期内三次或三次以上被撤销刑期的罪犯，法院可以判处其 45 日至 90 日的拘留。如果法院认为罪犯缓刑期间的行为"对公共安全构成重大威胁"，那么法院可以撤销缓刑，并执行被暂停的判决。例如，涉及"危险武器、追逐竞驶、暴力非法拘禁行为、实施新的犯罪"的行为，以及"性侵犯者、多次酒驾之人、潜逃者"。②

最后，虽然"暂缓执行"一词未被正式使用，但是犹他州实行的"暂缓执行请求"程序包含了暂缓宣判的大部分特征，因此其现被归类为暂缓宣判。这一程序允许法院根据当事人承认有罪或不做申辩的协议来推迟判决，并施加类似缓刑的条件。如果当事人违反了这些条件，那么法院可以作出有罪判决，并对原诉所涉罪行处以任何类型的刑罚。

（四）俄勒冈州

根据俄勒冈州司法管辖区的量刑指南准则，针对违反缓刑条件的情况，法院将适用独立的非监禁后备措施。暂缓执行监禁和暂缓宣判只适用于某些性犯罪者。③ 另外，针对从重刑降格处理的缓刑罪犯，以及在允许监禁或缓刑的量刑表中被定罪且最后选择缓刑的罪犯，法院也可以适用监禁。此外，针对此类严重犯罪，罪犯在违反缓刑规则后将被直接适用监禁，而不是非监禁措施。④ 在上述特殊情况下，建议适用缓刑的罪犯被分为三个类型，并且结合当时犯罪的严重程度

① Utah sentencing comm'n, 2017 adult sentencing & release guidelines 41 (Oct. 1, 2017), https://justice.utah.gov/Sentencing/Guidelines/Adult/2017%20Adult%20Sentencing%20and %20Release%20Guidelines.pdf [https://perma.cc/LLF4-FMF].

② 同上，第 42 页。

③ OR. REV. STAT. § 137.010(3) (2018); OR. ADMIN. R. 213-005-0008(2)(c) (2018).

④ 有三个这样的"边界线"将建议监禁与建议缓刑两个部分分开。在这种情况下，如果法院判决缓刑，那么"刑期应为撤销前推定的监禁刑期；如果推定刑期超过十二个月，那么刑期为法院可以判处的最高推定刑期"。详见 OR. ADMIN. R. 213-010-0002(2) (2018)。

和前科,由轻到重进行划分。根据类型的不同,如果继续执行缓刑——即未被撤销,那么违规行为可以被判处 1 个月、1 个半月或 2 个月的拘留;如果缓刑被撤销,那么罪犯可能会被进一步制裁,其最高可被处以 6 个月的拘留。因此,针对违反缓刑规定的行为,撤销前与撤销后的拘留相加后的上限分别为 7 个月、7 个半月和 8 个月。

(五) 华盛顿特区

虽然华盛顿特区在通过量刑指南方案时废除了大多数的缓刑制度,但是其仍然适用了暂缓执行监禁、暂缓宣判,以及独立缓刑和非监禁的后备制裁措施。暂缓执行监禁只适用于性罪犯和某些滥用毒品的罪犯。虽然暂缓宣判并没有得到正式的批准,但是对于某些负有未成年子女抚养义务的父母和滥用毒品的罪犯来说,推迟判决在功能上与暂缓宣判是相同的。如果该罪犯违反释放条件,那么法院可对该罪行和犯罪前科处以准则范围所允许的任何刑罚。针对其他所有罪犯,违反有条件之释放(即所谓的"社区监视",而不是缓刑)可能只能被判处拘留。听证人员可以根据违法行为的严重性和发生频率,对首次的低程度违法行为处以非常规处罚,对第二次以及随后的低程度违法行为处以最高 3 日的拘留,对高程度违法行为处以最高 30 日监禁。此外,法院可以对每一次的违反规定之行为处以不超过 60 日的拘留。

(六) 修订后的《模范刑法典》

虽然缓刑(暂缓执行监禁或暂缓宣判)是美国量刑指南体系中首选的后备措施,但是最近修改的《模范刑法典》并没有将其作为首选措施。《模范刑法典》并未授权法院实施暂缓宣判,其只以一种选择性的措辞允许了暂缓执行监禁。[①] 但是,《模范刑法典》将缓刑视为独立的判决,并针对违反缓刑监督条件的行为设定了相应的监视措施。与现有的大多数量刑指南体系不同的是,针对违反假释规定的行为,《模范刑法典》所规定的羁押方式并不局限于拘留,经授权的惩罚措施包括整个假释考验期全部转化为入狱监禁,对重罪案件的执

---

① Model penal code: Sentencing § 6.02(2) (Am. Law inst. 2017). 最初(1962 年)的《模范刑法典》采取了相反的做法,即允许暂缓判决,但不允许暂停刑罚执行。修订后的《模范刑法典》没有规定暂缓执行,其中一个原因可能是,修订后的《模范刑法典》关于暂缓起诉和暂缓判决的规定实际上起到了这一后备措施的部分功能。

行时间可长达 3 年。[①]

另外要指出的是，无论采用何种形式的社区矫正措施，几乎所有的指南体系和修订后的《模范刑法典》皆规定，在决定是否撤销释放，以及对违反释放条件的行为实施何种后备措施时，都享有广泛甚至完全的自由裁量权。

二、缓刑后备措施的数种方案之利弊

支持适用上述三种措施的政策依据是什么？如果人们只关注尽量减少监狱人数，那么在两个州的量刑指导体系（俄勒冈州和华盛顿州）中的适用第三种措施（独立缓刑）之方案似乎效果最佳。对于这两个州来说，缓刑成为了一种独立的刑罚，判处监禁实际上是被排除的，因此违反缓刑条件的行为只能通过监外执行措施和在地方就近拘留来得到制裁。后者几乎总是比正常刑期短得多，而且服刑地点更接近罪犯的家庭和社区，从而更适合探访、日间释放、教育、培训、治疗等工作。

然而，正如本文第二部分所指出的，美国的量刑指南体系没有使所有重罪案件均适用第三种措施。在 19 个体系中，只有 5 个完全准予适用第三种措施。这些政策也引发了一系列问题：这是否是美国量刑惩罚性过度的反映？在适用第三种措施时，是否存在某些弊端？同时适用暂缓宣判是否更加有益？暂缓执行监禁和暂缓宣判该如何进行比较？上述措施的目的是尽量减少监狱人口，以减少监禁的费用、负担和不利后果，从而最大限度地发挥社区矫正的恢复和治愈优势。但是，我们是否有证据表明，某个系统的后备措施事实上直接导致了相对较高或较低的监禁率？

这些问题将在后文得到探讨，笔者首先分析每个后备措施的利弊，然后再讨论一些更为普遍的问题。

（一）暂缓执行监禁

1. 优点

与暂缓宣判或更有限的监禁后备措施相比，暂缓执行监禁的优势是，它可能

① Model penal code：Sentencing § 6.02(2) (Am. Law inst. 2017).

会为罪犯遵守释放规定提供更具体的激励。[①] 此外,暂缓执行监禁和暂缓宣判都为未来违法犯罪情况下加强制裁留下了很大空间。现代刑事司法系统需要有效的机制,以鼓励和奖励罪犯的配合行为,并对风险增加的情况做出回应,而有限的监禁后备措施可能并不能产生足够的遵守激励,也缺乏灵活性,即其难以根据罪犯的行为或缓刑期变化来施加后期制裁措施。

暂缓执行监禁的另一个潜在优势是,缓刑期本身提供了一个有价值的关于定罪与犯罪严重性的评价。这一评价是在认罪答辩或有罪判决开始后不久的具体时间点做出的,而这个时间点正是法院最熟悉犯罪事实的时候。因此,法院在此时根据量刑指南之范围所做出的对刑期的选择,或其他情况下所做出的更长或更短刑期的选择,更能反映刑罚具体的加重或减轻。许多学者从报应说、交往说或功利说出发进行争论,认为惩罚本身实现了极为重要的谴责目的。惩罚向违法者、其他可能的违法者以及公众表达了本次犯罪的错误性质和危害程序的评价,也表达了对其他相关犯罪的错误性质和危害程序的评价。缓刑的长度也传达了一个重要的评价,即尽管某个罪犯仅具有低到足以被判缓刑的犯罪风险,但是他的罪行对于受害者和社会来说仍然是一个严重的错误。

尽管有些学者认为,惩罚的功能需要借助监禁、罚款或其他具体措施的形式来得到"强硬处理"[②],但是也有其他学者认为,表达价值观并不能有效地通过犯罪严重性的象征性评价来实现,诸如犯罪分级和授权处罚传达的信息、针对每种典型犯罪形式的量刑建议规则、缓刑和罚款的严重性等事项能否达到象征性评价的效果都值得怀疑[③]。正如本文第二部分所述,大多数量刑指南制度同许多缺乏指导方案的制度一样,频繁适用缓刑。这是一种有条件的"强硬处理",因为在大多数情况下,监禁实际上都不曾执行。然而,如果缓刑被执行,那么它会重复并强调有关罪行严重性的信息。相比之下,也就是下文即将讨论的,在大多数情况下,作为独立的后备措施,暂缓宣判缺乏暂缓执行监禁的象征性表达之价值,并且在实施后备措施时,其也缺少有关犯罪严重性的强化性信息。

---

① Joan Petersilia, *Probation in the United States*, in 22 *Crime and justice: a review of research*, 1997, p. 149, 163.

② R. Antony duff, *Punishment, communication, and community*, Oxford University Press, 2001; Alfred c. Ewing, *the morality of punishment*, Routledge, 1929.

③ Alfred C. Ewing, *The morality of punishment*, Routledge, 1929; Henry M. Hart, *The aims of the criminal law*, in 23 *law & contemp. Probs*, 1958, p. 401; Joel Feinberg, *the expressive function of punishment*, in *doing and deserving*, 1970.

暂缓执行监禁的另一个优点是，由于刑期是在审判或认罪时确定的，因此与暂缓宣判或监禁后备措施相比，这一选择可能更有利于确保羁押后备措施的适用与罪行本身的相称性和一致性。如下文将进一步讨论的，罪刑相当、类案类判等重要价值不仅体现在报应理论中，而且体现在功利主义理论（犯罪控制）内，更体现在避免过分严厉惩罚的人道主义理论下。如果一个罪犯仅仅因为违反了缓刑条件而被送进监狱，而这种违反行为本身并不构成犯罪，那么他的监禁就是对导致缓刑判决的原有罪行之惩罚，从而违背了刑期应该与原有罪行的严重程度相符合之规则。

相比之下，如果罪犯违反了暂缓宣判的条件，那么法院很有可能适用与罪行不一致的后备措施，而这并不能反映罪犯原定罪的严重程度——其后备制裁的刑期很可能受到违反缓刑考验规定的行为性质之影响，即因为需要对罪犯的这种违法行为进行强烈威慑，所以法院对罪犯的不配合也会产生惩戒情绪，从而导致其在新的宣判中不当加重罪犯的刑罚。暂缓执行监禁避免了这种扭曲的做法，因为定罪的适当刑期在罪犯被判缓刑时就已经确定了——只是暂缓执行而已。

在5个司法管辖区内，监禁后备措施被作为主要的缓刑违法制裁措施，但是法院并没有以促进罪行相当的方式来实施这些制裁。相反，这些司法管辖区通常对所有或大部分的缓刑违规者施以单一的最高拘留处罚。这一相对较短的羁押期防止了缓刑罪犯受到不公平处理的可能性。

2. 缺点

对于暂缓执行监禁而言，最严重的潜在问题是过度适用监禁作为后备措施和法网扩张。针对第一个问题，由于法官可能会采取最简单的做法，即认为存在“已有判决”，并且主张此问题只是是否执行的问题，因此暂缓执行监禁会引发过度撤销暂缓执行监禁判决的风险。至于法网扩张问题，我们需要从多个方面进行分析。第一，在判刑时，每个人都希望被判处缓刑，法官和其他诉讼参与者可能会忽视缓刑的刑期长短。第二，虽然罪犯在形式上被判处缓刑，但是法官可能会施加过多的缓刑条件。第三，如果罪犯后来违反了这些条件中的任何一个，那么法官在改判监禁时并不会觉得当时的条件过于严厉。

当然，有一些方法可以缓解上述问题。过度适用监禁作为后备制裁可以通过以下规则被阻止，包括在使用该制裁时提供指导和鼓励克制、授权和鼓励使用较短的就近拘留而不是入狱监禁、明确允许部分执行缓刑（即缓刑也可以减刑)等。[①]

至于法网扩张问题,量刑指南可以规定“建议对缓刑的常规刑期范围进行限制”,就像指南建议执行的刑期一样;同时,量刑指南可以要求法院给出符合要求的书面理由,并对不符合常规刑期的案件予以说明。然而,为了使这项工作顺利进行,辩护律师必须认识到,他们的许多委托人容易为了适用缓刑而不顾刑期的长短,因此律师需要兼顾他们的未来利益和当前利益。针对法官增加额外的缓刑条件,从而导致更高的违规和撤销之可能性的问题,一些州的量刑指导方针为过度的缓刑条件设定了两种限制方式。俄勒冈州规定了“量刑幅度”的最大限度,并使用等效公式进行计算,以适应不同类型的缓刑条件,这些条件可以在每个建议执行缓刑的指导原则之网格单元中得到实施。如果拟议的缓刑条件比适用的刑期更为苛刻,那么明尼苏达州会赋予罪犯拒绝缓刑和接受建议的缓刑之权利。

与暂缓宣判相比,暂缓执行监禁的另一个潜在缺点是,它限制了法官对严重但不可预见的违法行为作出更严厉判决的可能性——这些危险往往在违法者适用缓刑后才变得明显;同时,暂缓执行监禁也可能限制了法官对违法者释放后的危害行为(尤其是犯罪行为)进行预判的权力。但是,如上所述,任何已执行的监禁判决都应与罪犯最初被定罪的罪行之严重程度相称。如果法官认为,撤销缓刑并判处罪犯入狱时的刑期不是基于定罪罪行本身,而是基于犯罪后的行为、对未来犯罪的威慑力等因素而得出的,那么刑期也可以超过比例限制。此外,由于涉嫌新的犯罪行为,而且没有根据排除合理怀疑的证据和其他程序要求予以认可或证明,因此撤销暂缓宣判会导致监禁判决加重,这就存在严重的合法性和公平性问题。

(二)暂缓宣判

1. 优点

与暂缓执行监禁相比,暂缓宣判可以减少或避免缓刑判决被过度撤销的风险,以降低监狱成本、避免法网扩张,并使更大比例的罪犯免于任何形式的监禁。暂缓宣判要求法院举行一次完整的量刑听证会,而非仅仅草率地执行之前已经

---

① 然而,针对违反释放规定的行为,部分执行方式削弱了 SEPS 的一个假定优势,即规定的缓刑期在合规性方面的激励有所增加。

决定的刑期或部分刑期,以防止宣判时的决定被随意撤销。而且,即使法院举行了听证会并判处了监禁,执行完整判决的可能性相对来说也更低。在某些情况下,在认罪答辩或有罪判决开始时,暂缓宣判结果可能比判处监禁的惩罚要轻一些,因为随着时间的推移,事后的冷静情绪可能会减少社区与受害者渴望施加更严厉惩罚之意愿。当然,在暂缓宣判的量刑听证会上,由于受害者或社区对罪行的关注程度已经降低,因此刑罚的严重度可能会比罪行轻得多。但是,正如下文第五部分进一步讨论的那样,在惩罚违法者时,法院可能会在原则上和实践中犯从宽而不从严的错误。

对于某些司法管辖区而言,暂缓宣判的另一个优点是,它可以对罪犯的前科消灭和前科减轻产生积极影响。如果罪犯满足条件,那么他的原有犯罪行为可能被重新归类为较低程度的犯罪。例如,根据明尼苏达州的法律,如果罪犯基于重罪在暂缓宣判下被批准释放,那么定罪后的罪行将被视为轻罪。[①] 而且,由于该做法得到了量刑指南的支持,因此缓刑通常适用于低级重罪案件,尤其是初犯。并且,无论采用何种缓刑结构,法院都可以适用此方案。例如,就华盛顿特区(既采用了独立缓刑,又对某些类型的案件适用了暂缓执行监禁)来看,在暂缓宣判的案件中,被判定为非暴力罪的罪犯在经历缓刑考验期或社区矫正后,可以被撤回定罪,并被清除定罪记录。[②] 对于处于社会边缘和丧失就业岗位的罪犯,以及会因重罪记录而危及职业生涯的人来说,缓刑对其消除或缩小犯罪影响是相当有益的。当然,此效果也可以在暂缓执行监禁下实现,法院只需将消除或缩小犯罪影响的条款扩展到这些判决上即可。[③]

从犯罪控制的角度来看,暂缓宣判也可能比暂缓执行监禁的效果更好,因为前者允许法庭根据罪犯在缓刑期间的最新表现来评估再犯可能并进行判决。如果这一可能性高于最初判决时的预期,那么法官可以判处相较于审理初期更长的刑期。但是,正如前文所指出的,这种优势可能会被另一种风险抵消,即当缓刑判决被撤销时,所判处的刑期将与犯罪行为的严重性不成比例,从而导致不同罪犯的刑期不一致,这违背了罪刑相当原则。或者说,这实际降低了指控新犯罪

---

① Minn. Stat. § 609.13 (2018).

② Minn. Sentencing guidelines and commentary cmt. 3. A. 101 (Minn. Sentencing guidelines comm'n 2017).

③ Robina Inst. Of criminal law & criminal justice, *profiles in probation revocation: examining the legal framework in 21 states*, 2014.

活动的证明标准。

2. 缺点

与暂缓执行监禁相比,暂缓宣判的激励罪犯遵守条件之规定较少。暂缓执行一般表述为:"如果你不遵守条件,那么你将被执行监禁。"暂缓宣判对犯罪严重性的陈述则更为隐晦。暂缓判决仅注明:"这就是犯罪的严重程度。"如果法院中止执行,并且罪犯因遵守所有缓刑条件而被释放,那么法院就永远没有机会表明对他的犯罪进行评价的信息。在这种情况下,只有法定刑和指导性推定刑才能表明犯罪的严重性。但是,法定最高刑几乎总是衡量犯罪严重程度的一个过度、不准确的指标,因为它针对的是最恶劣的犯罪手段。指导性推定刑能更好地表达犯罪的严重性,但它们也仅仅是基于类型化犯罪行为的一种推定。

报应性理念和刑罚的明确性目标要求法官对任何具体的加重或减轻情节施加具体的刑期。这些情况在初审时——在所有当事人对犯罪细节都记忆犹新时——比推迟数月甚至数年更能得到准确的评估。此外,如前所述,在后来的撤销缓刑听证中所判处的任何刑期都可能受到罪犯违反释放条件的行为之极大影响,从而很难反映出他最初的犯罪行为。最后,暂缓宣判面临着许多与上文所述的暂缓执行监禁相同的法网扩张问题,即法官可能产生有义务惩罚未来的违规行为之感觉,因此其易于附加过多的中止缓刑之条件。如果这些条件过多,那么罪犯违反缓刑考验条件的可能性就极大,这可能导致罪行本身不足以判处监禁的罪犯最后仍然被适用监禁。

(三) 独立缓刑

1. 优点

如上文所述,这种方式——不与任何一种缓期执行的判决相结合——似乎会使监禁的适用率降低。如果监禁实质上被取消,那么一旦缓刑被批准,罪犯就不会面临因不必要、过度的撤销缓刑而入狱的后果,也不会有任何收押入狱的记录。

2. 缺点

虽然违反独立缓刑所遭受的惩罚可能更为严厉,但是其缺点是,在某些情况下,这种方式可能不足以督促罪犯遵守相关规定。此外,如果法官担心刑罚措施不够严厉,那么他们可能会在一开始就犹豫是否宣布社区矫正判决。事实上,没有任何量刑指南体系完全放弃对所有重罪案件适用暂缓执行监禁和暂缓宣判,这似乎反映了一种普遍的司法现象,即为了确保罪犯遵守所有缓刑条件,法院有时需要特定的暂缓监禁或可能判处监禁作为威慑。在任何情况下,即使违反非监禁缓刑所遭受的制裁措施极为有效、严厉,这些措施也可以被纳入暂缓执行监禁或暂缓宣判制度,如北卡罗莱纳州和犹他州的法律制度。此时,法院可以首先考虑适用短期拘留,并将监禁作为最后的制裁手段。

与暂缓宣判一样,独立缓刑的另一个问题是,除了定罪本身外,它没有传递任何有关犯罪严重性的表达。与暂缓执行监禁不同,独立缓刑对犯罪行为的严重程度没有给出权威的、针对具体案件的宣判和说明。

仅依靠拘留来制裁违反缓刑条件的罪犯,这种做法很难保证拘留与原定罪行的罪刑相适应。根据推荐刑期而适用暂缓执行监禁和暂缓宣判的量刑体系显示,随着罪刑严重性的增加(量刑网格垂直轴)和过去犯罪类型的增加(水平轴),相应的推荐刑期也平稳上升。如表3所示,明尼苏达州的量刑指南体系网格表明,在跨越一定的"量刑界线"时,数据没有出现骤增或中断的现象,这条界线将建议暂缓执行监禁与立即执行监禁明确分隔开来。① 如本文第五部分所述,当某个罪犯的罪行超越"量刑界线"时,界线以下的罪犯被建议适用缓刑并执行完毕,而界线以上的罪行较为严重的罪犯被建议立即收押入狱。但是,至少在最终入狱的罪犯中(一方是被直接送进监狱的,另一方是在撤销缓刑后被监禁的),刑期与罪行的严重程度和犯罪记录相对成正比。比较缓刑被撤销的罪犯和直接被送进监狱的罪犯,两者的刑罚严厉程度没有出现明显"飞跃"。

表3 明尼苏达州的量刑指南网格(除性犯罪和毒品犯罪外的所有重罪,以月为单位推定刑期)

罪行严重等级		0	1	2	3	4	5	6(及以上)
二级谋杀(故意杀人;枪杀)	11	306 261—367	326 278—391	346 295—415	366 312—439	386 329—463	406 346—480	
三级谋杀;二级谋杀(过失杀人)	10	150 128—180	165 141—198	180 153—216	195 166—234	210 179—252	225 192—270	240 204—288
一级袭击	9	86 74—103	98 84—117	110 94—132	122 104—146	134 114—160	146 125—175	158 135—189

① Minn. Sentencing guidelines and commentary § 4. A. 界限上方和右侧的单个数字被认为是最合适的执行刑期,但法官可以在不符合"条件"的情况下决定量刑范围。

续 表

罪行严重等级		0	1	2	3	4	5	6(及以上)
一级加重抢劫;一级入室盗窃(携带凶器或以暴力方式)	8	48 41—57	58 50—69	68 58—81	78 67—93	88 75—105	98 84—117	108 92—129
重罪 DWI	7	36	42	48	54 46—64	60 51—72	66 57—79	72 62—84
二级袭击;一级入室盗窃(室内有人)	6	21	27	33	39 34—46	45 39—54	51 44—61	57 49—68
住宅入室盗窃;单纯抢劫	5	18	23	28	33 29—39	38 33—45	43 37—51	48 41—57
非住宅区入室盗窃	4	12	15	18	21	24 21—28	27 23—32	30 26—36
盗窃(超过 5000 美元)	3	12	13	15	17	19 17—22	21 18—25	23 20—27
盗窃(小于等于 5000 美元)	2	12	12	13	15	17	19	21 18—25
四级袭击;逃避警察	1	12	12	12	13	15	17	1917—22

说明:

(1) 建议监禁刑期(执行监禁刑)。一级谋杀不属于法定量刑指南体系,法院仍要强制执行无期徒刑。

(2) 建议执行缓刑。根据法官指示,不超过一年的监禁或非监禁刑罚措施可以作为缓刑的实施条件。根据量刑指南或有效实施的强制量刑法规,此部分的某些犯罪一般被建议适用监禁。

(3) 单元格范围以法定的最大值为上限

在一个只允许违反缓刑规定的人被判入狱的制度中,这种"飞跃"甚至是"悬崖式落差"更可能出现。例如,我们通过比较 F、G、H 和 I 类犯罪的记录,以及犯罪严重等级分别为 7 级和 8 级的、略高于和略低于量刑界线的犯罪量刑范围①可以看出,表 4 所示的俄勒冈州部分量刑指南摘录中呈现了这种"悬崖式飞跃"。针对这些罪行严重等级较低的罪犯,8 级对应的量刑比 7 级平均高出 270%。相

① OR. ADMIN. R. 213－004－0001 (2018). 为了比较界线以上(严重级别 8)的建议监禁刑与界线以下的缓刑犯(严重级别 7)之刑罚严厉程度,我们有必要考虑后者可适用的三种刑罚,即监禁作为缓刑条件(最长 3 个月)、对违反缓刑规定的人可以在不撤销缓刑的情况下(最长 2 个月)给予额外的监禁处罚,以及在缓刑被撤销后(最长 6 个月)给予进一步的监禁处罚。因此,对严重程度在界线以下的 7 级罪犯的监禁刑最长为 11 个月(3＋2＋6)。由于法官有自由裁量权,其在三种类型下均可以不判处监禁,因此总监禁刑范围的下限为零。

较于8级,9级罪犯的平均刑期增加了91%,而9级对应的罪行严重程度增量远远超过了平均刑期的增量。表4实质上还显示了“平原”效应,即如果6级和7级的罪犯违反缓刑条件,那么他们的监禁刑期范围相同,即均不超过11个月。可见,刑罚严厉程度与犯罪严重等级及犯罪类型并不对应。

表4(俄勒冈州量刑指南摘录,犯罪严重等级为6级至9级)说明,条件的行为只适用监禁作为后备措施将导致“飞跃”效应和“平原”效应。

表4 俄勒冈州量刑指南摘录

罪行严重等级	犯罪类型 A	B	C	D	E	F	G	H	I	平均增加刑期(A-E,F-I) A-E	F-I
9	66-72	61-65	56-60	51-55	46-50	41-45	39-40	37-38	34-36	79%	91%
8	41-45	35-40	29-34	27-28	25-26	23-24	21-22	19-20	16-18	39%	270%
7	31-36	25-30	21-24	19-20	16-18	0-11**	0-11**	0-11**	0-11**	37%	0%
6	25-30	19-24	15-18	13-14	10-12	0-11**	0-11**	0-11**	0-11**		

所有的监禁刑期都以月为单位。水平线和垂直线交叉而成的分隔表示假定的“量刑界线”。

监禁刑期总范围包括缓期执行中的拘留(probationary jail)范围(0—3个月)、缓刑撤销前监禁范围(0—2个月)、缓刑撤销后监禁范围(0—6个月)。

根据单元格所指范围的中点计算监禁期间增长的比例。例如,在CHC-A中,犯罪等级从7级上升到8级,相应的监禁刑期从33个半月增长到了43个月。

三、比较数种缓刑后备措施后的结论

表5列明了上述三种后备措施的潜在优缺点。不同量刑指南体系下的司法管辖区可能会对三者之一有不同的偏好,这取决于不同司法管辖区最重要的政策目标和最想回避的负面后果。

表5　美国量刑指南体系中的三种后备措施之潜在优缺点

	优点	缺点
一、暂缓执行	•对罪犯遵守缓刑条件有着具体的激励措施 •具有犯罪严重性的表述价值 •刑罚与原定罪行的严重程度相对应	•刑罚严厉程度最高,过多认知反射行为和不必要的监禁适用 •法网扩张风险最大(本不适用监禁的罪犯在缓刑被撤销后入狱) •预先确定的后备措施惩罚上限不能完全符合难以预见的或不断增加的犯罪可能性
二、暂缓宣判	•与暂缓执行监禁相比,承诺性监禁较少(成本更低,有入狱记录的罪犯也更少) •监禁后备措施的严厉程度可以根据最新的罪犯信息进行动态调整	•与暂缓执行监禁相比,对罪犯遵守缓刑条件的激励措施较少 •中度法网扩张风险 •与暂缓执行监禁相比,犯罪严重性的表述价值降低 •监禁后备措施持续时间较短
三、独立缓刑	•监禁适用率最低(因此不会出现法网扩张,成本最低,并且有入狱记录的罪犯最少)	•对罪犯遵守缓刑条件的激励措施最少 •(由于上述原因)法官适用缓刑的比例最低 •犯罪严重性表达价值最低 •监禁后备措施持续时间最低

(一)缓刑适用中的常见问题

不论是作为暂缓执行监禁与暂缓宣判的适用条件,还是作为更具限制性的独立刑罚,缓刑都有可能引发施加过度缓刑条件的风险①,从而导致违规行为不可避免地发生,并最终迫使法院对这些违规行为适用监禁措施。如前所述,如果罪犯在法官或检察官坚持认为应采用立即收押入狱措施的情况下被准予适用了缓刑,那么法官或检察官极有可能会施加过分严厉或数量过多的缓刑条件。过度的中间刑会导致实际强制性刑罚增加、罪刑不相适应和法网扩张的问题。为了防止施加过多的缓刑条件,量刑准则应包括下列规定(其中有些规定已经在一些州的法律文件中出现过):

1. 法官量刑的出发点或预设应该是,除了法定的必须遵守之规定外,法官不需要施加任何缓刑条件。只有在法官认为有必要、可能通过已有成本达到刑罚实施目的,且不施加条件会导致罪刑不相适应时,其才应施加缓刑条件。这种"零起点"处罚带来的效果是,适用缓刑或其他社区矫正刑不存在最低严厉程度的强制性要求。这与公认的"量刑从轻"原则是一致的,即刑罚不应超过控制犯

① 有些学者可能认为,缓刑条件也有可能不够严厉,而对罪行过于宽大的刑罚将导致刑罚失去公众尊重和支持。本文第五部分讨论了这个问题。

罪目的之必要限度。这也与下文第五部分进一步讨论的限制刑罚模式相一致。在该模式下，法律对罪犯应受的刑罚——其罪责和道德谴责程度——并没有规定施加最低严厉程度的刑罚之强制性要求。

“零起点”预设也与社区矫正被纳入大多数的量刑指南体系之境况相一致，这些体系一般对缓刑条件不设置强制性要求，它们最多只设置刑罚严厉程度的上限。实际上，适用社区矫正判决的最低严厉程度之规定的犯罪范围极少、数量比例极低，这些犯罪主要出现在资源极其有限的司法管辖区。最低严重程度的要求也会使量刑规则和程序更加复杂化。诚然，“零起点”方法允许法院对犯罪严重程度相当的罪犯处以不同严厉程度的刑罚，但是这些严厉程度的差异是有限的，而且根据下文所列出的规则，这些差异通常不会包括监禁刑的区别适用。

2. 所有包含非监禁刑期的量刑网格不仅规定撤销释放时可判处的监禁刑期上限，而且还对违背缓刑要求的中间处罚规定了两个限制条件：(1)违背缓刑要求的最高处罚类型(如监禁、住院治疗、部分时间监禁等)；(2)违背缓刑要求而被处以全日制监禁的上限。针对每一种缓刑条件，量刑网格都将采用等级化系统来估算。这一形式反映了各州指南体系的复杂性。例如，堪萨斯州和明尼苏达州只列出缓刑或监禁刑期的范围及缓刑建议，而俄勒冈州只列出监禁刑期上限[①]及允许的监禁天数。

3. 缓刑的期限本身应有所限制，因为过长的缓刑期会实质上增加监禁人数。罪犯被监管的时间越长，他违反释放条件并被撤销缓刑的可能性就越大。针对批准和执行的缓刑期限、是否提前释放罪犯、在何种情况下提前释放罪犯、释放率等问题，美国的司法管辖区存在很大差异。在许多司法体系中，缓刑期都呈现出期限较长的特征。[②] 例如，在明尼苏达州，大多数重罪的缓刑期不超过 4 年，而该罪的法定最高刑期可能是 20 年或更长。以较长的法定刑期为准，尽管许多罪犯提前获释，但是平均缓刑期仍为 4 年。[③] 修订后的《模范刑法典》规定，重罪缓刑不得超过 3 年[④]，这似乎是一项明智的决定。《模范刑法典》同时还规定，如

---

① 俄勒冈州量刑表对日监禁、住院治疗、部分时间监禁以及作为缓刑条件的取保候审和社区服务均有所规定。

② Robina inst. Of criminal law & criminal justice, *profiles in probation revocation: examining the legal framework in 21 states*, 2014.

③ Minn. Stat. § 609. 135, Subdiv. 2(a) (2018); Robina inst. Of criminal law & criminal justice, *profiles in probation revocation: examining the legal framework in 21 states*, 2014.

④ Model penal code: Sentencing § 6. 03(5) (Am. Law inst. 2017).

果法院发现实现刑罚目的不再是继续监管的理由,那么罪犯在任何时候皆可提前获释[①],即该法实质上允许缓刑减刑。

4. 罪犯有权拒绝缓刑,也有权利要求执行被暂缓执行或由于违反缓刑条件而将承受的监禁刑。也就是说,罪犯可以要求不处缓刑而直接处以相应的监禁刑,这是他的权利。许多司法管辖区给予罪犯拒绝缓刑的权利[②],这有助于限制缓刑条件的最高严厉程度。如果这些条件非常苛刻且原监禁刑期较短,那么很多罪犯会选择拒绝缓刑,从而长痛不如短痛地直接入狱"快速了结"。对于罪犯来说,这反而避免了如不能顺利通过缓刑考验期而最终同时承受苛刻的缓刑条件和监禁之风险。在明尼苏达州,为了保证缓刑条件与犯罪行为相适应,法律允许罪犯要求执行被暂停的监禁刑,只要其能够证明缓刑条件比推定的刑期更为严厉[③]——这种证明往往以具体案件为基础,尽管基于同类案件来推定缓刑条件可能更加符合实际。拒绝缓刑的权利具有一定的实用价值,因为强烈反对缓刑条件的罪犯通常遵守情况极差,所以其一旦不遵守缓刑条件就消极表示拒绝缓刑,而这最终仍然会导致缓刑的撤销。

5. 量刑指南应坚决禁止条件反射性的撤销缓刑收押入狱和过度的后备制裁。量刑准则应当:(1)鼓励法院对违规行为做出渐进性回应,并以更严厉的中间制裁代替监禁;(2)对特定的新犯罪行为和违规行为是否应当适用监禁刑做出具体说明;(3)对多次违反缓刑条件的行为规定监禁刑期的上限;(4)通过提供国家补贴来有效地为社区选择提供资金,以减少过度使用直接监狱判决和撤销监狱的财政压力,并且在低级别罪犯被送进监狱时收回这些补贴,从而防止社区矫正的随意撤销。这些措施已在部分量刑指南系统中得到使用。[④]

6. 释放令被撤销后,法院应按照上述规定制作量刑评估表,对罪犯的监禁情况和缓刑条件的苛刻程序进行评分。除了防止法官判处比原定罪行更加严厉的刑罚外,法律还应当规定罪犯被撤销缓刑、执行监禁后,相应的政府补贴将减少,以阻止法官施加不必要的释放条件。在立法上,每增加一项非必须的缓刑条件,

---

① Model penal code: Sentencing § 6.03(5) (Am. Law inst. 2017).

② Jay M. Zitter, *Annotation*, *Right of Convicted Defendant to Refuse Probation*, 2010, 28 A.L.R. 4th 736.

③ State v. Rasinski, 472 N.W.2d 645, 650 - 51 (Minn. 1991). 然而,一个服刑期少于九个月的罪犯不能要求执行被暂停的监禁期。MINN. STAT. § 609.135, Subdiv. 7 (2018).

④ Richard s. Frase, *Just sentencing: Principles and procedures for a workable system*, Routledge, 2012, at Ch. 2 - 3.

法官适用后备措施的严厉幅度都会相应增加，从而降低对罪犯的合规激励。

（二）缓刑条件是否过于宽松

本文前一部分提到，缓刑条件往往过于苛刻，从而增加了因不遵守规定和被撤销缓刑而入狱的罪犯比例。因此，除非存在法定强制性条件，否则法官不应另外施加任何条件。法官只有在认为某些条件是必要的，并可能充分证明通过合理成本即可达到刑罚目的之情况下，其才能附加额外条件。这种方法很容易得到功利主义（犯罪控制说）的支持，即不必要的缓刑条件浪费了有限的公共资源，而宽松的缓刑条件则可能有助于预防犯罪和节约司法资源。

当然，功利主义理论会对此指出，量刑应当体现罪刑相适应，且刑罚应具有连续性。[①] 在施加缓刑条件时，法官要使该条件与具体罪犯的再犯罪可能性相符，而这将导致刑罚的严厉性和连续性所增加的任何威慑效果可能会被不断降低的灵活性与有效性抵消。但是，从刑罚的报应目的来看，每一个罪犯都应受到与其应受责难程度相符的刑罚。那么，针对顺利通过缓刑考验期的罪犯，以及那些因缓刑撤销记录而入狱的罪犯，我们如何证明二者在刑罚严厉程度上存有重大差异的正当性呢？我们不能说一个附加条件极为有限的缓刑判决就不具有惩罚性，虽然它没有监禁刑那么严厉，但是撤销缓刑的威慑给罪犯带来的心理负担本身就是一种严厉的惩罚。

理论上，法院可以附加严厉的缓刑条件或者大大延长缓刑期限，甚至两者兼备，以使缓刑的严厉程度大致与原定罪行的应判刑期相符。但是，这样的“高强度缓刑”，无论是直接的监管，还是间接的频繁缓刑撤销，所需的成本都会更高。在实践中，这样的制度往往是虚设的，法院没有能力——甚至可能不会尝试——执行所有严厉的缓刑条件。也许正是由于这些原因，美国的量刑指南体系尚未要求缓刑条件完全符合犯罪的严重程度，并且其对缓刑条件的严厉程度也几乎没有底线要求。

这种“差异”，即缓刑条件的严厉程度和类似案件直接适用监禁的严厉程度之差异，对报应理论是一个严重的挑战，因为该理论为单一刑罚或特定案件指定了有限的刑罚范围。消极或限制性报应主义论认为，根据罪犯不同的罪责程度

---

① Richard s. Frase, *Just sentencing: Principles and procedures for a workable system*, Routledge, 2012, at Ch. 2 - 3.

和道德责难,法律应对刑罚的严厉程度设定外部限制。

消极或限制性的报应主义主要有两种理论。① 第一种理论是"模糊刑罚"理论。针对法院如何决定具体刑罚的适用,即使有基于同类案件或有章可循的量刑经验,法律也只能以粗糙、模糊的表述来规定"不应该判处"的刑罚范围。第二种理论是"非对称刑罚"理论,其也可以被称为"类案类判"理论。报应主义指出,刑罚适用应该有明确的规定,法院不应当过度关注罪刑相适应,而应当强调刑罚适用决定至少应当与其作出的其他任何法律裁决一样,从而做到类案类判。"非对称刑罚"理论进一步指出,法院尤其应当避免对罪犯施加比本应判处的刑罚更为严厉的刑罚,因为相对于量刑较轻而言,过度量刑的决定其实更失公平。"非对称刑罚"理论还强调了从宽解释原则(the rule of lenity),即在刑事法律规定模糊的情况下,法官应按照有利于被告人的原则进行解释。当然,也有许多学者认为,至少在最初的执行阶段,适当减轻罪犯的刑罚是必要且公正的,因为这节约了司法资源,也阻止了部分被告人再次犯罪。

以上不仅仅是学术上的探讨。实际上,在上文所涉及的多个方面,明尼苏达州的量刑指南体系规定了非对称的限制报应模式,其他州的量刑体系在一定程度上也是如此。无论是否有量刑指南体系,现代量刑制度似乎都没有采用严格的报应主义量刑模式或模糊刑罚模式。同时,也没有任何司法体系采用单纯的犯罪控制主义;即使以犯罪控制说——刑罚愈严厉,效益愈明显——为依据,相关的司法体系也提出要对刑罚规定严厉程度的上限。②

即使在限制性报应主义模式下,大多数缓刑判决也都规定了最低的刑罚严厉程度。这一模式要么是为了追求同类案件相似判决的公平性,要么是为了强调缓刑犯也具有一定的罪行严重程度,要么是为了展现缓刑犯对他人的伤害程度和罪行严重性的"评价性表达"。③

---

① Richard s. Frase, *Just sentencing: Principles and procedures for a workable system*, Routledge, 2012, at Ch. 2 - 3.

② Richard s. Frase, *Just sentencing: Principles and procedures for a workable system*, Routledge, 2012, at Ch. 2 - 3.

③ Keir Irwin-Rogers & Julian v. Roberts, *swimming against the tide: the suspended sentence order in England and Wales*, 2004-2017, in 82 *Law & contemp. Probs*, 2019. No. 1, p. 144; and Cheryl Marie Webster & Anthony N. Doob, *missed opportunities: Canada's experience with the conditional sentence*, in 82 *law & contemp. Probs*, 2019, No. 1, p. 163.

(三) 缓刑和后备措施对入狱率的影响

上文的讨论提到,缓刑和后备制裁的不同构建方式有不同的优缺点,这是基于这样一种前设,即不同的构建方式对缓刑撤销率和入狱人数可能会产生一定的影响。但是,在适用不同体系的场合下,这些影响可以用量刑、缓刑撤销和入狱人数来计算吗?遗憾的是,答案是否定的。大多数量刑指南委员会保留并分析了大量的宣判数据,但据笔者所知,没有委员会公布了有关缓刑撤销的数据。如果法院在某一司法管辖区适用了多种缓刑模式,量刑指南委员会最终也只会按照后备措施的类型进行细分,而不会根据缓刑模式来汇总整合,甚至连有多少委员会收集了类似数据都是存疑的。尽管如此,每个州的入狱人数仍然可用,并且出现了一些粗略性模式,表 6 显示了在表 2 的 5 个体系下,各州 2016 年(最近有数据记录的一年)的人均监禁率。

表 6　根据可适用的后备措施类型,各州 2016 年基于违反缓刑条件而入狱之情形的人均监禁率(每 10 万名州市民中的数量)。①

1. 只适用暂缓执行监禁(四个州)	536	
2. 只适用暂缓宣判 (四个州)	595	
3. 多数案件暂缓执行监禁与暂缓宣判同时适用	428	
4. 暂缓执行监禁单独或与暂缓宣判同时适用,且鼓励适用独立缓刑	363	
北卡罗莱纳州(单独适用暂缓执行监禁)		438
犹他州(暂缓执行监禁和暂缓宣判同时适用)		287
5. 多数案件只能适用独立缓刑	400	
俄勒冈州		466
华盛顿特区		333

正如笔者所预估的一样,本表第 4 组和第 5 组为实际适用或鼓励适用非监禁后备措施的州,其平均监禁率(每 10 万名州市民中分别有 363 个和 400 个)低于仅适用暂缓执行监禁、仅适用暂缓宣判或同时适用两者的州(第 1—3 组)。但是,第 4 组和第 5 组的数据存在着明显差异。北卡罗莱纳州的监禁率比犹他州高 50%,俄勒冈州的监禁率比华盛顿特区高 40%。事实上,北卡罗莱纳州和俄

① Prisoners in 2016, Bureau of justice statistics (2018), https://www.bjs.gov/index.cfm?ty=pbdetail&iid=6187 [https://perma.cc/VG9M-U8DE].

勒冈州的监禁率都比第3组的平均监禁率(每10万人中有428人)高——北卡罗莱纳州仅可适用非监禁后备措施,而俄勒冈州则鼓励适用非监禁后备措施。此外,还有一些已知因素也对州的监禁率产生着决定性影响。俄勒冈州适用强制最低刑期,而犹他州的犯罪率相对较低,因此后者的监禁率预计相对较低。总之,尽管这个前设(监禁率受到不同方式的缓刑和违反缓刑的后备措施之影响)是合理的,但是我们仍然需要更多的研究来详细证明这些不同方案和其他因素对整体监禁率的实际影响。

评估非监禁制裁方案对监禁率之影响的另一种方法是,研究对比在这种实施方案发生重大变化前后的不同监禁率。华盛顿特区是近几十年来唯一规定在量刑指南生效后,暂缓执行监禁和暂缓宣判在很大程度上已不再适用的量刑指南司法管辖区,其相关的证据与数据也显得模棱两可。虽然在指南实施的前几年里,华盛顿特区被判处立即监禁的罪犯之比例略有下降,但是这一数字随后又出现了回升,并几乎稳定在指南实施前两倍的水平。①

结语

本文基于美国各州和联邦司法管辖区的量刑指南制度,研究了量刑指南体系下确保缓刑执行的三种监禁后备制裁措施。每种方案在主要的刑罚政策和刑罚改革目标方面各有利弊,尤其包括以下几个方面:控制监狱人口增长和避免法网扩张;保证对罪犯遵守释放条件的充分激励;为应对不可预见的违法风险,允许法庭加大刑罚力度;对罪行严重性的含义进行鲜明、直接而非含蓄、隐晦的表述;保证已执行的后备措施与犯罪的严重程度相符合;减少重罪犯罪记录或监禁记录为罪犯带来的不利裁判后果。但是,适当的法律规定和法官准则能够缓解任何一种后备制裁的诸多弊端。无论法院适用何种监禁后备措施方案,本文都给出了其应当适用的额外保障措施之建议。

---

① Richard s. Frase, *just sentencing: principles and procedures for a workable system*, *Routledge*, 2012, p. 145.

法治话语专论

以审判为中心之背景下的刑事庭审话语研究路径探索*

王海萍**

摘要：自我国推进以审判为中心的诉讼制度改革以来，庭审环节显得尤为重要。庭审是诉辩双方真正的角力点，是整个审判程序的中心，也是推行以审判为中心的诉讼制度改革的成败之关键。刑事庭审话语研究可以将言词证据、话语与权力、刑事庭审话语特征等方面的研究作为抓手，使法律语言学理论融入司法实践，进而从国情出发，协助解决中国法学界所面临的问题，并服务于以审判为中心的诉讼制度改革，以推进依法治国，实现司法公正。

关键词：审判为中心；庭审话语；路径

引言

2016 年 6 月 27 日，中央全面深化改革领导小组第二十五次会议审议通过了《关于推进以审判为中心的刑事诉讼制度改革的意见》，这标志着“以审判为中心”的刑事诉讼制度改革正式启动。建立以审判为中心的诉讼制度，就是要改变“以侦查为中心”的传统司法理念，这对于我国的司法制度改革、庭审实质化之实现以及现代化诉讼模式之构建来说有着重大意义。

二十多年来，我国的法律语言学得到一定发展。到目前为止，学界已经有多

* 本文为教育部人文社会科学（青年项目）“基于多模态语料库的中外刑事庭审话语比较研究”（16YJC740069）的阶段性成果。

** 王海萍，女，华东政法大学外语学院副教授，文学博士，研究方向为法律翻译、法律语言学、语言教学与评估。

部专著出版,法律语言学论文不仅发表在《当代语言学》《现代外语》等语言类权威刊物中,也发表在《华东政法大学学报》《边缘法学论坛》等法学刊物上,这标志着法律与语言交叉研究的深度得到了扩展,其涉及的内容从语言和法律关系的理论研究一直延伸到法庭话语实证研究,覆盖范围逐步扩大。法律语言学是语言学和法学的交叉学科,这种研究具有重要的理论意义、社会意义和应用价值。[①] 尤其在强调依法治国的当下,国内法律语言学的发展方兴未艾,相关的研究成果不断问世,法学界对该学科的关注度也在提升。法律语言研究的终极目标是密切结合法律实践,以最大化地实现司法公正和效率。[②] 以语言研究为工具去解决现实的法律问题,这应当成为当代法律语言学研究的导向。[③] 法律语言学应以语言为视角或研究对象来辅助解决真实语境中的法律问题。这也符合新文科"以问题为导向,以服务社会为宗旨"的发展趋势。但是,如何打破学科壁垒,从而真正做到学科的深度融合和交叉,这还需要法学界与语言学界的学者共同努力。因此,本文拟从言词证据、话语与权力、刑事庭审话语特征这三方面入手,对以审判为中心之背景下的刑事庭审话语进行研究路径的初步探索,以期抛砖引玉。

一、言词证据

十八大以来,我国全面推进依法治国,司法改革中的诉讼制度改革使得庭审环节显得尤为重要。刑事庭审长期以来存在"走过场"、庭审虚化和说教化等问题。在一些地方的司法实践中,刑事庭审"虚化"的现象并不鲜见,司法实践中的"刑侦中心主义"与"逮捕中心主义"现象盛行,审判中心主义是对侦查中心主义和案卷中心主义的纠偏。[④] 为实现审判"以庭审为中心",并保证对人证进行实质性审查,我们需要贯彻直接言词证据原则,而在证人不出庭之情况下,以侦查机关取得的难以验证其真实性的书面证言代替证人出庭作证,是我国刑事诉讼

---

① 廖美珍:《中国法庭互动话语 formulation 现象研究》,载《外语研究》2006 年第 2 期。

② 潘庆云:《法律语言学研究的终极目标》,载《法治论丛》2011 年第 5 期。

③ 宋北平:《我国法律语言研究的过去、现在和未来》,载《法学杂志》2009 年第 2 期。

④ 何家弘:《从侦查中心转向审判中心——中国刑事诉讼制度的改良》,载《中国高校社会科学》2015 年第 2 期;汪海燕:《论刑事庭审实质化》,载《中国社会科学》2015 年第 2 期;叶青:《以审判为中心的诉讼制度改革之若干思考》,载《法学》2015 年第 7 期。

最为突出的弊端之一。①

确立直接言词证据原则和改良人民陪审员制度，是实现刑事庭审“从虚转实”的可行路径。② 我国的庭审实质化之实现，需要我们在废除“卷宗主义”的基础上，贯彻直接言词原则。③ 也就是说，直接言词原则的前提是废除“卷宗中心主义”。这就要求法庭审判必须在各方主体出席的情况下进行，公诉方、被告人、证人、鉴定人等主体都应亲自出席法庭来参加诉讼活动。④ 由此可见，要使刑事庭审实质化，以防范冤假错案，我们就需要诉辩审的相关各方都实际到场，并且诉辩双方应展开充分辩论，从而使审判有据可依。在这一过程中，司法公正要在庭审中得到体现，就必然得依赖语言，因此庭审问题也是语言问题。

《中华人民共和国刑事诉讼法》第六十一条规定了证人证言的法庭质证原则，即证人证言必须在法庭上经过公诉人、被害人和被告人、辩护人双方质证并且查实以后，才能作为定案的根据。法庭在查明证人有意作伪证或者隐匿罪证的时候，其应当依法处理。所谓质证，是指在庭审过程中，控辩双方在裁判者的主持下，采用询问、质疑、辩驳、核实等方式，对证据的证明力以及证据能力进行质辩的诉讼活动。《中华人民共和国刑事诉讼法》第一百九十二条规定：“公诉人、当事人或者辩护人、诉讼代理人对证人证言有异议，且该证人证言对案件定罪量刑有重大影响，人民法院认为证人有必要出庭作证的，证人应当出庭作证。人民警察就其执行职务时目击的犯罪情况作为证人出庭作证，适用前款规定。公诉人、当事人或者辩护人、诉讼代理人对鉴定意见有异议，人民法院认为鉴定人有必要出庭的，鉴定人应当出庭作证。经人民法院通知，鉴定人拒不出庭作证的，鉴定意见不得作为定案的根据。”对证人证言的质证方式是交叉询问，即在主询问后，由对方进行盘诘性询问。通过交叉询问，法院可以知晓证人证言的真实性或者证人在何种语境下作证。⑤

但是，在具体的司法实践中，庭审前（即刑侦阶段）形成的卷宗成为法院裁判的决定性依据。侦查卷宗的记载肯定是以文字为载体的固定信息，而证人出庭

① 龙宗智：《“以审判为中心”的改革及其限度》，载《中外法学》2015 年第 4 期。

② 何家弘：《刑事庭审虚化的实证研究》，载《法学家》2011 年第 6 期。

③ 汪海燕：《论刑事庭审实质化》，载《中国社会科学》2015 年第 2 期。

④ 刘玫：《论直接言词原则与我国刑事诉讼——兼论审判中心主义的实现路径》，载《法学杂志》2017 年第 4 期。

⑤ 汪海燕：《论刑事庭审实质化》，载《中国社会科学》2015 年第 2 期。

作证却是一种鲜活的即兴话语信息,包括语言、手势、音调、神情等,法官要根据多维度、多模态的信息来判断证人证词的可靠性,这些信息不可能通过卷宗体现出来。因此,《中共中央关于全面推进依法治国若干重大问题的决定》要求,"全面贯彻证据裁判规则……完善证人、鉴定人出庭制度,保证庭审在查明事实、认定证据、保护诉权、公正裁判中发挥决定性作用"。由此可见,证人出庭作证是庭审实质化的前提,证人与鉴定人出庭作证所产生的言词证据亦是法院认定案情的重要依据。上海市第二中级人民法院公布的《2016—2018 年刑事案件证人出庭作证审判白皮书》指出,2016 年至 2018 年,上海二中院审理一审与二审的刑事案件共 4049 件,有 45 起案件有证人出庭作证。其中,一审案件的证人出庭率为 7.3%,二审案件的证人出庭率为 0.59%,证人出庭率仍有待提高。

年度	一审案件的证人出庭数量	二审案件的证人出庭数量	抗诉案件的证人出庭数量	总计
2016 年	9	11	0	20
2017 年	11	9	0	21
2018 年上半年	2	2	1	4
总计	22	22	1	45

针对言词证据的研究可以为司法改革提供借鉴依据和实证支持,但至今鲜有此类研究问世,这与证人的出庭率低密不可分。诚然,"卷宗中心主义"也涉及法律话语,并能展现诉讼参与主体的权力关系,但在庭审过程中,卷宗中的口供只能以静态的单一模态(即书面语言形式)呈现,无法展现其他模态信息,而庭审话语的最大特征在于汇集"动态的多模态口语语料"。庭审本身就是多模态的,其整合了语言、图像、声音、动作等多种符号资源,因此多模态庭审话语分析可以用来研究包括控辩审三方如何通过言语与非言语的符号资源来分配话语权力。在多模态视阈下,庭审话语也是法律事实的建构过程。① 比如,美国的刑事审判实际上可以被看作是一出戏剧。在这出戏剧中,法庭上的各个演员"扮演出被告有罪或无罪的一面,让事实的审判者——也就是陪审团——来自行评估"。② 列文森(Levenson)还认为,在现实中,刑事案件的结果将受到在技术上并非证据确

① 郭万群:《多模态视阈下庭审话语中的法律事实建构》,载《广东外语外贸大学学报》2014 年第 1 期。

② See Levenson, L, "Courtroom Demeanor: The Theater of the Courtroom", *Minnesota Law Review* 92,2008, pp. 573 - 633.

凿的各种因素之影响，如律师陈述的质量、被告在法庭上的出庭和反应，甚至受害者的代表性。① 因此，在美国的刑事庭审中，律师在陪审团前手舞足蹈地进行表演并不是一件新鲜事。马德森(Matoesian)和吉尔伯特(Gilbert)应用会话分析方法，分析了美国刑事案件中的律师如何通过言语与非言语的各个模态之间的互动，向陪审团呈现案发时的场景，以达到说服陪审团之目的。② 另有马德森(Matoesian)以某一强奸案的庭审录像为研究对象，通过对证人话语及头部、眉毛等言语之外的多模态特征之描述，阐述证人如何调动非言语资源，以在法庭中争取自己的话语权，并重构自己的身份。③

20 世纪 70 年代以后，法庭话语研究从重视话语形式与策略转向关注法律活动的口头互动及话语的生成和理解，研究用语料多为法庭口头互动的录音转写形式。④ 即便是录音转写，其形式依然是单模态。由于法院庭审直播在普及法制教育、提高审判监督等方面有重要意义，因此各大法院都配备了庭审直播的硬件设施，并通过公开审判、公开宣判、庭审直播等形式来扩大审判的社会效果。庭审公开化使法律语言研究者获得庭审一手资料变得更为便捷，研究语料也不再局限于静态的单一模态书面语，更多动态的多模态口语语料也可以成为研究者的关注对象。但是，在司法公开与庭审录像开始进入公众视野的当下，鲜有研究将庭审录像这个唯一的司法“可视性”窗口作为核心研究对象和探索出发点，并从多模态话语分析视角对庭审录像展开研究的。

与此同时，语料库已成为法律语言学进行量化研究的有效工具，语料库用于协助“平义原则”⑤的操作在美国法庭的庭审中成为一种趋势，且语料库在提供诉讼证据方面也大有可为。⑥ 例如，使用语料库量化工具可以辅助验证言词证

---

① See Levenson, L, “Courtroom Demeanor: The Theater of the Courtroom”, *Minnesota Law Review* 92,2008, pp. 573 - 633.

② See G. M. Matoesian & K. Gilbert, “Let the Fingers Do the Talking: Language, Gesture and Power in Closing Argument”, in Janny Leung and Alan Durant, eds, *Meaning and Power in the Language of Law*, Cambridge University Press, 2018, pp. 137 - 163.

③ See G. M. Matoesian, “You Might Win the Battle but Lose the War”, *Journal of English Linguistics* 3,2008, pp. 195 - 219.

④ 廖美珍：《国外法律语言研究综述》，载《当代语言学》2004 年第 1 期。

⑤ “平义原则”(plain meaning)是美国对法律法规进行解释的基础，它选取的是人们在日常生活中使用某词时所指的普通含义，因此该原则与语境密切相关。“平义原则”的广泛采用使得很多法律问题最终落实到对法律条款中的关键词语之解读上，从而使得法律问题变成语言学问题，甚至变成具体的语义问题。参见梁茂成：《语料库、平义原则和美国法律中的诉讼证据》，载《语料库语言学》2014 年第 1 期。

⑥ 梁茂成：《语料库、平义原则和美国法律中的诉讼证据》，载《语料库语言学》2014 年第 1 期。

据的真伪性。另外,在审查言词证据的过程中,人工智能已经体现出其强大功能。例如,上海司法系统启用的刑事案件智能辅助办案系统(206 系统)能够利用音字转换技术和自然语言处理技术实现言词证据内容相似性聚类,以便于司法人员快速比对犯罪嫌疑人、受害人、证人等主体的言词证据之争议点,从而辅助查清犯罪事实。[①] 可见,言词证据证伪是法律语言学的研究者应积极参与的助推诉讼制度改革之重要研究领域。如何将语言学专业领域的知识转化为人工智能可以学习和使用的资源,从而辅助言词证据证伪,这已成为横亘在法律语言学的研究者面前的新型挑战。

二、话语与权力

在以审判为中心的诉讼制度改革之背景下,法律语言学研究的关注点之一可以是庭审话语如何反映诉辩审三方的权力关系。庭审实质化需要实现诉辩双方的权力对等,从而保障诉讼对抗的有效开展。因此,庭审实质化的意义在于辩护权能够得到保证。如果没有辩护律师参与,那么受自身能力和诉讼条件的限制,被告人难以与检察官抗衡,庭审往往成为检察官的单方面立证之过程。[②] 庭审中的权力博弈往往通过语言来表现,因此法律语言学研究在这方面可以有很大的用武之地。比如,2019 年 5 月,有律师在微博上传了一段题为《你的水平不够! 面对这样的法官,律师怎么应对?》的视频,该视频引发网友热议。在这段时长为 1 分 21 秒的视频中,法官三次打断律师发言,并强调"你充分(发表意见也)不一定能把事情讲清楚,说明你水平不够,抓不住重点,明白不"。这些话语的出现在庭审过程中并不鲜见,而这恰恰是由权力关系的不对等造成的。律师、法官和检察官应构建法律共同体,同操法律语言,共同维护司法公正。律师话语权的保护及律师与公权力的良性互动有助于推进以审判为中心的诉讼制度改革,这也是法律语言学者应该关注到的研究问题。律师的话语权力位于法官和公诉人之后,但又大于原被告和证人。[③] 其实,针对国内的庭审话语与权力的相关研究并不鲜见,如 Chang 研究了法庭询问的方式,并认为中国法庭的提问方式是为

---

① 参见崔亚东:《人工智能与司法现代化——"以审判为中心的诉讼制度改革:上海刑事案件智能辅助办案系统"的实践与思考》,上海人民出版社 2019 年版,第 115 页。

② 龙宗智:《"以审判为中心"的改革及其限度》,载《中外法学》2015 年第 4 期。

③ 参见吕万英、陈石磊:《庭审中律师话语的权力》,载《重庆理工大学学报:社会科学》2012 年第 6 期。

了说服，而不是为了获取信息。Chang 的研究体现了庭审中的诉、辩、审之间不对称的权势关系。[①]

英美法系中的庭审话语研究则较多地集中在庭审话语与权力之关系上[②]，这值得国内法律语言学界借鉴。比如，儿童、土著少数民族、受性侵害的妇女等弱势群体在庭审中处于不利地位。究其原因，语言问题是根源。[③] 有的研究侧重庭审权力的平衡，包括对种族、少数裔与权力的研究。[④] 也有一系列的研究聚焦庭审中的男性和女性之间的权力不对等。[⑤] 比如，马德森对大量案件（主要为强奸案）的审判案例进行分析，他发现庭审实质是一种权力互动，权力体现在语言细节中，如交叉询问中的提问环节，强奸犯的辩护律师可能通过交叉询问中的提问策略来使被害人再次受到伤害，这些策略反映了男人对女人的权力。[⑥] 除了与种族和性别相关的话语权力议题，庭审中的话轮转换和话轮时间也与权力息息相关。[⑦] 谁能占据话轮转换的主导权，谁就更有话语权。律师可以通过转换问题类型和控制话轮来影响及控制与证人之间问答环节的量化数据，但是这对证人的话轮内容之影响非常有限。

英美法系国家的法律语言学家可以研究庭审活动中的直接言词证据，但是这与中国的司法环境却有很大差异。[⑧] 在中国法庭上，证人普遍不出庭，从而使

---

① See Chang. Y., "Courtroom Questioning As a Culturally Situated Persuasive Genre of Talk", *Discourse and Society* 6, 2004, pp. 705 - 722.

② See J. Cotterill, *Language and Power in Court: A Linguistic Analysis of the OJ Simpson Trial*, Basingstoke, Palgrave Macmillan, 2003.

③ See J. Gibbons, *Forensic Linguistics: An Introduction to Language in the Justice System*, Wiley-Blackwell, 2003.

④ See W. Labov & W. A. Harris, "Addressing Social Issues through Linguistic Evidence," in J. Gibbons, ed., *Language and Law*, Longman, 1994, pp. 265 - 305.

⑤ See G. M. Matoesian, *Reproducing Rape: Domination through Talk in the Courtroom*, University of Chicago Press, 1993; G. M. Matoesian, *Law and the Language of Identity: Discourse in the William Kennedy Smith Rape Trial*, Oxford University Press, 2001; J. Conley & W. O'Barr, *Just Words: Law, Language and Power*, The University of Chicago Press, 1998.

⑥ See G. M. Matoesian, *Reproducing Rape: Domination through Talk in the Courtroom*, University of Chicago Press, 1993; Matoesian, G. M., "Nailing Down an Answer: Participations of Power in Trial Talk", *Discourse Studies* 6, 2005, pp. 733 - 759; Matoesian, G. M., "You Might Win the Battle but Lose the War", *Journal of English Linguistics* 3, 2008, pp. 195 - 219.

⑦ See Gnisci, A. & Bakeman, R., "Sequential Accommodation of Turn Taking and Turn Length: A Study of Courtroom Interaction", *Journal of Language and Social Psychology* 3, 2017, pp. 234 - 259.

⑧ 李振宇：《中国国外法律语言学发展十五年述评》，载《边缘法学论坛》2013 年第 2 期。

得法官在庭审中无法对案件留下充分鲜活的印象;同时,一个法官往往同时要承接数个甚至数十个案件,这也会使其对一个案件的整体印象大打折扣。[①] 有鉴于此,法律语言学可以为推动"以审判为中心"的诉讼制度改革提供新的视角,如研究庭审话语如何实现庭审各方的博弈,从而规范庭审语言,平衡诉辩力量,提高庭审效率,推动司法改革。因此,开展对弱势群体语言权利和话语权利保护的研究可谓意义重大,且任重道远。[②]

三、刑事庭审话语之特征

国内的庭审话语研究主要围绕着庭审话语之特征展开。根据所采用的理论分析框架,我们又可以将国内的庭审话语研究细分为话语分析、系统功能语法、语用学和叙事学四类研究视角。话语分析视角侧重法庭会话的特殊性和整体结构,其着眼点在于法庭话语的词汇、句法特征和语体风格,如法庭互动会话研究,但其并不细分刑事或民事。系统功能语法视角的着眼点在于情态、人际互动过程中的评价资源等,如程微对刑事审判语言实例进行了分析,并应用评价理论来探讨庭审中的控辩双方态度之冲突和契合如何共同作用于审判长之态度及建构法律事实,具体过程表现为,庭审中的控方大量利用消极态度资源对被告进行负面评价,而辩方往往利用积极态度资源来削弱或消解这种负面评价,从而产生冲突,但当庭审即将结束时,控辩双方又对相应的法律事实达成共识并在态度上产生契合,从而共同影响审判长的最终判决。[③] 语用学视角侧重法庭话语中的交际策略,如刑事庭审话语中的闪避策略研究。为了达到自己的目的,被告人常常不正面回答公诉人的提问,而是故意闪避或疏漏答话的信息,因此被告人使用的语用策略具有明确的话语目的。[④] 语用学因其多面向且灵活的解释力而被广泛应用于庭审话语研究,如庭审的认知语境与交际意图分析表明,交际对象通过已有的知识结构来形成一定的认知语境,并结合交际双方的不同文化背景,得出不同的推理结果,以期达到互明的交际目的。[⑤] 此外,顺应理论视阈下的庭审话语

---

① 刘玫:《论直接言词原则与我国刑事诉讼——兼论审判中心主义的实现路径》,载《法学杂志》2017 年第 4 期。

② 参见潘庆云:《法律语言学》,中国政法大学出版社 2017 年版,第 270 页。

③ 程微:《庭审语篇中"态度"对法律事实的建构》,载《西安外国语大学学报》2011 年第 3 期。

④ 胡桂丽:《刑事庭审会话中的闪避回答》,载《修辞学习》2006 年第 4 期。

⑤ 张丹:《认知语境·庭审·交际意图》,载《西安外国语大学学报》2012 年第 1 期。

研究，也对中西方法庭话语的顺应策略进行了分析和解读。[①] 叙事学视角是国内的法庭话语研究之新视角，由于庭审中的认定事实之过程就是一个案件事实的叙述构建过程，因此构建的主要方式是叙述。庭审中的叙事有很多独有的特征。[②]

庭审话语特征之研究既可以是静态描述，如论证庭审话语是制度性话语，也可以是动态分析，如论证庭审不同角色的语言特征及其互动，这与前文中的权力与话语研究不可截然分开。法律语言学研究的深度体现在法律语言的社会学研究。以法庭审判为例，作为一种社会现象，庭审不可避免地会受到各种社会因素的影响。在探讨庭审语言之特征的同时，法律语言学家会将影响判决的社会因素纳入法庭话语的研究范畴之中，他们试图通过分析法庭话语与权力、性别、文化等各种社会因素之关系，以为法庭话语的区别性特征提供可能的解释。[③]

法律语言学的应用性研究需要大量一手案例及语料的辅助，不然其就会脱离司法实践，因此语料库已成为学者开展庭审话语研究的重要工具。在此背景下，"法律信息处理系统语料库"(CLIPS)应运而建，其被用来研究法律语篇信息结构与信息流动等内容。[④] 目前，国内建立的有关法律语言的语料库包括"中国法律法规语料库""法律信息处理系统语料库"等，这些语料库都以法律书面语为主。法律信息语料库包含法庭口头交际，但在讨论"信息性"时，相关论文很少会将法庭会话语篇中的语音语调因素考虑在内。

迄今为止，大多数的法律语言学研究均基于庭审语料，但它们与法学研究方向结合得并不紧密。我们知道，刑事庭审与民事庭审的规则和程序有很多不同，如果二者混为一谈，那么研究结果即使有一定的普适性，其对司法实践的指导借鉴意义也可能十分有限。如果刑事庭审话语研究仅仅停留在语言层面，而不进行法理探讨，那么其将很难在法学界引起共鸣，这在推进"以审判为中心"的诉讼

① 参见陈剑敏：《顺应论视阈中的中英法庭话语研究》，载《山东社会科学》2011 年第 8 期。

② 余素青：《庭审叙事特征分析》，载《外国语文》2011 年第 2 期；参见余素青：《法庭审判中事实构建的叙事理论研究》，北京大学出版社 2013 年版。

③ 董晓波：《语言与法律——谈西方法律语言研究方法的嬗变》，载《社会科学战线》2006 年第 2 期。

④ 相关研究可参见陈金诗：《法官有罪推定话语的信息结构分析》，载《语言教学与研究》2012 年第 2 期；杜金榜：《法律语篇树状信息结构研究》，载《现代外语》2007 年第 1 期；杜金榜：《从法庭问答的功能看庭审各方交际目标的实现》，载《现代外语》2009 年第 4 期；杜金榜：《语篇信息分析：多模态语篇分析难题的解决方法》，载《中原工学院学报》2015 年第 2 期；潘小珏、杜金榜：《庭审问答过程控制中的信息流动》，载《外国语》2011 年第 2 期。

制度改革方面的实际意义并不大。因此,法律语言学研究者应时刻把握司法改革动态,以期成为改革的促进者而非旁观者。2018 年 4 月 25 日,《中华人民共和国人民陪审员法(草案)》二审稿提请全国人大常委会审议,并于 4 月 27 日通过。草案规定,可能判处十年以上有期徒刑、无期徒刑或死刑,且社会影响重大的刑事案件一审,由人民陪审员和法官组成七人合议庭进行审理。七人合议庭中的人民陪审员能够对事实进行认定,并可以就法律适用发表意见,但不能表决。《中华人民共和国人民陪审员法》旨在保障公民依法参加审判活动,以促进司法公正与提升司法公信。同时,《中华人民共和国人民陪审员法》也将带来一连串与庭审话语息息相关的命题,这些命题亟待法律语言学的研究者去发现和探索。

庭审法律语言的一大特征是多模态性,前文也提到庭审活动提供了大量动态的多模态口语语料,但国内现有的与刑事庭审话语相关的多模态分析还很少,并且未呈现出体系化特征。比如,有研究讨论多模态设计如何实现起诉书宣读者作为司法人员的身份[①],也有针对刑事法庭互动话语中的回述现象之多模态分析[②],以及刑事庭审中的女性当事人之多模态研究[③]。司法话语多模态研究在国际上已经取得了较为丰硕的成果,而国内的相关研究尚处于起步阶段。[④] 国外对刑事庭审话语的研究已转向动态化、多元化,但大多数研究以个案分析为主,鲜有基于大量语料的群体性研究。国外已有的研究为国内研究提供了重要启示,并留下了继续探讨的空间。

司法话语的多模态特征研究有助于促进以庭审为中心的司法制度改革之推进。就中国的司法历史而言,早在西周时期,就有"辞听""气听""色听""耳听""目听"的"五听"制度,这无疑是传统司法心理学的一大创造。时至今日,侦查人员第一时间侦查案情,并讯问犯罪嫌疑人,"五听"手段很难说已经过时。[⑤] 就一审法官而言,具备一定的侦查技能,亦是成为公正法官的前提。"五听"手段的实质,就是多模态辅助的侦查断案系统。现有的多模态司法话语的两种主要研究

① 石春煦:《个体化视角下公诉人身份建构的多模态设计》,载《现代外语》2019 年第 2 期。

② 邓茜之、王晓燕:《中国刑事法庭互动话语回述现象的多模态分析》,载《长春理工大学学报(社会科学版)》2013 年第 4 期。

③ 刘诗韵、谢平:《法庭中女性当事人的多模态话语分析》,载《法制与社会》2012 年第 5 期。

④ 李文、王振华:《司法话语多模态研究的现状与未来》,载《上海交通大学学报(哲学社会科学版)》2019 年第 5 期。

⑤ 参见张仁善:《中国法律文明》,南京大学出版社 2018 年版。

路径分别为基于会话分析的研究和基于系统功能语言学的研究。[①] 由于法律语言学研究的终极目标是服务法律实践,因此多模态司法话语的研究路径能否突破语言学范畴,并实现与法学研究方法的深度融合,将是推动未来多模态司法话语研究向跨学科方向纵深发展的决定性因素。

简言之,多模态研究可以用于解释言语以外意义的生成,而多模态话语分析框架可以应用于刑事庭审话语特征的分析,并能够丰富庭审的第三方评价指标体系、提升法律职业共同体的语言素养,以及体现程序正义。司法话语的多模态研究在完善我国刑事庭审举证及质证过程、逐步实现刑事庭审"实质化",从而提高刑事庭审效能,并促进刑事庭审诉讼制度改革以及刑事审判人员培养方面有一定的参考价值。笔者认为,多模态司法话语可以在以下几个方面促进司法改革的推进:多模态意义建构如何辅助侦查人员对案情的判断及一审法官的自由心证,多模态研究框架如何辅助断案人员判断案件中的关键视频证据信息,多模态话语分析工具如何辅助建构庭审的多维度评价体系,等等。

结语

法律语言学既是一门独立学科,又具备跨学科性质,这决定了这门学科有着良好的发展前景。国外法律语言学的发展规律证明,法律语言学研究与法律实践活动息息相关。法学界需要语言学界的帮助,法学和语言学的结合也使语言学家对立法、司法、执法等法律语境下的语言使用产生了浓厚的兴趣,这扩展了语言学的研究范畴,从而使得两者相得益彰。虽然法律语言学是一门交叉学科,但是其研究的落脚点还是在语言上,立足于词汇、句法及语篇层面上的分析是国内法律语言学的普遍研究方法。同时,法律语言学的研究者也尝试使用跨学科的范式,诸如话语分析、叙事学、心理学、多模态、统计学等研究方法,以多角度和更深入地论证自己的研究命题。

法律语言学研究辅助诉讼制度改革的落脚点应该在庭审话语的研究上。对言词证据、庭审话语与权力的关系、庭审话语如何实现庭审各方的博弈、形式庭审话语特征等内容的研究,能为规范庭审语言、提高庭审效率和推动司法改革提

---

① 李文、王振华:《司法话语多模态研究的现状与未来》,载《上海交通大学学报(哲学社会科学版)》2019年第5期。

供助力。同时,作为庭审实质化的可行路径,陪审员制度和将直接言词作为证据是英美法系的庭审之实践内容。因此,想推动我国刑事庭审的实质化,我们就需要借鉴英美法系的庭审制度之精华部分,以提升我国的刑事庭审质量。但是,现有的以解决法律实际问题为面向的庭审话语研究较少,并且这些研究对司法实践的借鉴价值也很有限。与此同时,国外法律语言学发展的重要标志之一,是成果得到正式应用,如语言学家提交给最高法院的语义分析将语言学带入司法决定,并对美国高等法院的裁决起到积极的促进作用。[①] 英国、澳大利亚、美国等国家的不少语言学家已经作为语言专家参加了法律活动,他们在法庭上做专家证人,并且证言的权威性也已得到法律界的承认。[②] 在我国的司法实践中,法律语言专家的证人地位尚不明晰。

在强调依法治国的当下,我国的法律语言学研究面临着前所未有的机遇和挑战。以审判为中心之背景下的庭审话语研究既需要多学科研究者的参与,又需要与司法部门和政府的通力合作,这样才能将语言学理论应用于法律实践,并使法律语言学的教学及研究能与法律实践对接,进而从中国的实际国情出发,解决中国法学界所面临的问题,以期真正服务于全面推进依法治国的目标,实现司法公正及社会的公平正义。

---

① See Kaplan et al, "Bringing Linguistics into Judicial Decision Making: Semantic Analysis Submitted to the US Supreme Court", *International Journal of Speech Language and the Law* 1, 2013, pp. 81 - 98.

② 杜金榜:《论法律语言学研究及具发展》,载《广东外语外贸大学学报》2003 年第 1 期。

法治话语下的民营企业之诉讼地位保护

翟姝影*

摘要：诉讼地位平等是中国特色社会主义的核心价值和当代法治的基本原则之一。作为中国重要的经济支柱，民营企业实现其诉讼地位平等是健全支持民营经济发展的司法保护体制机制之关键。在法治话语体系的建设进程中，民营经济的发展离不开司法保障，而对民营企业诉讼地位的保护既是实现程序正义的基础，也是判决具有可接受性的保证。导致我国民营企业诉讼地位弱势的原因在于现存立法对非公有制经济的保护缺位、司法运行上的认同偏差以及经济地位、思想观念、政策等方面的影响。为了保障民营企业的诉讼地位，实现司法与经济社会的良性互动，我们应当改变法官的司法观念，充分保障民营企业的诉讼权利，实现庭审中的民营企业与其他经济主体之同等对待，以及保证救济途径的顺畅。

关键词：民营企业；平等保护；诉讼地位；法治话语；法治话语权

法治话语是与政治话语相对的概念，其强调在当下的法治建设中，我国应运用法治意识形态来指引行为活动，高度重视法的规范性，以及运用法律方法来解决实践问题，从而服务法治中国建设的目标。党的十八届四中全会通过的《中共中央关于全面推进依法治国若干重大问题的决定》提出，“依法治国，是坚持和发展中国特色社会主义的本质要求和重要保障，是实现国家治理体系和治理能力现代化的必然要求，事关我们党执政兴国，事关人民幸福安康，事关党和国家长治久安……实现经济发展、政治清明、文化昌盛、社会公正、生态良好，实现我国和平发展的战略目标，必须更好发挥法治的引领和规范作用”。这些重要论述界

* 翟姝影（1995— ），黑龙江人，华东政法大学法律方法论专业博士生，研究方向为法律方法论。

定了我国法治话语权的内涵,标志着中国特色法治话语体系的基本建立。[①] 在这一具有时代特征的法治话语体系下,法治引领经济的发展,“讲好”法治话语也已经成为保障我国经济发展的重要内容。在法治话语下,国家更强调对私权利的保护。民营经济是中国的重要经济支柱,而法治环境是影响民营经济的重要因素之一。由于民营企业在我国的经济体系以及人们的思维观念中弱于国有企业,因此在诉讼中,尤其是在刑事诉讼中,民营企业无论是以被告人还是被害人的身份参加诉讼,其都有可能处于劣势地位,从而使得公正司法的天平出现偏移,而这严重阻碍了我国民营经济的发展。因此,就我国经济的发展与法治体系和法治话语的建立而言,对民营企业的诉讼地位之平等保护具有紧迫性和必要性。关于此问题,学界已经存在诸多研究,但是大部分学者是从刑法的角度入手,在罪名设置和法定刑配置方面展开研究,他们并没有就如何在司法中全面保护民营企业的诉讼地位提供整体的思路。在理论研究和司法实践中,完整的理论体系和方法论体系尚未形成。有鉴于此,本文以法治话语为背景,拟围绕这一主题展开体系化的研究。在阐明对民营企业的诉讼地位进行保护的必要性之基础上,本文分析了当下我国民营企业诉讼地位弱势的原因,并提出保护民营企业诉讼地位的具体路径,这对维护民营企业的合法权益,促进民营经济又快又好地发展,争取法治的实质平等,加快中国特色法治话语体系的构建,以及推动法治中国战略目标的实现具有极其深远的意义。

一、当前法治话语下重视民营企业诉讼地位保护的必要性

(一) 保护民营企业诉讼地位的法理依据及政策依据

1. 法理依据

对民营企业诉讼地位的保护源于“法律面前人人平等”原则。《中华人民共和国宪法》第三十三条规定:“中华人民共和国公民在法律面前一律平等。”平等是一种神圣的法律,一种先于所有法律的法律,一种派生出各种法律的法律。[②] 宪法所确立的平等原则是所有其他法律规范的来源,所有制定法都应当遵守。从 1988 年的《中华人民共和国宪法修正案》中的“补充”地位到 1993 年的

---

① 参见张慧:《推进我国法治话语体系建构》,载《光明日报》2017 年 1 月 6 日。

② [法]勒鲁:《论平等》,王允道译,商务印书馆 1988 年版,第 20 页。

宪法之“重要组成部分”，非公有制经济被赋予了不同的历史地位，并且在我国的社会主义市场经济中发挥着更加重要的作用。《中华人民共和国宪法》第十三条还规定了“公民合法的私有财产不受侵犯”，这表明民营企业的合法财产理应受到法律的平等保护。将平等原则运用到司法活动中的含义之一就是“在法庭面前人人平等”。[①] 在民事诉讼领域，民事诉讼双方当事人的诉讼地位是平等的，不分种族、肤色、民族、政治地位、宗教信仰与经济条件，他们均享有对等的诉讼权利并承担相应的义务。法律面前人人平等原则是刑法领域的基本原则之一，《中华人民共和国刑法》第四条规定：“对任何人犯罪，在适用法律上一律平等。不允许任何人有超越法律的特权。”《中华人民共和国刑事诉讼法》第十一条规定：“任何被告人都有权获得辩护，人民法院有义务保证被告人获得辩护。”也就是说，任何成为被告人的当事人都享有辩护的权利，这也表明诉讼地位上的平等性。同时，刑事诉讼中的诉讼地位平等还表现在平等对抗的原则上，即作为诉讼当事人的控辩双方不能凌驾于对方之上。据此，作为非公有制经济主体，民营企业是依照法定的设立条件和程序而形成的，其享有法律规定的诉讼地位和权利，并应当受到法律平等原则的保护，具体表现为在司法过程中，民营经济主体应当同公有制经济主体一样，得到法律的平等保护，不得因经济形式、主体特征、经营模式、经营状况等方面的不同而受到区别性对待。

综上，对民营企业诉讼地位的平等保护具有充分的法理依据，无论是宪法的原则和精神，还是部门法的原则，都能体现出平等保护民营企业的法治理念。在司法中，重视对民营企业诉讼地位的保护，也是促进我国经济发展的重要课题。

2. 政策依据

近年来，党中央高度重视对非公有制经济的平等保护，并出台了一系列的政策文件。2014 年 12 月 29 日，最高人民法院发布了《关于依法平等保护非公有制经济促进非公有制经济健康发展的意见》，该文件是最高人民法院首次以司法指导意见的形式对依法保障非公有制经济健康发展的相关问题进行规定。该文件提出，要“严格执行刑事法律和相关司法解释，确保非公有制经济主体受到平等刑事保护；切实发挥行政审判职能，依法维护非公有制经济主体行政相对人合法权益；加强执行工作，依法保障非公有制经济主体合法权益”。2016 年 11 月

① 杨松才：《司法平等评价指标分析》，载《学术界》（月刊）2015 年第 7 期，第 63 页。

28日,最高人民法院发布《关于充分发挥审判职能作用切实加强产权司法保护的意见》,该文件明确指出,"坚持各种所有制经济权利平等、机会平等,对各类产权主体的诉讼地位和法律适用一视同仁,确保所有制经济和非公有制经济财产权不受侵犯"。2017年1月9日,最高人民检察院发布《关于充分履行检察职能加强产权司法保护的意见》,该文件明确指出,"坚持平等保护原则,平等保护各种所有制组织和自然人的财产权,确保各类产权主体的诉讼地位和诉讼权利平等、法律适用和法律服务平等"。这也充分表明,在立法方面,立法活动不能带有歧视性,其应当为公有制经济主体和非公有制经济主体设置同等的条件与保护力度;在司法方面,法院应当赋予二者相同的法律地位,并平等适用法律。作为我国的司法机关,人民法院和人民检察院在法律解释与适用及法律监督方面发挥着重要的作用,二者应当在职权范围内,公平、平等地对待民营企业,以充分保障民营企业在诉讼过程中享有平等的法律地位。

(二)民营经济与法治建设具有内在契合性

改革开放四十年来,民营经济蓬勃发展,实现了从小到大、从弱到强、从"0"到"56789"①,其已经成为了推动我国经济发展的不可或缺之力量,成为了促进经济发展的重要支柱与改善民生的重要抓手,成为了中国经济走向世界的助推器。以习近平同志为核心的党中央对民营经济高度重视,对民营企业家也非常关心与爱护。2018年11月,习近平总书记在民营企业座谈会上强调,要坚持"两个毫不动摇",为民营企业发展营造良好的法治环境和营商环境,依法保护民营企业权益,鼓励、支持、引导非公有制经济继续发展壮大。2019年12月,中央经济工作会议提出"健全支持民营经济发展的法治环境"。2019年12月22日,民企"新28条"出台,该文件提出"健全执法司法对民营企业的平等保护机制"与"保护民营企业和企业家合法财产"。在党中央对民营经济发展高度重视的背景下,法治环境成为了影响民营经济的重要因素之一。马克思在《〈政治经济学批判〉序言》中指出,"法的关系正像国家的形式一样,既不能从它们本身来理解,也不能从所谓人类精神的一般发展来理解,相反,它们根源于物质的生活关系"。上层建筑最终是由经济基础决定,并为经济基础服务的。作为上层建筑的法治

① 2018年11月,习近平总书记在民营企业座谈会上强调,民营企业贡献了中国经济的"56789",即50%以上的税收、60%以上的GDP、70%以上的技术创新成果、80%以上的城镇劳动就业,以及90%以上的企业数量。

建设与作为经济基础的民营经济之要素具有内在契合性，二者不是各自发展、互不影响的关系，而是一种辩证关系。法治为民营企业的发展创造条件，而民营企业的发展奠定了法治进步的基础，并成为了法治建设的动力。也就是说，对民营企业的诉讼地位之保护体现为，用公正司法筑牢保护民营经济发展的“堤坝”。这是一种法治话语权在经济发展中的彰显，其有利于推动我国经济的发展与带动法治建设的进步，从而实现司法推动经济高质量发展的目标，并反作用于中国特色法治话语体系的建设。

（三）民营经济的发展离不开司法保障

民营经济是中国的重要经济支柱，而法治环境是影响民营经济的重要因素之一。在经营发展中，民营企业会涉及广泛和复杂的法律问题，既包括民法、商法、经济法的相关制度，也包括刑法的相关制度。长期以来，司法实践混淆正常民事纠纷和刑事犯罪的现象屡见不鲜，个别公安机关违法插手经济案件的情况也时有发生，而自身法治意识的淡薄更是导致一些民营企业和民营企业家陷入涉嫌犯罪的漩涡。在立法的既定模式下，当遭遇诉讼纠纷时，民营企业如何得到法律的平等保护并有效维护自身合法权益，这是需要通过司法公正来解决的。这时，司法成为了保护民营企业利益的重要手段。虽然司法对经济的影响在社会表现方面没有立法与执法那样直观，但是在经济与法治的动态互动环境中，司法对社会经济的影响是不容忽视的。作为法治运行的重要环节，司法是决定法治成败的关键。同时，司法也是经济主体救济自己权利的最重要途径。如果没有司法作为社会的最后一道屏障，那么立法与执法也将失去意义。对民营企业的诉讼地位之保护是司法保护的起点，也是保障整个司法活动符合公平正义要求的基石。

（四）诉讼地位的保护是实现程序正义的基础

在司法裁判中，正义不仅应当实现，而且要以人们看得见的方式实现。所谓程序正义，是指裁判过程要保持公平，法律程序要保持正义。程序正义是相对于裁判结果和实体结论而言的。在西方，自亚里士多德以来，学者们有关正义的理论研究很多，他们主要关注的是“分配的正义”“均衡的正义”以及“矫正的正义”。很多学者强调应当予以每一个人同等的对待，从而使他们享有同等的权利并承担同等的义务。这些观点属于实体上的正义，它们关注结果的正当性，而不考虑其过程。但是,自 20 世纪 60 年代开始,正义的考量理念和标准发生了变化,一些学者开始研究程序本身的正当性问题。例如,罗尔斯将程序正义分为纯粹的程序正义、完善的程序正义和不完善的程序正义。罗尔斯认为,正义要解决的主要问题涉及一个社会的基本结构,这一结构对基本权利和义务做出合理分配,并调解社会和经济中的不平等,而解决这些问题的路径可以按照纯粹的程序正义来进行设计。纯粹的程序正义以程序的合理性和正当性为标准,只要这种程序或过程得到正确的遵守和实际的执行,得出的结果就被认为是具有正当性的。在涉民营企业的诉讼中,对民营企业的诉讼地位之保护是贯穿整个诉讼过程的,法官应当在各方当事人之间保持一种不偏不倚的态度,以保证各方当事人享有平等的诉讼地位与诉讼权利。正是这种对诉讼地位的保护,推动着裁判程序符合一定的标准,遵循一定的步骤,从而彰显了程序的合理性和对等性。因此,对民营企业的诉讼地位之保护,是保证程序自始至终都满足公平正义标准的起点,是实现程序正义的基础。

(五) 诉讼地位的保护是判决可接受性的保证

粗疏法治只要求判决的合法性,而合法性只需要在法律与事实之间建构恰当的逻辑关系,但合法性的逻辑关系往往因为逻辑语言的贫瘠性而出现讲理不够透彻的问题,或者在个案中出现合法不合理的问题,并且纯粹的合法性追求往往导致机械司法。① 因此,在当代的细腻法治建设中,司法判决不能仅以合法性为标准,其还应当考虑合理性,即可接受性的标准,这也是法律方法论所关注的命题之一。所谓司法的可接受性,是指司法所具有的能够让当事人及一般社会成员认同、信任和接受的属性。② 法律是治国之重器,良法是善治之前提,而有了"良法"不一定必然实现"善治"。法律制定和实施的目标,不仅在于对违法者进行惩处以实现"矫正性公正",更重要的是使社会成员守法、信法、具有法律信仰。③ 在当今的高品质法治之要求下,"善治"的目标离不开司法保障。司法机关只有在满足合法性的标准下作出让诉讼当事人以及社会公众认同、满意和接

---

① 陈金钊、杨铜铜:《重视裁判的可接受性——对甘露案再审理由的方法论剖析》,载《法制与社会发展》2014 年第 6 期,第 134 页。

② 王亚新:《民事诉讼与发现真实》,载马俊驹主编:《清华法律评论》(第 1 辑),清华大学出版社 1998 年版,第 208 页。

③ 参见王淑芹:《良法善治:现代法治的本质与目的》,载《光明日报》2015 年 7 月 17 日。

受的判决，才能够使法律成为人们心中的“良法”，并推动人们心悦诚服地遵守法律，这也彰显着法治理论体系与话语体系的时代精神。

2018 年 5 月 31 日，最高人民法院依法再审民营企业产权保护第一案并作出终审判决：对原审被告人张文中诈骗、单位行贿、挪用资金再审一案公开宣判，撤销原审判决，改判张文中无罪。同时，最高人民法院改判同案原审被告人张伟春与同案原审被告单位物美集团无罪。这一天是使民营企业家张文忠以及中国无数民营企业家记忆深刻的一天，也是民营企业产权平等保护的重要里程碑。法院的判决体现了优化法治营商环境在民营经济发展方面的重要作用。在这里，我们尚且不谈张文中案的罪名认定问题，仅一审和二审的不开庭审理方式，以及第一次申诉的失败到最后终于平反成功之曲折历程，就体现出民营企业在诉讼中的艰难处境，而诉讼地位和权利得不到保护是造成冤假错案的深层次原因。在判案过程中，受思维意识上的偏见之影响，法官在诉讼初期就将民营企业置于一个不平等的法律地位，从而未能遵守自身的论证职责，其判决结果也自然未能达到可接受性标准。一个完美的判决所追求的目标是使裁判结果获得冲突双方的认同，这就要求司法者应当营造出一个使冲突双方处于公平、平等、直接对话的状态之诉讼环境。公正的程序能够满足民众要求获得平等对待和尊重人格尊严的心理需求，从而增强裁判的可接受性。① 因此，在实现司法判决可接受性方面，民营企业的诉讼地位之保护无疑起着基础性和决定性的作用，而判决结果也深刻影响着民营经济的发展和法治国家的建设。

二、当前民营企业诉讼地位弱势的原因

改革开放四十年来，从制度上看，我国社会主义市场经济体制得以确立，市场在资源配置中起决定性作用；从现实中看，民营企业贡献了“56789”，并在国民经济中占据主导地位。但是，2017 年以来，受经济下行、中美贸易摩擦升级、去产能、环保限产、金融去杠杆、税收社保加强征缴、流动性分层等不利因素之影响，民营企业面临着融资、产权、股权质押等方面的重重经营困难②，并遭遇了产

---

① 时永才、王刚：《论司法裁判的可接受性——兼议值得当事人新来的民事审判权运行方式》，载《法律适用》2011 年第 1 期，第 14 页。

② 参见任泽平：《落花有意——当前民企生存环境及建议》，http://finance.sina.com.cn/zl/2019-12-24/zl-iihnzahi9559010.shtml，访问日期：2019 年 12 月 24 日。

权保护、刑事犯罪等一系列的法律风险。在现有的涉民营企业诉讼机制中,立法和司法的缺位,以及我国长期固有的意识形态、政策导向、政治观念与法律观念上的不平等意识,导致民营企业在诉讼中始终处于较为弱势的法律地位。

(一) 民营企业诉讼地位弱势的立法因素和司法因素

“法律面前人人平等”是法学领域的基本原则,其主要内容包括法律规范内容的公正性及法律规则的平等适用性。法律应当平等地适用于每一个公民,立法的歧视性差别对待与司法中有选择性地适用法律是对公平正义观念的摒弃,也是法治国家建设进程的重大阻碍。[①]

1. 刑法对非公有制经济的保护缺位

通过梳理我国目前的法律法规可以发现,我国目前还没有对民营企业权利予以保护的明确规定,仅仅是政策性文件有强调加强非公有制经济的平等保护。刑法的有关规定甚至存在对非公有制经济施以不平等保护之现象。例如,在刑法的罪名设置中,贪污罪的犯罪主体是国家工作人员,该罪的入刑起点额为 3 万元。“受国家机关、国有公司、企业、事业单位、人民团体委托管理、经营国有财产的人员,利用职务上的便利,侵吞、窃取、骗取或者以其他手段非法占有国有财物的,以贪污论。”也就是说,与国有企业相关的某些人员非法占有国有财物的,以贪污罪论处,入刑起点额以 3 万元论。[②] 相比之下,职务侵占罪的主体是普通企业的工作人员,该罪的入刑起点额为 5 万元。也就是说,民营企业的财产权受到侵害的,数额达到 5 万元才构成犯罪。还有一些规定只对侵害国有经济的行为予以惩治,而同类行为若侵害的是非公有制经济,则不会受到惩治。这都体现了立法上的不平等,而由此造成的必然结果就是民营企业没有相应的诉讼地位,其合法权益难以得到保护,从而有违司法公平与司法正义。

2. 司法运行上对民营经济保护的认同偏差

在司法运行上,我国未曾就民营经济提出过系统化的鼓励支持机制。司法裁决本身的权威性在很大程度上源于其中立性。虽然民营企业在民事法律权利

---

① 张祥宇:《非公经济产权之刑法保护:缺陷与改进》,载《法学论坛》2020 年第 2 期,第 153 页。

② 《中华人民共和国刑法》第三百八十二条规定:“国家工作人员利用职务上的便利,侵吞、窃取、骗取或者以其他手段非法占有公共财物的,是贪污罪。受国家机关、国有公司、企业、事业单位、人民团体委托管理、经营国有财产的人员,利用职务上的便利,侵吞、窃取、骗取或者以其他手段非法占有国有财物的,以贪污论。与前两款所列人员勾结,伙同贪污的,以共犯论处。”

能力层面上具有与国有企业相等的地位,但是在社会生活认知中,民营企业的地位通常弱于国有企业。在司法裁判中,法官是根据一定的思维规则来判案的。在涉及民营企业的诉讼中,法官存在一定的思维偏向性,其带着有色眼镜看待民营企业,所以在司法实践中,法官难免会就民营企业的地位认同产生偏差与歧视,从而使民营企业在经营活动与纠纷解决过程中处于弱势地位。在司法实践中,民营企业的经济纠纷常常容易与刑事案件混淆在一起,从而涉及罪与非罪的区分、民刑交叉案件的处理等问题。很多时候,在认定某个行为属于刑事犯罪之前,司法机关就已经对民营企业采取了刑事强制措施。当民营企业的财产被非法侵害时,司法机关通常是按民事纠纷立案,有时甚至不了了之。当民营企业与国有企业或其他公有制企业发生纠纷时,民营企业往往被戴上"侵占国有资产"或者"盗窃国有资产"的帽子,并受到刑法惩治。[①] 在法律制度尚不完备的情况下,我们迫切需要完善的司法政策对司法机关公平、公正、依法处理涉民营企业案件提供切实的指导,以扭转民营企业诉讼地位不平等的局面,从而通过司法带动经济的发展,并彰显我国法治话语权和构建法治话语体系。

(二)民营企业诉讼地位弱势的外部环境制约

1. 经济地位低

改革开放以来,我国的国有经济不断发展。国有企业在国民经济中占据着主要地位,邮电、民航、铁路、电力煤炭、石油开采、冶金、化工等行业的资产在全部社会资产中所占的比例相当高。由于民营经济的经济总量及其在涉及影响国家命脉的重要行业中所占的比例均低于国有经济,因此在市场竞争中,民营企业与国有企业的经济实力相差悬殊。同时,地方政府持有并且管理大量的国有资产,这反射出政府利用公权力掠夺民营经济和侵吞民营经济资产的客观恶果。这些都使得民营企业在诉讼中处于弱势地位,且得不到司法的有效救济。

2. 思想观念滞后

改革开放四十年来,民营经济已经成为我国经济发展的不可或缺之一部分,但是受"姓资姓社"传统观念和计划经济体制的影响,一些人仍然无视民营经济的地位与作用,认为其是社会主义市场经济的"必要补充"。同时,"民营经济离场""新公私合营"等荒谬言论仍然存在,落后观念尚未完全消除。这些

① 吴伟达:《民营企业市场竞争的法律环境研究》,载《浙江学刊》2006年第6期,第184页。

状况导致在面对涉及民营企业的各种纠纷时,无论是司法人员还是社会公众,均带有或多或少的偏见,从而使得民营企业在诉讼中处于一种较为弱势的法律地位。

3. 制度壁垒与政策倾斜

就我国目前的经济发展来看,民营企业在政策上尚未获得完全的公平、公正之对待,制度壁垒仍然存在。所谓制度壁垒,是指国家为公有制经济提供了过度保护与特殊待遇,并为其设置了经营上和财务上的便利条件,但这无形中为非公有制经济在经营上创设了经营风险以外的巨大障碍,从而导致其在竞争的过程中无法与公有制经济相抗衡。也就是说,制度壁垒产生于国家对自由的经济市场的过度干预。① 民营企业缺乏像国有企业那样与政府的紧密关系,"国进民退"和"依法歧视"民企的现象的确存在,并具体表现为市场准入(尤其是国家规定的电网电力等七大行业)的限制、融资困难,以及税收上的差别对待(如《中华人民共和国企业所得税法》第五十七条)。② 这些都是导致民营企业在诉讼中的法律地位低于国有企业的背后之原因。

(三) 民营企业诉讼地位弱势的自身原因

除了上述法律制度以及外部因素的制约外,民营企业诉讼地位弱势还有其自身原因。在诉讼过程中,民营企业既可能因权利受到侵害而作为原告提起诉讼,也可能因侵害他人权益而作为被告参加诉讼。但是,无论以何种身份参加诉讼,民营企业家与民营企业均应当积极、合法地行使自己的诉讼权利,以维护自身的诉讼地位。当前,我国的民营企业(特别是中小型民营企业)在内部管理方面缺乏对制度建设与引进和培养法律人才之重视,并且忽略了法律风险防控意识的孕育,从而导致诉讼纠纷频发。在诉讼中,正是因为法律意识的缺乏,再加上"家丑不外扬"的心理作祟,民营企业不愿意聘请律师代理案件,其自身又因不掌握专业法律知识和诉讼规则而放弃权利,这使得在诉讼中原本就处于弱势地位的民营经济主体更得不到平等的法律保护。在未能充分行使自身的合法诉权之情况下,民营企业常常败诉并遭受巨大的经济损失。同时,一些民营企业存在大量的违法经营和违规操作,如超出经营范围从事经营活动、擅自进行合同分

① 张祥宇:《非公经济产权之刑法保护:缺陷与改进》,载《法学论坛》2020 年第 2 期,第 154 页。
② 杨寅:《楚言法墨 法学的感悟与应用》,中国法制出版社 2018 年版,第 196 页。

包、侵犯商业秘密、违反竞业禁止等，这些现象使得其行为的合理性与合法性受到质疑，也使得司法机关以及社会公众对民营企业的印象大打折扣，从而导致企业的信誉丧失，并在诉讼过程中遭受偏见和歧视的目光。

三、民营企业的诉讼地位保护之具体路径

随着我国市场经济的快速发展与法治化建设进程的不断加快，公权力的介入不应当是对民营企业进行干预，而应当是促进民营经济又快又好地发展。推动民营经济发展是司法机关服务大局与服务经济社会发展的应有之义。依法、公正、高效地审理涉民营企业案件，为民营经济的平稳健康发展提供有力的司法保障，司法部门责无旁贷。[①] 对民营企业的诉讼地位之保护是实现司法公正的关键一步，这就需要法官在司法审判中消除错误的思维先见，充分保障民营企业的诉讼权利，并在庭审中一视同仁地贯彻同案同判之司法理念及拓宽救济途径，以维护民营企业的平等诉讼地位。

（一）改变法官的司法观念

受传统观念的影响，中国社会存在根深蒂固的身份等级观念。在司法领域，法官也自然而然地保有国有企业身份等级高于民营企业的传统观念。在许多司法案件中，民营企业被歧视性对待，甚至有不少司法工作人员以有色眼镜来看待民营企业，这对民营企业的合法权益之保护是极为不利的。因此，在民营企业和国有企业发生纠纷时，为了保证二者享有同等的诉讼地位与诉讼权利，我们首先需要让法官消除自身的错误先见并转变观念，从而正确认识民营企业的重要地位，以避免先入为主的判案思维。法官应当以中立、平等的理念来处理涉民营企业案件，并在案件的审理过程中坚持平等保护、一视同仁的原则。同时，法官应保持独立性。在司法裁判中，法官的审判思维不能受到政治观念、政策导向甚至是政府因素的影响，其应当进行独立的思维活动，并且该思维活动必须是以法律为依据的。法院系统在机构上的独立与法官的个人独立是审判权能够集中于法官自身的基础，也是法官能够按照法律进行独立思维活动的制度基础。在司法实践中，法官所作的任何裁判都是其思维活动直接作用的结果，或者说，法官的

---

① 李忠亮、贾清：《以法治保障推动民营经济健康发展》，载《中国党政干部论坛》2020 年第 2 期，第 74 页。

思维对案件的处理结果起着十分重要的作用。[①] 法官在司法审判中能够拥有独立的思维是法律思维能够得以实现的必要条件,也是法治能够实现的基础要件。相反,如果法官不具备独立、中立的思维视角,那么其就难以排除来自多方面的案外因素之干扰并协调压力,从而也就不能全面地根据法律进行思维。在此状况下,法官可能会使法治走向其对立面,从而丧失规则之治的精神要义。

因此,在处理涉民营企业案件时,法官应当消除对民营企业的错误先见并摘掉有色眼镜,从而将民营企业与国有企业置于同等的法律地位,以保障民营企业的诉讼权利之行使。同时,法官要将保障民营经济发展的要求融入思想深处,并保持审判的中立性与思维的独立性,从而在审判中以理性、逻辑、规则为本,运用法治思维,确保民营企业具有与其他主体相等的诉讼地位,以实现司法公正。

(二) 充分保障民营企业的诉讼权利

我国确立了非公有制经济受平等保护的法律地位,但是长期以来,无论是法律制度还是司法实务,都不同程度地遭遇了"重公有、轻民营"的现象。在法律制度上,以上现象主要体现在罪名设置、刑罚配置、定罪量刑标准等方面,民营经济与公有制经济的法律保护存在差异。[②] 对诉讼地位的保护自然体现在诉讼权利的保护上。当事人诉讼权利平等原则的含义包括两个方面,即诉讼权利的相同性和诉讼权利的对应性。所谓当事人诉讼权利平等原则,是指诉讼地位的平等,而不是原被告之间诉讼权利的相同。[③] 因此,在司法过程中,针对涉民营企业的案件,司法机关都应当赋予民营企业平等的法律地位,并保证其答辩权的充分行使,法院不得在庭审中随意打断民营企业的陈述和辩护;针对存有争议的案件事实,法院要给予民营企业一方当事人进行充分说明的权利;在民营企业应当参加诉讼而被列为当事人的场合,法院应当积极依职权追加,不得因为其是民营企业而消极对待;民营企业作为案外人申请再审时,法院应当严格按照诉讼法的程序性规定和事由积极处理;在庭审中,法院应积极保障民营企业及其律师的辩护权;针对案件事实的认定,司法机关应当认真分析和思考,不得先入为主;在案件的处理过程中,法官应当运用法治思维和法律方法论,将法律检索、法律解释、法

---

① 王申:《法官思维的理性依托于司法审判之既有理念》,载《法学》2009 年第 12 期,第 92 页。
② 莫开勤:《民营经济的刑法保护需从三方面着手》,载《人民论坛》2019 年第 9 期,第 92 页。
③ 杨松才:《司法平等评价指标分析》,载《学术界》(月刊)2015 年第 7 期,第 68—69 页。

律推论、法律论证等方法综合运用到案件的审理过程中，以保证裁判结果符合合法性标准和可接受性标准。同时，法院应当将民营企业视为处于弱势诉讼地位的一方，并基于具体的案件情况，给予其一定的保护性倾斜。一方面，法院应当依法平等保护民营企业的财产安全；另一方面，在法律允许的范围内，针对民营企业家的人身财产安全，法院应当依法给予特殊保护或者优惠保护。[①] 但是，法官也应当意识到，民营企业诉讼地位的强弱是相对而言的。对于国有企业而言，民营企业处于弱势地位，但是对于企业的员工而言，民营企业则处于强势地位。因此，在涉及民营企业劳动者纠纷时，法院应当将保护的天平适当倾斜向劳动者。

（三）实现庭审中的民营企业与其他经济主体之同等对待

司法权的被动性决定了其不能像立法与执法一样主动干预社会经济活动，裁决本身的权威性在很大程度上源于其中立站位。虽然民营企业在民事法律权利能力层面上具有与国有企业相等的地位，但是在社会生活认知中，民营企业的地位通常弱于国有企业。甚至在司法实践中，法官也会产生地位认同的偏差，从而使民营企业在经营活动与纠纷解决过程中处于弱势地位。特别是在刑事案件中，诉讼各方的地位本就不对等，如果被告人是民营企业，那么相比于国有企业，其更加处于劣势地位。因此，民营企业在刑事诉讼中的诉讼地位更加需要受到关注，并被给予合法合理的对待，以维护其正当的、合法的诉讼权利。我国的法律体系并未单独就民营企业以及民营企业家在刑事法律上的诉讼地位做出特殊规定或予以区别对待，这就需要我们在司法实践与学术探讨中加以区分，并给予存在特殊情况且需要特别关照的民营企业适当的保护。

在司法实践中，针对涉及民营企业的案件，法院首先应当贯彻宽严相济的刑事政策，并且在政策的使用中，法院应当坚持平等保护的原则，不能对民营企业有所歧视或差别认定。法院应当保证对国有企业和对民营企业的“宽”“严”之一致，不能对国有企业实施的违法行为用“宽”来对待，而对民营企业却用“严”来对待。法院应当坚持各种所有制经济之权利平等、机会平等与规则平等，并且对各类产权主体的诉讼地位和法律适用要一视同仁，以确保公有制经济和非公有制

---

① 顾永忠：《不仅应当依法平等保护　还应当给予特殊保护、优惠保护》，载《法律适用》2019 年第 14 期，第 5 页。

经济财产权不可侵犯。[1] 其次，法院应严格把握经济纠纷与刑事犯罪的界限。针对法律规定不明、法律界限不清的涉民营企业案件，法院应当排除一切干扰，"以事实为依据，以法律为准绳"，坚持依法办案、公正审判，不能因民营企业之身份而将经济纠纷认定为刑事犯罪。再次，在审判过程中，法官应当秉持平等保护非公有经济主体的态度，并在庭审的全程注意法律思维的运用与法庭言语的规范使用。性别、年龄、心理素质、职业、文化程度、个性、智商、反映灵敏度、经历等因素会影响到法庭言语的效果。[2] 在涉民营企业案件中，法官在语言表达上不能因民营企业的身份而对其进行歧视。法官应当秉持保护弱者的态度倾向，在语言上赋予民营企业平等的诉讼地位与对等的诉讼权利，并注重法律修辞的方法论之运用，以保证庭审过程的公平、公正，从而实现对各种所有制经济的权利平等、机会平等和规则平等，以及对各类主体的诉讼地位和法律适用之一视同仁。最后，法院应实现公有制经济主体与非公有制经济主体在同类案件中的同等处罚。能够与公有制经济主体在同类案件中受到同等处罚既符合刑事法理，又符合刑法原则，并且有利于民营经济的保护。只有同案同罚才能在处理结果上获得更多的可接受性，并减少引发进一步矛盾之可能性。此外，同案同罚还能减少民营企业的诉累，节约司法资源。针对构成犯罪但认罪认罚的民营企业，法院应当依法从宽处理，以体现法律效果和社会效果的统一，从而实现司法对我国经济的良性推动。

(四) 保证救济途径的顺畅

近年来，在涉民营企业诉讼(特别是刑事诉讼)中，国有企业和民营企业区别对待的现象屡见不鲜，最明显的就是法院对侵害非公有制经济权益的行为有案不立，推诿搪塞。在司法实务中，经常出现的情况是，非公有财产的受害人报案后不予受理或者受理后无人负责，案件一拖再拖，最后不了了之。[3] 例如，一家房地产公司的两个股东因利润分配问题发生纠纷，控股股东将房屋售罄后，告诉另一个股东经营亏损没有盈利，这个股东因为查账权被非法剥夺而无法进入公司查账，所以他提起民事诉讼，要求核账，但法官不予受理。这个股东后来以相

---

① 徐文文:《企业家涉产权犯罪刑事司法政策探讨》，载《法律适用》2018 年第 12 期，第 21 页。

② 余素青:《法庭言语研究》，北京大学出版社 2010 年版，第 177 页。

③ 赵秉志、左坚卫:《清除法律障碍实现刑法平等保护非公经济》，载《检察日报》2017 年 8 月 9 日。

关证据控告控股股东涉嫌职务侵占罪，但公安机关却以证据不足，事实不存在为由拒绝立案，从而导致该股东遭受重大经济损失。① 还有比较典型且舆论较大的北京天圆公司的行政诉讼案。在此案件中，天圆公司提起的行政诉讼未经审理便被驳回诉讼请求，从而使其失去了说理的机会，且实体权利也无法得到救济。司法机关的这种做法无疑是一种不担当、不作为，并且相关法院将这一司法责任推卸给了上级法院，这既浪费了司法资源，又导致民营企业的权益得不到及时的保障，还阻碍了民营企业的合法诉讼权利之行使。一位民营企业家在访谈中提到，“当和国有企业之间发生诉讼纠纷时，法院往往对我们民企的态度相对恶劣一些，法院办事的效率相对低一些，判决执行起来也相对要难一些”。

针对上述“诉讼无门”的现象，有关部门应当畅通救济途径，以保护民营企业的诉讼地位，并实现民营企业的法治话语权。所谓民营企业的法治话语权，是指在法治社会中，民营企业为了维护自己的合法权益并推动民营经济的发展及法治的进步而享有的言论自由权。因此，针对民营企业提起的诉讼案件，司法机关应当摒弃不作为、不积极立案的态度和做法。针对涉民营企业案件，法院可以通过出台相关司法政策，对立案程序进行规定，以提升涉民营企业案件的立案率；在上诉与申诉案件中，法院也应当积极开庭审理，并转变司法观念，从而避免救济程序的“走过场”；在程序上，法院应向民营企业开放绿色通道，并为民营企业的法治话语权之行使提供公平、公正的环境。

结语

马克思指出，“一切人，或至少是一个国家的一切公民，或一个社会的一切成员，都应当有平等的政治地位和社会地位”。② 法律地位平等是我国社会主义的核心价值和“法治的根本原则”。③ 如何通过保护民营企业的诉讼地位，解决司法过程中民营经济受到的不平等、歧视等问题，以促进民营经济的健康、快速发展，这已经成为了重要的政治与社会议题。④ 可以预见，随着我国法治化进程及

---

① 参见赵秉志、左坚卫：《刑法平等保护民营经济面临的三大问题》，载《净月学刊》2017 年第 4 期，第 11 页。

② 中共中央编译局：《马克思恩格斯选集》第三卷，人民出版社 1972 年版，第 143 页。

③ [奥]曼弗雷德·诺瓦克：《公民权利和政治权利国际公约评注》，孙世彦、毕晓青译，生活·读书·新知三联书店 2008 年版，第 319 页。

④ 何德旭：《综合施策解决民营企业融资难题》，载《人民日报》2018 年 12 月 9 日。

法治话语体系建设的不断推进，民营企业平等保护之司法机制也将日益完善。当前，党中央高度重视民营经济的平等保护问题，司法机关已经通过发布相关文件和典型案件，明确了加强民营企业平等保护的理念，保障民营企业在诉讼过程中享有同等的法律地位与诉讼权利，实现同案同判，保证司法的公信力。正如张军检察长所言，保护民营经济合法权益，关键在“平等”二字，公有制经济与非公有制经济应一视同仁、平等保护，坚决杜绝差异性司法与选择性司法。“平等”旨在纠偏，而非在平等之外制造新的不平等，这才是贯穿司法始终的法治思维。[①] 法治话语的核心是促成以法治讲述法治之理的思维方式，而法治的要求与逻辑思维规则之匹配很关键。因此，在法治话语的背景下，我们下一步有必要继续深入研究加强平等保护民营企业诉讼地位的具体司法政策和司法机制，探索如何通过法治思维规则来实现民营企业诉讼地位的平等，并使得平等保护的思维观念植根于整个司法机制与中国社会，从而让民营企业在审判中获得程序层面和实体层面的公平正义感，实现司法与社会及经济的良性互动，促进我国经济社会的持续健康发展。

① 王琳:《民营经济司法保护的关键是平等》,载《深圳特区报》2019 年 1 月 18 日。

人工智能进入刑事责任话语体系的反思*

童云峰**

摘要：哲学上的"赛博格"等人工智能主体性话题在法学界"大放异彩"，伪命题和反智化研究导致人工智能悄然侵入刑事责任话语体系之中，并冲击着罪刑法定原则的稳固性话语堤坝。从法律现实主义立场考察，人工智能技术即使在一定程度上有超越人类的能力，其也仍然只是模拟人类功能的工具，超人工智能时代只是一种猜测和遐想。从存在论视角观察，人工智能技术确实给现代社会带来"显忧"和"隐患"，其让传统犯罪危害性发生变异，并催生新型法益侵害行为，从而危及人类伦理和道德。从规范论层面思考，现代人工智能技术的刑事风险，完全在刑法规制控驭范围内。为遏制人工智能技术异化所导致的伦理危机，我们亟需对人工智能技术研发者和使用人施加强制性义务，并视情况追究违背义务者的相应法律责任。将人工智能视为犯罪主体或人身型犯罪对象，都不符合法律人的理性。职是之故，我们不应将人工智能纳入现实主义法学的刑事责任话语体系。

关键词：赛博格；现实主义；话语体系；人工智能

引言

近年来，人工智能在"赛博格"①领域已逐渐从科幻电影与神话小说走进现

---

* 本文为基金项目"2020 年东南大学高校基础科研业务项目（人文社科）《网络安全法治基础理论项目研究》"的阶段性成果，项目批准号：2242020S30038。

** 童云峰（1992— ），男，安徽无为人，东南大学法学院网络安全法治研究中心特聘研究人员，刑法学博士研究生，研究方向为刑法学、网络安全法。

① 赛博格（Cyborg），即人类与电子机械的融合系统。

实生活,如尼尔·哈比森(Neil Harbisson)用天线“听到”色彩、“卢克”假肢手臂、盲人詹斯·诺曼(Jens Naumann)的人工视觉、西雅图的工程师 Zac Vawter 意念控制假肢等。[①] 特斯拉的创始人马斯克于 2017 年 3 月 28 日宣布将致力于研究“神经织网”技术,以将人工智能技术接入人脑。基于人工智能技术的突破,人们不断猜想,一旦人工智能技术跨越“奇点”,其就完全可能控制人类的意识,从而成为人类的主人。例如,赛博格系统一旦进入高级阶段,智能助手就不再是单纯的人类工具,它可以与人类沟通,双方属于平等关系。智能助手将生成赛博格式的“后人类”,并僭越人类的主体地位。在这种猜测中,高级赛博格存在一系列法律风险,黑客可能攻击、破坏和修改赛博格系统,从而导致赛博格系统群体混乱,甚至侵害赛博格系统中的自然人。同时,黑客也可能利用技术手段攻破人工智能系统,进而利用该赛博格人去实施犯罪。此外,人工智能有机会控制自然人的意志,并利用自然人实施犯罪。自然人被赛博格肢解或改造后,技术不是使人变成天使就是变成魔鬼,人工智能僭越了人类。[②] 法学界比科技界更担忧人工智能,各类文章或建议汗牛充栋。笔者以“人工智能法学”为关键词在“中国知网”上检索,共获得 233 篇文章。其中,大多数文章探讨人工智能机器人的法律主体问题,尤其是刑事责任主体问题。但是,在实践中,我们并未遇到一例可能追究人工智能刑事责任的疑难问题,因此脱离实践真问题的人工智能法学研究存在遐想化和自娱化倾向。休谟曾提出一个命题,即应该区分事实判断与价值判断。[③] 被奥斯丁和边沁引入法学语境后,这一命题转变为“应当区分实际存在的法和应当存在的法”。[④] 我们只有实证、客观和中立地去考察法律现象,才能知悉法律科学的特征,这也是法学、伦理学等学科之间的界限。作为实证科学的法学只有在法律叙事的场景中清除具有误导性的遐想,才能有深厚的根基。然而,反观时下关于人工智能的法学研究,它们往往目光超前地关注到主体地位问题,但却混淆了法学与哲学、伦理学、未来学等学科的研究范围,从而“制造人工智能研究中的假问题,使得人工智能的研究日益滑向不可知论”。[⑤] 康德的认识

① [美]Victor Tangermann:《未来在此:6 个已存在、最先进的“赛博格”》,齐达译,搜狐网 2017 年 10 月 22 日,https://www.sohu.com/a/199546951_465915,访问日期:2020 年 9 月 2 日。

② 王治东、叶圣华:《人工智能能否具有人的存在性地位?——基于马克思人学视角的分析》,载《东华大学学报(社会科学版)》2019 年第 1 期。

③ 参见[英]休谟:《人性论》(下),关文运译,郑之骧校,商务印书馆 1983 年版,第 509—510 页。

④ 参见[英]约翰·奥斯丁:《法理学的范围》(第 2 版),北京大学出版社 2013 年版,译者序第 6 页。

⑤ 刘艳红:《人工智能法学研究的反智化批判》,载《东方法学》2019 年第 5 期。

论将解释范畴的架构视为经验的一个前提条件,而在现在的这种背景下,很多人的解释都是非科学的,因为他们的设想超出了经验范围。① 大多数研究对人工智能技术的显性与隐性之真问题鲜有涉及。本文通过法律现实主义视角来考察人工智能技术的基本属性,并以存在论为基础来观察人工智能技术的现实风险。本文认为,规范论足以应对人工智能技术所引发的刑事风险,因此"人工智能"没有必要进入刑事责任话语体系。

一、法律现实主义视角:"技术话语"是人工智能的底色

在法律的世界中,剔除"应当存在的法"是法律实证主义的基本命题,也是让法律成为科学的必然追求。20 世纪 20 年代至 30 年代,美国兴起了现实主义法学运动,其强调"规则的真实意义"。这一命题至今令人深思,法律的目光应当是回溯过去、立足现在和有根据地面向未来,而不是虚无缥缈地幻想未来学问题。面对"人工智能",新科技应当首先把握其属性定位。

"人工智能"(Artificial Intelligence,简称 AI)这一"话语"最早于上个世纪 50 年代的达特茅斯会议上被提出;至 2016 年 3 月,谷歌 AlphaGo 和世界围棋冠军李世石的世纪人机大战开启了人工智能 AI 的新时代。为应对国际人工智能的潮流,国务院于 2017 年 7 月 20 日印发《关于新一代人工智能发展规划的通知》,这标志着我国人工智能的发展进入国家规划。现在的研究大都将人工智能"技术话语"划分为三个阶段:(1)弱人工智能(Artificial Narrow Intelligence, ANI),智能机器人只擅长某一领域的技术和程序;(2)强人工智能(Artificial General Intelligence, AGI),人工智能机器人已经具备独立解决问题的能力,也具备一定程度的学习、思考之能力,不过其尚处于人类的编制和程序控制范围之内;(3)超人工智能(Artificial Super Intelligence, ASI),人工智能体已经跨越人类编制或程序控制的藩篱,并在各个领域超越人类大脑。② 传统的法学研究通常是理论滞后于现实的,但是在人工智能技术的话语把握方面,其却呈现出现实滞后于理论的局面。在此学术话语"激进"的背景下,面对人工智能冲击传统法律话语体系之难题,我们必须要通过法律现实主义视角来考察人工智能的基本

---

① 参见[英]伯特兰·罗素:《哲学简史》,伯庸译,台海出版社 2017 年版,第 326 页。

② 马治国、田小楚:《论人工智能体刑法适用之可能性》,载《华中科技大学学报(社会科学版)》2018 年第 2 期。

属性。

首先,人工智能体是自然人按照特定的程序和编程设计模拟人类功能的工具。伴随人工智能技术之革新,智能机器人超越人类的智商和情商成为可能,甚至智能机器人与人类形成了人机合体的赛博格,这让仅存于欧美科幻电影里的“赛博格”成为现实。在特定的编制和程序范围内,人工智能体具有一定的自主认知。在日常生活中,我们接触得最多的就是苹果手机中自带的 Siri 和安卓手机 APP“小爱同学”,它们完全可以和人类对话,并完成用户的特定指令。按“猜想法学家”的话语体系,未来的人工智能与自然人之区别,可能仅局限于是否具有生命。在哲学家的视野里,赛博格系统中的人工智能与自然人结合并形成统一体,双方互相依赖。即使从有无生命的角度,我们也很难将二者区分。赛博格打通人与动物、有机体与机器、物态与非物态之间的三重边界,让传统人类主体解构,并重塑后人类新主体。有学者警示赛博格对人类处境的威胁。[①] 在人类编制和程序范围内完成指令的人工智能体,其属于人类的工具和肢体之延伸,与传统的产品并无两样。虽然无人驾驶汽车、初中级赛博格、无人机等产品已经带来诸多挑战,但是在现有的法律体系内,问题仍然能够得到解决。[②] 我们应当看到,生命是人类赖以生存的基础,更是公民享有权利和承担义务的核心要素。无论技术如何发展,人造机器人都不可能拥有人类的肉体和生命,智能机器人只能是人类制造的“拟制人”工具。

其次,现代的智能机器人确实已经具备一定的辨识能力。当下的智能机器人已经具备一定程度的辨识能力,其在特定领域内的认知精准性已远超人类。例如,眼观六路的智能摄像头、“听到”色彩的人工天线赛博格、无人驾驶汽车等。相较而言,现有的人工智能比只有自然本能的动物拥有更强的辨认能力或控制能力。将动物纳入法律主体毫无必要,但将与人类更为接近的智能机器人视为法律主体却引发了讨论,与动物比较也是这些学者的论据之一。[③] 被学者广泛引为论据的还有沙特阿拉伯授予机器人“索菲亚”(Sophia)公民身份,这种授权并无实质意义,其更多地只具有哗众取宠之效。即使现有的人工智能机器人具有一定的辨识能力,这种辨识能力也仅局限于特定领域,其与法律主体所应具备

① 夏琼、刘玉:《迈向后人类——〈神经漫游者〉对哈拉维赛博格思想的诠释》,载《浙江理工大学学报(社会科学版)》2020 年第 4 期。

② 李晟:《略论人工智能语境下的法律转型》,载《法学评论》2018 年第 1 期。

③ 参见刘宪权:《对强智能机器人刑事责任主体地位否定说的回应》,载《法学评论》2019 年第 5 期。

的全方位辨认和控制能力还相差甚远。在电影《人工智能》中，虽然大卫的赛博格主体意识传达着古老的爱与家园[①]，但是在现有的技术下，电影情节还难以成为现实。

再次，未来的智能机器人具有超越编程控制的自主意志还只是遐想。智能机器人超脱人类控制的猜测和假想并非始于近期，这一猜想在计算机科学之父图灵时代就已存在，他在《计算机机器与智能》中提出的问题“机器能够思维吗?”可能会得到肯定答案。诚然，针对新事物，我们需要前瞻的视角来面对传统伦理和法律制度。[②] 但是，这绝非法律人所应流连，“法律所具有的保守且侧重过去的特点，保证了某种程度的连续性、可预见性和稳定性，这使人们有可能在安排他们的活动时依赖一些业已确立的、先行告知的行为规则，并使人们能够避免因缺乏对人的行为方式的预见而与他人发生冲突”。[③] 概言之，法律是对既往行为的类型化总结，是对现实问题的归纳，而尚未发生的仅有可能性之问题不属于法律的管辖范围。法律不仅是规则体系，更是客观事实的凝练；法律人应当属于现实主义者，而不应当成为未来学家。

最后，人工智能技术的运用对法律制度的实施产生一定影响。现有的人工智能已经对法律制度产生诸多影响。例如，世界上第一个机器人律师 Do Not Pay 已在欧美诸多城市被广泛使用，人工智能体对于律师而言已具有替代可能性。“智能革命对当下的法律规则和法律秩序带来一场前所未有的挑战，在民事主体法、著作权法、侵权责任法、人格权法、交通法、劳动法等诸多方面与现有法律制度形成冲突，凸显法律制度产品供给的缺陷。”[④]但是，人工智能创造物却遭遇了知识产权法只保护人类创造的理念和制度之障碍。[⑤] 由于人工智能已然可以自主参与发明创造活动，因此世界各国目前均在研究赋予人工智能发明创造专利权。[⑥] 29 岁的英国色盲男子尼尔·哈比森成为世界上首个为政府所承认的半机械人(赛博格)，他能利用一个与头部结合的摄像头装置“听颜色”。关于人

---

① 参见周文姬：《让-吕克·南希的技术意识与〈人工智能〉的赛博格意识》，载《当代电影》2018 年第 12 期。

② 刘宪权、胡荷佳：《论人工智能时代智能机器人的刑事责任能力》，载《法学》2018 年第 1 期。

③ [美]博登海默：《法理学——法律哲学与法律方法》，邓正来译，中国政法大学出版社 2017 年版，第 423 页。

④ 吴汉东：《人工智能时代的制度安排与法律规制》，载《法律科学(西北政法大学学报)》2017 年第 5 期。

⑤ 梁志文：《论人工智能创造物的法律保护》，载《法律科学(西北政法大学学报)》2017 年第 5 期。

⑥ 吴坤：《审慎赋予人工智能自主发明创造专利权》，载《人民论坛》2020 年 Z2 期。

工智能对法律的影响,最被关注的对象当属刑事领域。理论上,人工智能时代的刑事责任主体、刑事责任形式等内容引起学界的广泛讨论。在人工智能与赛博格实施犯罪时,何人应当为其承担刑事责任?能否对人工智能体定罪量刑?这些问题在现有的法律规制体系下是荒诞的。我们应当看到,人工智能机器人在编程范围内活动并受人类控驭,这是技术革新的追求和初衷。超人工智能机器人脱离人类控制并不符合人类的价值追求和伦理道德。与人类限制克隆技术和基因编辑技术一样,我们也有必要从法律层面来严控超人工智能机器人的研制。针对肆意研发和使用超人工智能机器人者,我们应当追究其刑事责任,并令其承担严格的民事责任。

二、存在论视阈:“风险话语”是人工智能的面貌

海德格尔重新解构西方传统哲学中的有关何谓人与物的对象性之理解,他将人与物看作可能的开放性存在;皮克林进一步提出,科学的本质并非对外在世界的描绘和征表,而是人类力量与物质力量在现实中“共舞”和“冲撞”的结果。① 在与人类碰撞的过程中,人工智能科技不可避免地会引发风险。人工智能风险悄然成为风险社会的一种类型,其滋生着伦理风险、道德风险和法律风险,世界上第一宗机器人杀人事件、机器人外科手术事故、自动驾驶交通肇事等问题已真实发生。难道真如英国已故著名物理学家霍金于2014年在BBC上所预测的,人工智能可能意味着人类的世界末日?目前,我们尚不能得出肯定答案。马克思主义哲学的特质告诫我们,必须立足于当代社会实践,对人们的现实生活条件和历史发展进程进行科学考察与反思批判。② 存在论认为,事实蕴含着价值,规范来源于现实,两者存在天然鸿沟。③ 因此,我们需要先考察人工智能的现实风险,再考虑规范价值。这种风险在刑事领域表现得尤为突出,主要包括“显性”风险(显忧)和“隐性”风险(隐患),前者是人工智能技术已经引发的风险,如人工智能无人驾驶汽车造成的交通事故,而后者则是人工智能技术可能带

---

① 参见李日容:《海德格尔与皮克林论物的开放性存在——兼论一种现象学式的科学存在论》,载《山东科技大学学报(社会科学版)》2020年第4期。

② 孙伯鍨、刘怀玉:《“存在论转向”与方法论革命——关于马克思主义哲学本体论研究中的》,载《中国社会科学》2002年第5期。

③ 参见欧阳本祺:《犯罪构成体系的价值评价:从存在论走向规范论》,载《法学研究》2011年第1期。

来的潜在刑事风险。

(一)“显忧”是人工智能的台前妆容

“感性的活动”或“对象性的活动”是马克思主义哲学的存在论之最基本枢轴。[①] 人类是感性活动的主体，人以外的物体(如人工智能)只是被感知的对象。存在论基础上的人工智能风险是人类的对象性活动，这种对象性风险在现实中日益扩张，从而使搭上技术便车的传统犯罪法益侵害性发生量变。

其一，人工智能使侵犯公法益的犯罪之破坏面更加宽泛。在危害国家安全犯罪方面，人工智能技术成为间谍犯罪分子刺探国家情报和秘密的新型工具。在窃取国家情报方面，从破解电报技术到“黑客”“病毒”技术，再到人工智能技术，各类技术的隐蔽性和破坏性都呈现指数型增长。智能无人机进入他国领空如入无人之境。在危害公共安全犯罪方面，智能无人机和人工智能汽车造成的交通事故已经发生。例如，2018 年 11 月初，拉斯维加斯一辆无人车和一辆货车相撞。所幸这起事故没有人员伤亡，也没有财产受到严重破坏，但其引起了媒体和公众的注意，因为这是一辆无人车，而且其上路行驶了还不到一个小时。[②] 在破坏经济秩序犯罪方面，金融系统已经对人工智能技术产生依赖性，一旦人工智能技术出现问题或者不法分子恶意篡改人工智能程序，如证券相关人员利用人工智能操纵证券市场或者进行内幕交易，滥用技术优势型市场操纵行为就会产生[③]，从而对股票、债券、基金等证券市场造成毁灭性破坏。

其二，人工智能使侵犯私法益的犯罪之侵害性得到强化。在侵犯人身权利犯罪方面，行为人利用人工智能机器人(机器人杀手)来杀人之现实早已引发人们深思。技术研发人或使用人完全可能通过编制恶意程序指令，让智能机器人去实施杀人行为。在智能机器人实施暴力侵犯人身之行为时，被害人为防卫而将智能机器人毁坏或毁灭的，应被认定为是正当防卫。智能机器人的行为更有别于间接正犯，其完全按照犯罪指令完成犯罪行为，而作为间接正犯的被利用人根本不知晓行为的性质。智能机器人也只是行为人的犯罪工具，其使得行为人所实施的犯罪行为更为隐蔽、便捷和精准。例如，在赛博格

---

① 参见吴晓明：《试论马克思哲学的存在论基础》，载《学术月刊》2001 年第 9 期。

② 参见《人工智能汽车已引发交通事故，暴露出哪些扼要缺陷》，网易号 2018 年 5 月 24 日，http://dy. 163. com/article/DIJ5JE1C0527JUNU. html，访问日期：2020 年 9 月 2 日。

③ 林雨佳：《证券期货市场人工智能交易的刑法规制》，载《证券市场导报》2020 年第 5 期。

系统中,黑客可能攻击、破坏和修改赛博格系统,以使赛博格系统产生群体混乱,从而利用赛博格侵害系统中的自然人或他人。在侵犯财产权利方面,人工智能时代的侵财犯罪将更为隐蔽和便捷,工具和手段将更为智能。这也是部分学者呼吁通过刑事立法来应对人工智能时代的侵财行为之原因。[①] 行为人利用人工智能机器人实施盗窃、抢夺、诈骗等行为被受害人发现或受到被害人防卫时,其通过遥控技术指使人工智能机器人为窝藏赃物、抗拒抓捕或毁灭罪证而当场使用暴力或以暴力相威胁的,罪名应否转化为抢劫罪?笔者认为,答案应该是肯定的,当智能机器人在人类编制或程序内按照指令实施行为时,其就相当于研发人或使用人的工具,即使行为人本人不在现场,行为性质及其危害性与行为人在现场并无二致,被害人遭受的损害结果是相当的。同理,针对行为人遥控智能机器人携带凶器抢夺之情形,我们应按照《中华人民共和国刑法》第二百六十七条第二款之规定,认定行为人犯抢劫罪。如果行为人与人工智能机器人一道实施抢夺行为,或者行为人携带智能机器人实施抢夺行为,那么此时我们需要具体情况具体分析。根据最高人民法院《关于审理抢劫、抢夺刑事案件适用法律若干问题的意见》第六条之规定,"携带凶器抢夺"是指行为人随身携带枪支、爆炸物、管制刀具等国家禁止个人携带的器械进行抢夺,或者为了实施犯罪而携带其他器械进行抢夺。显然,该司法解释对"凶器"进行了扩大解释,那么在行为人携带机器人进行抢夺的情形下,我们也完全可以将机器人解读为"凶器"。因此,如果行为人将携带的机器人加以显示,并能够为被害人所察觉,那么我们直接以《中华人民共和国刑法》第二百六十三条的抢劫罪来定罪;如果人工智能机器人具有凶险性但体积较小,不能为被害人所察觉,那么我们应当适用《中华人民共和国刑法》第二百六十七条第二款之规定,定拟制的抢劫罪。在赛博格系统中,自然人已经与智能机器融为一体。此时,自然人指挥智能机器人实施侵财犯罪与其本人亲自实施犯罪并无区别。例如,甲是断左臂的残疾人,他装上智能机器假肢并成为赛博格,那么利用假肢抢劫和使用自己的手臂抢劫并无区别。

(二)"隐患"是人工智能的幕后面目

人工智能技术不仅能给传统犯罪穿上新的外衣,而且会诱发潜在的新型法

① 吴允锋:《人工智能时代侵财犯罪刑法适用的困境与出路》,载《法学》2018 年第 5 期。

益侵害行为。这里讨论的“隐患”仍然立足于存在论，其属于海德格尔“有根的存在论”，并非“尚未存在”的“希望哲学”。[①] 本文不去展望虚幻的问题，更非指责与评价传统研究的停滞和保守。

首先，人工智能技术与大数据结合将使危害行为话语更新。为应对大数据时代下的侵害公民个人信息之行为，《中华人民共和国刑法修正案（九）》将“出售、非法提供公民个人信息罪”全盘修改为“侵犯公民个人信息罪”，从而使得该罪由真正身份犯变为不真正身份犯。迈进人工智能时代后，人工智能体对大数据的深入学习将成为重要组成部分，技术滥用必然造成对信息和数据的侵犯之异化，并创设出诸多滥用数据的新型形式。[②] 例如，数据爬虫和数据清洗。再比如，在黑客攻入赛博格系统后，他可以获取系统中的数据，进而侵犯公民个人信息。侵犯赛博格信息能否被认定为侵犯公民个人信息罪，或者其是否属于一种新的犯罪，这是一大难题。大数据的高度集中本身就存在诸多隐患，一次侵害即可获利颇丰。黑客攻击数据库获取海量信息的行为在当今社会已时常发生，而黑客一旦通过人工智能技术获取到机密信息或国家秘密（如国家核机密），我们就可能面临难以想象的后果。

其次，人工智能系统将成为被侵害的新型话语对象。不法分子可以通过技术手段来侵入他人的人工智能系统，从而谋取非法利益。例如，黑客利用技术手段来攻破人工智能系统，进而利用该赛博格系统中的自然人去实施犯罪，或者直接侵害赛博格系统中的自然人。行为人客观上实施的是侵入或破坏计算机信息系统的行为，但其最终造成的是其他犯罪（如故意杀人罪）后果。若我们单纯以破坏计算机信息系统罪或故意杀人罪来认定上述行为，则不能做到全面评价或实现对法益的完全保护。再比如，人工智能 AI 已经在校园内被广泛运用，人脸识别技术是其典型代表。不少学校已经开始尝试将人脸识别技术应用于学生的日常管理，而这不可避免地要收集大量的数据。[③] 此时，学校的人脸识别智能系统便成为侵犯个人犯罪的对象与目标，因此我们就要对学校运用人脸识别技术的行为进行限制。

---

① 参见欧阳谦：《“尚未存在”与“希望哲学”》，载《世界哲学》2013 年第 1 期。

② 刘宪权：《人工智能时代的刑事风险与刑法应对》，载《法商研究》2018 年第 1 期。

③ 参见《AI 人工智能进校园侵犯了个人隐私？“AI 教育”模式争议不断》，快资讯 2019 年 10 月 30 日，https://www.360kuai.com/pc/95931494868821b64?cota=3&kuai_so=1&sign=360_57c3bbd1&refer_scene=so_1，访问日期：2020 年 9 月 3 日。

最后,人工智能技术潜在的伦理与道德风险之规避措施将成为新的话语研究方向。立足于存在论,智能机器人确实有跨越奇点的可能性。抛开智能机器人进入超人工智能阶段所存在的刑事风险不论,我们真正需要关心的是,应当如何避免其跨越奇点。这一规制的着力点应当落在人工智能技术的研发者,因此我们需要参考克隆技术的规制,“德国采用的是刑法规制模式,英国采用的是行政法规制模式,日本采用的则是刑法加指针的混合规制模式”。① 人类胚胎基因编辑在国际范围内也是被严格禁止或限制的。② 针对这些技术的潜在风险,我们不应当以未来学视角来考虑风险到来后的规制问题,而是应当关心在存在论视角下,我们如何规避这种风险的到来。因此,我们必然要对人工智能技术研发者进行限制和监督,并追究违规研制超人工智能技术的研发者之法律责任。

三、规范论立场:“应对话语”是人工智能的指针

宾丁的规范论认为,“规范体现了统治权,以命令或者禁令的形式对人提出行为要求,从而避免对法秩序的不利后果”。③ 规范的价值不仅在于对已被侵犯法益的恢复,而且体现为对潜在风险的规避。实际上,规范论是在保护法益的基础上维护规范,其具有较强的合目的性,而应对人工智能技术风险就凸显了规范论的价值。就目前的人工智能技术来看,我们仍然处于弱人工智能时代或强人工智能时代,智能机器人未超越人类工具之范畴,现有的法律规范足以应对相关风险。然而,我们一旦真的进入超智能时代,风险和后果将难以想象,如同我们从科幻电影中看到的。到了那一天,按照现有的刑法来规制和追究智能机器人的刑事责任似乎是天方夜谭。为了避免该风险时代之到来,我们需要在现有的法律框架内寻找最为妥当的归责路径,但将人工智能纳入刑事责任话语体系既不可能也无必要。

(一) 编程范围内的涉人工智能行为: 现有的法律话语体系可妥当归责

工具价值的人工智能机器人是在完成研发人或使用人的编程范围内之任务

---

① 刘建利:《刑法视野下克隆技术规制的根据与方法》,载《政法论坛》2015 年第 4 期。

② 参见王康:《人类基因编辑实验的法律规制——兼论胚胎植入前基因诊断的法律议题》,载《东方法学》2019 年第 1 期。

③ 梁奉壮:《宾丁规范论研究: 本体论考察》,载《清华法学》2017 年第 1 期。

指令，因此相关的刑事责任应当由发出指令的研发者或使用人承担。例如，行为人利用人工智能技术抓取其他企业的商业秘密数据之行为，构成侵犯商业秘密罪。如果智能机器人最终没有完成行为人的犯罪计划，或者实施计划过程中存在偏差，那么我们需要具体情况具体分析。第一，研发人或使用人本身所设计的犯罪编程根本不可能完成犯罪计划，而行为人误认为按照该编程能够实现犯罪目的。此种情况应当属于工具不能犯，类似于行为人误将白糖当作砒霜进行投毒，以期实现杀人目的。针对工具不能犯的处理，我国刑法理论存在分歧，传统的刑法理论以行为无价值论为导向，认为此情形应当成立犯罪未遂。[①] 近年来，不少学者以结果无价值论为导向，将工具不能犯划分为可罚的不能犯和不可罚的不能犯，并分别归入未遂犯和无罪。[②] 站在规范论立场，以法益保护为目的，我们可知上述结论具有合理性。第二，研发人或使用人编入智能机器人系统中的犯罪指令没有错误，该编程完全能够实现犯罪计划，但是智能机器人在完成"任务"的过程中认错犯罪对象，如误将甲当作乙予以杀害。对此情形，行为人应当构成"打击错误"。区分打击错误和对象错误的关键在于，行为人着手时对犯罪对象是否存在认识错误。若行为人在着手时就已经对犯罪对象产生了认识错误，则此种情况属于对象错误；若行为人着手时对犯罪对象不存在认识错误，但是其在行为实施过程中存在偏差，则此种情况属于打击错误。在人工智能认错对象的情况下，行为人的着手行为就是将犯罪程序输入智能机器人系统。此时，行为人对犯罪对象不存在任何错误，只是机器人在操作过程中产生错误，因此这种情况应当属于打击错误。第三，行为人在将犯罪指令输入智能机器人系统时就已经对犯罪对象存在认识错误，而智能机器人完全按照该指令完成任务。对于行为人而言，这种情况应当属于对象错误。无论是对象错误还是打击错误，按照法定符合说，行为人都应当被认定为犯罪既遂。

针对研发人或使用人输入人工智能机器人系统的编程指令并无犯罪内容，但是智能机器人完成该编程指令的行为具有一定危险性之情形，我们需要具体情况具体分析。其一，研发人或使用人明知人工智能机器人的编程存在漏洞，并且已经预见到该漏洞可能造成危害结果，但是其放任该结果发生，那么行为人应当被认定为间接故意犯罪。比如，赛博格体中的自然人明知自己的智能假肢存

① 刘宪权主编：《刑法学(上)》，上海人民出版社 2012 年版，第 166 页。

② 张明楷：《刑法学》(第五版)，法律出版社 2016 年版，第 359 页。

在风险漏洞而不采取措施,从而造成智能假肢伤人之结果的,行为人应当被认定为故意伤害罪。其二,研发人或使用人明知人工智能体存在漏洞,但是其凭借自己的经验,轻信能够避免危害结果之发生。比如,赛博格体中的自然人明知智能假肢存在风险漏洞,但是其根据使用习惯,误认为智能假肢不会伤人,而智能假肢最终在街头失控伤人,那么自然人应当构成过失致人重伤罪。其三,根据现有技术,研发人或使用人应当认识到人工智能体具有漏洞或危险性,但是研发人或使用人由于疏忽大意而没有认识到其危险性,因此没有采取任何防护措施,从而造成危害后果。比如,赛博格中的自然人没有认识到自己的智能假肢面对穿黑衣服的人就会猛力袭击(有证据证明应当预见有这个漏洞),从而导致穿黑衣服的邻居来串门时被打成重伤,那么行为人应当承担过失致人重伤罪的刑事责任。其四,按照现有技术,研发人或使用人确实不可能发现人工智能体具有漏洞,行为人也确实没有发现该漏洞,那么此时追究研发者或使用人的刑事责任就没有任何意义。部分科技风险是现代社会必须容忍的,全盘以刑罚应对必然会阻碍科技的创新。因此,该种情况在刑法上应当被定性为意外事件,但是不排除以严格责任原则或过错推定原则让研发人或使用人承担民事责任之可能。

(二)非法利用人工智能之行为:现有的法律话语体系使研发者或使用人分担责任

智能机器人为人类所控制或掌握应当是人类社会的永恒追求,但是智能机器人超越人类控制并产生独立的意志和意识,具有与人类相同的辨认能力和控制能力,进而实施超越人类编程范围的行为,则必将违背人类社会的基本伦理和道德。因此,强人工智能与弱人工智能为人类所提倡,而超人工智能应当被排斥。为了避免人工智能超脱人类控制,进而实施独立意志下的危害行为,我们需要对人工智能体的研发者或使用者施加一定的义务,违背义务者将承担法律责任。

第一,研发者或使用人积极追求、发明超人工智能技术。在这种情况下,研发者或使用人在主观上是故意的,其违背了人类的基本伦理道德。正如生殖性克隆技术被禁止一样,积极研发超人工智能技术的行为也应当被禁止。在前置犯层面,国家需要明确颁布规制人工智能技术发展的法律规则,禁止人工智能企业、研发者和使用人研制超人工智能机器人。基于基本权利限制的法律保留原则,这一义务的设置单靠行政法规和行政规章是不能在法律位阶上形成正当性的,因此全国人大常委会应当颁布专门性的涉人工智能法律。违反规定者需要被追究法律责任，情节严重者可以按以危险方法危害公共安全罪被追究刑事责任。当然，现有的刑法并未设置专门规制非法利用新技术的罪名，但是在时机适当时，我们可以在刑法中增设“非法研制、利用危害人类技术罪”，并将超人工智能、生殖克隆、基因编辑等新技术统一纳入刑法的规制。

第二，如果研发者或者使用人对非法研制、利用人工智能技术有过失，那么我们应当只追究研发者或使用者的过失犯罪之刑事责任。刑法以惩罚故意犯罪为原则，过失行为被惩罚必须有刑法条文的明确规定。过失犯罪以行为人不履行一定的义务为前提，也就是刑法上的“预见和避免义务”，即行为人应当预见危害结果而没有遇见，或者行为人已经预见危害结果但轻信能够避免。针对人工智能机器人的研发者或使用人是否具有预见义务，我们应当结合研发者和使用人在危害结果发生时的技术水平来分析。首先，当前人工智能机器人完全按照研发者和使用人的编程指令行事，因此我们可以推断，智能机器人的一切行为都应当在研发者或使用者的意料之内，即研发者或使用人具有预见或避免义务。此时，若人工智能机器人造成他人损害，则研发者或使用人应当承担过失责任（行为人在主观上不以放任为前提）。其次，根据研发者或使用者的技术水平，其完全有能力预见到科研工作存在诱发超人工智能技术的风险，但是有证据表明，研发者或使用者确实没有遇见到相关风险，或者虽然研发者或使用者已经预见到相关风险，但是其采取一些自认为有效而实际无效的措施，从而导致抽象的危险之产生的，研发者或使用者应当承担过失以危险方法危害公共安全罪的刑事责任。最后，法律必须在鼓励技术进步和承受必要代价之间做出权衡，但法律不会强人所难。由于知识水平和技术运用能力的限制，人类不可能完全无遗漏地掌握人工智能技术，更不可能彻底消除人工智能所带来的安全风险。针对无法预见或无法避免的风险后果，我们不应当将其归咎于研发者或使用人。易言之，研发者或使用者按照正常程序研发与使用人工智能机器人，并且确实难以预见研制工作有超人工智能技术风险的，我们应当以意外事件或不具有期待可能性为其出罪。

（三）以人工智能机器人为犯罪对象：可作为物质型对象或独立性对象

有学者提出，应当赋予超人工智能机器人以犯罪主体资格①，即人工智能体

① 参见刘宪权：《人工智能时代的“内忧”“外患”与刑事责任》，载《东方法学》2018 年第 1 期（该论者在文中将“超人工智能”表述为“强人工智能”）。

作为犯罪嫌疑人被推上法庭成为被告人,而法官来对其进行审判。按照现有的法律思维,这种前瞻性设想难以被人接受,这种思维也不符合法律现实主义和存在论的价值追求。笔者不禁反问,如果我们真的承认超人工智能体的犯罪主体身份,且超人工智能体实施杀人行为应当成立故意杀人罪,那么人类侵犯人工智能体的行为也要构成故意杀人罪吗?这一结论显然荒诞且难以被接受。但是,我们要注意,人工智能体确实可能成为犯罪对象,与之相关的自然人和法人之犯罪也应当受到重视。[①] 笔者认为,我国刑法分则中的犯罪对象可分为人身型犯罪对象和物质型犯罪对象,前者如虐待罪中的"人",后者如盗窃罪中的"财物"。

首先,按照现有的法律规范,人工智能体既不能成为犯罪主体,也不能成为人身型犯罪对象。无论是强人工智能体、弱人工智能体,还是超人工智能体,它们都只是物或法律关系的客体。不论人工智能体是否具有独立的控制能力和辨认能力,一旦被他人侵犯,法院只能认定物被侵犯的罪名,不可能认定人被侵犯的罪名。比如,赛博格体中的智能假肢被他人侵害,那么行为人应当被认定为故意毁坏财物罪;若是人工智能体的编制或程序被侵犯,则法院可能视情况认定非法侵入计算机信息系统罪或破坏计算机信息系统罪。就物质型犯罪对象的特点来看,智能机器人和普通事物并无本质区别。即使我们承认存在所谓超人工智能机器人,其也仍然是抢劫罪、盗窃罪、抢夺罪等物质型犯罪的对象。

其次,人工智能体永远不可能成为人身型犯罪对象。无论技术如何进步或时代如何变迁,法律都不可能允许我们将人工智能机器人解释为"自然人"。若有人将毫无生命的超人工智能体解释为自然人,则此种解释必然属于毫无根据的类推解释,即解释者明知刑法没有将某种行为规定为犯罪,但其以该行为具有危害性、行为人具有人身危险性等为由,将该行为比照刑法分则的相似条文定罪量刑。[②] 如果我们将超人工智能机器人解释为非法拘禁罪中的"人"、强奸罪或拐卖妇女罪中的"妇女"或者猥亵儿童罪中的"儿童",那么这必然违背人类的基本认知。我们应当看到,在赛博格体中,如果行为人单纯侵犯赛博格体中的自然人部分,那么其应当构成故意杀人罪(或故意伤害罪);如果行为人单纯侵犯赛博格体中的人工智能部分(如智能假肢),那么其应当构成故意毁坏财物罪。[③] 退一万步讲,即使未来的刑事立法将超人工智能机器人视为独立的犯罪主体,我们

---

① 王肃之:《人工智能体刑法地位的教义学反思》,载《重庆大学学报(社会科学版)》2020 年第 3 期。
② 张明楷:《罪刑法定与刑法解释》,北京大学出版社 2010 年版,第 97 页。
③ 这种认定方式适用于赛博格体中的人工智能部分和自然人部分可以区分之情况。

也只能将超人工智能体视为一种独立的犯罪对象，并使其与人身型犯罪对象和物质型犯罪对象并列。只有这样，我们才能解决在追究超人工智能体的刑事责任时将其解释为犯罪主体，而在其被犯罪侵害时又将其解释为物质型对象之逻辑错误。如果未来的刑事立法真的体现出人工智能特征，那么我们可以增设专以人工智能机器人为对象的罪名，如破坏人工智能罪、非法侵犯人工智能系统罪等。针对侵犯人工智能机器人的行为，我们以独立罪名来认定，也就是既不能对其适用故意毁坏财物罪等物质型对象犯罪之罪名，也不能适用故意杀人罪、故意伤害罪等人身型对象犯罪之罪名。

余论

本文主要立足于现有的刑法话语体系来讨论人工智能时代的刑事风险。本文认为，针对强人工智能时代与弱人工智能时代的刑事风险，现有刑法的话语完全可以应对。至于超人工智能时代，目前只是一种猜测和假想，其所存在的风险应当是未来学家关心的重点。作为理性的法律人，我们只能站在规范论的立场来关注现实化的存在论问题。所谓赋予超人工智能机器人以刑事责任主体资格，针对超人工智能机器人主体增设删除数据、修改程序、永久销毁三种刑罚①，这些话题不应当进入理性的法律人之话语体系。本文认为，我们应当关心的，是集合现有的法律话语资源来应对当下的人工智能风险，并采取措施来避免进入超人工智能时代的可能性。法律本身具有滞后性，而刑法则是对现有的具体法益侵害性行为予以类型化规制的工具。在人类尚未进入超人工智能时代的状况下，超人工智能时代的刑事风险还是猜测和假设，我们不应当人为制造假问题，也没有必要进行幻想式立法。否则，刑法将变成象征性法律，从而失去实施的可能性，并且其权威性也将受到玷污。象征性立法因过多地服务于安全目的而损害了刑法的法益保护功能。②

① 刘宪权：《人工智能时代刑事责任与刑法体系的重构》，载《政治与法律》2018 年第 3 期。
② 刘艳红：《象征性立法对刑法功能的损害——二十年来中国刑事立法总评》，载《政治与法律》2017 年第 3 期。

我国国际商事司法秩序的构建
——以国际商事法庭重塑为核心

骁　克[*]

摘要： 秩序是法哲学中的一个重要概念，其意为在自然进程和社会进程中，存在着某种程度的一致性、连续性和确定性。国际商事司法秩序是法哲学中的秩序概念在国际商事司法领域的具体化和规则化。最高人民法院成立国际商事法庭，是提升国际司法竞争力与构建良好商事审判秩序的制度实践。作为域外国际商事审判秩序的维护者，国际商事法庭大致可以分为国际型和保守型两类，但两类国际商事法庭总体呈现出一定的共性，即法庭定位决定其运行结构、完备纠纷解决机制以营造良好的制度环境、不断走向国际化是大势所趋，以及诉讼程序的"仲裁化"与"亲商化"。为重构国际商事审判新秩序，我们需要坚持大国司法理念，将最高人民法院的国际商事法庭改造为一审和二审的法庭，在各省若干中级法院内部设立省内跨区划集中管辖的国际商事法庭，在长三角、珠三角等重点区域增设跨省区划的国际商事法院，并适度引入国际法官和港澳台籍法官，扩大管辖机制，重塑审理规则，从而构建具有中国特色的国际审判模式和司法秩序。

关键词： 国际商事审判秩序；国际商事法庭；跨区划集中管辖

引言

按照实证法学的解释，秩序是一种受到规范调整而形成的社会行为之总和。社会行为分别由道德与法律这两种不同的规范加以调整，从而形成了以是否具

---

* 骁克，女，上海人，华东政法大学博士研究生，上海市高级人民法院办公室副主任，研究方向为法学理论。

有强制性为划分标准的两种社会秩序，即道德秩序和法律秩序。① 法律秩序描述了法律制度的形式结构，特别是法律制定在履行其调整人类事务的任务时运用一般性规则、标准和原则的法律倾向。② 在现代化和全球化的背景下，现代法律秩序正处于变革的关键时期。现代法律秩序的生成和运作是表达法律文化意义上的主体与作为客体之法律秩序的相互塑造及建构。要完成全球化背景下的传统向现代的转变，现代法律秩序需依靠法律秩序创立者和维护者的积极行为。法律秩序在国际商事司法领域的具体化体现，是国际商事审判秩序的规则化。当前，我国国际商事审判秩序的构建面临重大挑战。作为全球第二大经济体，中国参与国际交流、合作和竞争之脚步已不仅停留在政治及经济层面，我们还需要有更多的制度考量，而其中的一个重要方面，就是参与和维护好国际商事审判秩序。作为国际商事审判组织的重要组成部分，2018 年成立的最高人民法院国际商事法庭是国际商事审判秩序的构建者和维护者，其试图提供一种具有中国特色的国际商事审判新模式，从而为世界输送商事审判新秩序。本文以国际商事法庭为样本，并结合域外的国际商事法庭运行模式，分析法庭建设的逻辑及存在的问题，从而提出符合大国司法特征的中国国际商事审判体系模式和司法新秩序。

一、法律秩序的中国面向：我国国际商事审判组织体系的改革实践

从法哲学的维度看，组织体系的存在和快速发展是当前国家的社会经济关系发生深刻变化与全面转型之产物。作为司法体制改革的重要组成部分，审判组织体系变革是弥补先前的组织运行体系之滞后性和有限性，从而及时应对经济社会生活中的复杂问题之制度选择与实践。作为国际商事审判秩序的载体，最高人民法院的国际商事法庭正在努力探索，以全力构建符合中国国情的国际商事审判体系和司法秩序。

（一）我国国际商事审判体系和司法秩序的构建模式

首先，聚焦中国优势和特色，做好“中国国际法治观”的传播者。从法律传统和司法制度来看，我国并不适宜完全采纳域外模式，设立国际商事法庭不是为复

① 张乃根：《试论国际经济法律秩序的演变与中国的应对》，载《中国法学》2013 年第 2 期。
② ［美］博登海默：《法理学：法律哲学与法律方法》，邓正来译，中国政法大学 1998 年版，第 219 页。

制一个中国版的“新加坡或荷兰国际商事法庭”。妥当的做法是,在吸收域外的有益经验之基础上,构建起差异化、特色化的国际商事组织体系,以表达我国国际法治的新理念,从而走出一条中国道路。

其次,提升国际司法话语权,做好“中国模式”的推广者。国际商事法庭与域外法庭——尤其是那些同样瞄准“一带一路”沿线国的国际商事纠纷这一法律服务市场的国际商事法庭——形成竞争关系。中国提出“一带一路”倡议不只是希望构建一个经贸合作机制,更是要在全球性挑战此起彼伏的当下,面向国际社会提供一整套具有中国模式特征的公共治理产品,因此与“一带一路”倡议紧密相连的国际商事法庭肩负着推广中国司法经验、提升中国司法影响的重任。① 国际商事法庭要积极参与国际规则制定和全球治理,以推动形成新的国际习惯法和一般法律原则,从而不断提升我国司法的国际话语权。

(二) 国际商事法庭的制度实践考察

2018 年,最高人民法院的第一国际商事法庭和第二国际商事法庭成立,但受限于我国法律之规定,我们只能在现有制度之基础上,对其进行渐进式的改良。

1. 国际商事法庭“借壳上市”。在不增加机构和编制的情况下,国际商事法庭分别加挂在一巡和六巡。与巡回法庭相同,国际商事法庭也是最高人民法院的常设审判机构。不同的是,巡回法庭在全国设置了六个法庭并实行分片管辖,而国际商事法庭只是在陆上丝绸之路和海上丝绸之路上设置了两个法庭,且未明定各自的管辖区域。

2. 引入国际商事专家委员会。受《中华人民共和国法官法》之限制,我国目前没有引入国际法官。为弥补缺失的“国际性”因素,我国创造性地设置了国际商事专家委员会。首批 31 名专家委员来自不同的国家和地区,其中的外籍专家之占比为 56%。专家委员的主要职责,是受法庭委托,对案件进行调解。在审判权没有让渡的情况下,法院将部分调解职权分享给专家委员,以增强纠纷解决的国际色彩。国际商事专家委员会委员的职能结构如下:一是案件处理职能,即主持调解国际商事案件,并就案件所涉及的国际条约、国际商事规则、域外法律的查明和适用等专门性法律问题提供咨询意见;二是宏观指导职能,即就法庭

① 廖宇裔:《论“一带一路”倡议下中国国际商事法庭的定位》,载《经贸法律评论》2019 年第 2 期。

的发展规划和相关司法解释及司法政策制定提供意见与建议。

3. 构建“一站式”国际商事纠纷多元化解决平台。最高人民法院选定符合条件的调解机构和仲裁机构，与法庭共同构建调解、仲裁、诉讼“一站式”国际商事纠纷解决平台。在调解方面，针对诉至法庭的国际商事案件，当事人可以委托专家委员或选择纳入机制的调解机构来主持调解。调解成功的，法庭可制发调解书或判决书。在仲裁方面，针对纳入机制的仲裁机构所受理的国际商事案件，当事人可以向法庭申请证据保全、财产保全、行为保全等措施。在现行的民事诉讼法和仲裁法之框架下，国际仲裁的保全、撤销和执行本应由中院管辖，但当事人现在可直接向法庭申请，这是管辖制度的重大突破。

4. 管辖范围的有限突破。当事人可以就这类案件直接约定由最高人民法院管辖，从而坐上跨越传统地域管辖和级别管辖的“直通车”。国际商事法庭还受理高级人民法院移送的案件、在全国有重大影响的国际商事案件等特定案件。这些规定使国际商事法庭能够控制案件量，毕竟国际商事法庭尚处初创期，且法官均为兼职，其案件承载能力有限。

5. 诉讼规则实现部分创新。国际商事法庭在证据规则、外国法律查明、裁判文书说理等方面进行创新。在国际商事诉讼证据机制方面，提交的证据材料系英文且经对方同意的，当事人可以不提交中文翻译件。在域外法律查明机制方面，国际商事法庭增加了由法律查明的服务机构及专家委员提供材料的途径，并对其他能够查明域外法律的合理途径做了开放式规定。在裁判文书说理机制方面，国际商事法庭首次规定少数意见可在裁判文书中载明，以增强裁判文书的说理性。

(三) 国际商事法庭的运行困境

作为中国法制史上的首个最高司法层级的法庭，国际商事法庭的设立与运行均没有突破现有的法律和制度安排，因此其存在创新不足、衔接不畅等问题。

1. 与国内审判系统衔接：体系性不足

新修订的《中华人民共和国法院组织法》对最高人民法院的巡回法庭做了规定，但其未给国际商事法庭之设立预留法律空间，从而缺乏体系性思考。国际商事法庭之体系性不足有如下三种表现：第一，两个国际商事法庭的衔接问题。两个国际商事法庭的分工并不明确，是仿照巡回法庭实行分片管辖，还是当事人可根据协议来选择管辖，抑或由最高人民法院本部来指定分案管辖？第二，与最高人民法院本部的衔接问题。国际商事法庭实行一审终审制,当事人不能上诉,但可以向最高人民法院本部申请再审,从而形成国际商事法庭一审、最高人民法院本部再审的审判格局。但是,国际商事法庭与最高人民法院本部——特别是民四庭——的分案制度、适法统一、审判监督管理等事项如何衔接,仍需要进一步明确。第三,与地方高级人民法院的衔接问题。国际商事法庭在诉讼规则和审理机制上进行了部分创新,而地方法院并未做相应调整,从而可能形成国际商事审判双轨模式。伴随而来的,则是如何衔接的问题。首先,在案件管辖方面,国际商事法庭的管辖范围包括高级人民法院移送的一审案件,但是哪些一审案件可以移送,以及二审案件和再审案件能否进入法庭,这些都不甚明确。其次,在审判监督指导方面,国际商事法庭与地方高级人民法院如何发挥审判职能,以促进适法统一,这也是亟待解决的问题。

2. 与域外国际商事法庭接轨:开放性不足

当前,域外的国际商事法庭如雨后春笋般不断涌现,我国的国际商事法庭面临巨大的外部竞争压力,制度的有效供给成为法庭的生命力所在。国际商事法庭之开放性不足有如下三种表现:第一,诉讼和审判机制的创新有限。从域外法庭的情况来看,我国已有的解决国际商事争议的司法机制在程序和实体上的革新相对有限,并且在法官构成、审判程序、工作语言等一系列制度上没有进行突破性探索。第二,国际商事专家委员会机制有待完善。作为国际商事法庭的特色之一,国际商事专家委员会的国际化程度仍不够高,专家委员会的性质如何界定、专业委员如何保持中立、如何让专家委员会实质化地运作起来等问题仍亟待解决。第三,"一站式"国际商事纠纷解决机制存在不足。作为国际商事法庭的另一特色,"一站式"国际商事纠纷解决机制也存在不足,首批纳入的调解机构和仲裁机构均为国内机构。与英国的纠纷有效解决中心、美国的国际纠纷解决中心等机构相比,国内机构在国际化程度方面还有较大的差距。此外,调解机构和仲裁机构如何与国际商事法庭形成无缝衔接,这也是需要进一步研究的问题。

二、法律秩序的另一种面向:域外国际商事法庭建设的共同逻辑

进入新世纪——特别是在经历国际金融危机——后,国际经济关系及其争端解决日趋复杂,域外诸国纷纷通过设立国际商事法庭来重新构建国际商事审判秩序,从而取得国际商事司法的话语权。

(一)改革模式:国际型和保守型

根据国际化程度和开放性程度的不同,域外的国际商事法庭大致可以分为国际型和保守型两类。前者以新加坡和迪拜为代表,如新加坡通过修宪,使国际商事法庭在管辖范围、法官选任、证据规则等方面更具国际化色彩;后者以德国和荷兰为代表,如德国没有另起炉灶,而是依托了传统的商事法庭,并且在法官选任、管辖、程序规则等方面大体遵循了原有的商事法庭模式。[①]

1. 组织结构:嵌入式与独立式。嵌入式模式是将国际商事法庭嵌入现有的法院体系之中,以使其成为法院的特别法庭。例如,荷兰将国际商事法庭和上诉法庭分别设在阿姆斯特丹地区法院及其上诉法院,而新加坡则在最高院的高等法庭中设立国际商事法庭。独立式模式是在原有的法院体系外建立专门的审判体系,如卡塔尔和迪拜皆属此例。其中,迪拜国际金融中心法院由迪拜国际金融中心初审法院、迪拜国际金融中心上诉法院及其他法庭构成。

2. 审级结构:一级两审制与两级两审制。国际商事法庭一般均采取两审终审制,但在一级法院内还是在两级法院内实行两审,不同的国际商事法庭有所区别。新加坡采取一级两审制,其国际商事法庭设置在最高院,并作为最高院的一个分庭,相关判决可上诉至最高院上诉法庭。迪拜采取两级两审制,迪拜国际金融中心初审法院的案件可上诉至国际金融中心上诉法院。

3. 人员构成:开放型和本土型。法官和律师的构成存在两种类型。在法官构成方面,国际型法庭大都引入国际法官,如新加坡国际商事法庭的现任 36 名法官中,有 15 名外国法官。荷兰则采取保守立场,其国际商事法庭的 10 名法官均为荷兰籍。在出庭律师的构成方面,各国一般不允许外国律师在本国代理诉讼活动,如荷兰规定,案件原则上必须由荷兰律师代理。但是,新加坡对此持开放态度,外国律师只需形式上注册,即可在法庭代理案件并出庭。

4. 诉讼机制:意思自治。在诉讼和程序规则上,国际商事法庭充分尊重当事人的意思自由,主要体现在:(1)广泛管辖制度。新加坡法庭对离岸案件具有管辖权;而在荷兰,只要当事人书面一致同意,法庭即享有管辖权。(2)便捷诉讼程序。根据对国内现有诉讼程序的依赖程度之不同,司法实践形成了两种不同的做法:一是完全建立一套国际商事法庭程序规范,并且只有在此规范没有规

① 毛晓飞:《独特的德国国际商事法庭模式》,载《国际法研究》2018 年第 6 期。

定时,法院才适用一般民事诉讼规则,如卡塔尔国际法院;二是沿用已有的民事诉讼规则,并对国际商事法庭需要突破的地方做出调整性规定,如新加坡法庭允许当事人约定适用证据规则,而且当事人可以约定取消或限制上诉权,并适用更简化的证据开示规则。(3)诉讼语言为英语。新加坡、迪拜和德国均允许当事人使用英语来参加诉讼。但是,在荷兰,当事人只能在一审中使用英语,其在上诉审中不能使用英语。

(二)改革的启示:国际商事法庭建设的秩序逻辑

从域外实践来看,虽然国际商事法庭的运行模式有所不同,但是它们仍然呈现出一定的共性。

第一,法庭的定位决定法庭的运行结构。不同的国际商事法庭有不同的设立初衷。新加坡意图创设一个没有国界的国际商事法庭,从而将新加坡打造成一个地处亚洲、面向世界的商事纠纷解决中心。因此,新加坡的国际商事法庭在管辖、法官选任、证据规则等方面更为国际化。同时,为尽可能提高判决在境外的执行率,新加坡将国际商事法庭设在最高院,以提升判决权威。在英国脱欧的背景下,荷兰为接收伦敦法律服务市场可能流失的业务而设立法庭。荷兰的国内法院在解决民事争议、维护司法权威方面居世界前列,其无须大刀阔斧地进行改革,即可发挥本国在法律和诉讼程序上的优势。

第二,完备的纠纷解决机制创造良好的制度环境。域外经验表明,建立与经济发展水平相适应的商事争议解决中心,是营造良好的法治化营商环境的必然要求。新加坡与迪拜建立了完备的国际商事纠纷解决机制,形成了仲裁、调解与诉讼分工合作的共融局面,这极大地提升了它们的国际商事纠纷化解水平。

第三,不断走向国际化是大势所趋。虽然各个国家的国际商事法庭之开放程度有所不同,但是总体趋势是不断迈向国际化。一方面,案件管辖不断走向开放。例如,在创设之初,迪拜国际金融中心法院要求案件必须与国际金融中心有关,但 2011 年之后,只要有当事人的书面约定,迪拜国际金融中心法院就享有管辖权。新加坡国际商事法庭也完成了相同的转变。另一方面,法官的选任不断走向开放,引入国际法官的国际商事法庭越来越多,甚至有的国际商事法庭聘用的全部都是外国法官。

第四,诉讼程序的"仲裁化"与"亲商化"。国际商事法庭的定位介于传统诉讼和国际商事仲裁模式之间。国际商事法庭的设立目的之一,是克服仲裁成本高昂、有效监督缺乏、效率低下等问题。同时，国际商事法庭又借鉴了仲裁的有益经验，其充分发挥了当事人意思自治在国际商事审判中的作用，并通过当事人的自治来实现诉讼程序的灵活化。

三、法律秩序的再重构：中国特色国际商事审判体系的规则重塑

从国际商事审判秩序再优化的角度出发，我们应当借助国际商事审判组织体系、审级结构、人员构成和治理结构四个维度，在全国不同区域设置不同的组织体系，以重塑我国国际商事审判秩序，从而打造国际一流的法治化营商环境。

（一）组织体系：构建二元的组织架构

全国人大可以授权国际商事法庭突破现有法律之规定，就某些事项采取特殊做法。国际商事法庭范围很小、影响可控，不会造成大的冲击，而且其可以为审判实践带来新的尝试。

首先，改造最高人民法院的国际商事法庭。第一，推动国际商事法庭实现实质化运行。目前，国际商事法庭加挂在一巡和六巡，这制约了其发展。我们应推进国际商事法庭取得单独建制，并采取“专职法官＋兼职法官”的模式来遴选法官专司于法庭，但仍保留部分法官继续实行兼任制。第二，明晰两个国际商事法庭的界限。目前，两个国际商事法庭没有明确各自的管辖范围，法官共同使用，两者界限不明。我们应明确两个国际商事法庭的管辖范围。原则上，第一国际商事法庭管辖涉海上丝绸之路沿线国家的案件，第二国际商事法庭管辖涉路上丝绸之路沿线国家的案件，其他案件则由最高人民法院本部根据法庭存案等情况进行分案。第三，做好与最高人民法院本部——特别是民四庭——的衔接。我们应明确民四庭对国际商事法庭的指导协调职能。在审判业务上，民四庭负责两个国际商事法庭的审判管理和业务指导，一审和二审的案件交由国际商事法庭处理，民四庭负责处理再审案件。在其他事务方面，民四庭负责协调两个国际商事法庭的相关事务。第四，做好与地方法院的衔接。一是在案件审判方面，我们应仿照巡回法庭的设置模式，将国际商事法庭改造为既审一审案件，又审二审案件，从而使其与地方国际商事法庭（法院）有序衔接。此外，我们可以借鉴最高人民法院知产法庭的审理模式，允许地方国际商事法庭（法院）将具有重大意

义的案件飞跃上诉至最高人民法院的国际商事法庭,从而发挥案件的适法统一功能。二是在业务指导方面,我们应加强上下级法院在国际商事审判条线上的管理指导,畅通双向交流渠道,形成纵向一体化格局。

其次,建立省内跨区划集中管辖的国际商事法庭。如前面的实证研究所表明的,国际商事案件越少的法院,其审判质效越不理想。按照在优化司法资源配置的同时,方便当事人诉讼、适应对外开放需求及兼顾东西部地区差异的原则,我们应进一步优化国际商事法庭体制机制,并在涉外案件比较多的地方设立跨行政区划的国际商事法庭。对此,我们可以参考北京法院的做法,即将所有的国际商事案件提到中院进行一级一审,取消基层法院的管辖权,并在省内一到两家中院内设置国际商事法庭,以集中管辖全省范围内的一审国际商事案件,从而将案件数量少、国际审判经验不足的法院所受理的国际商事案件,全部集中到具有国际审判优势的国际商事法院审理。此外,高院层面成立专门的合议庭或者审判团队,以负责审理国际商事二审案件和部分一审案件。

最后,在重点区域布局,以增设跨省区划的国际商事法院。与前面省内跨区划的国际商事法院不同,跨省区域的国际商事法院是单独建制的中级法院,其实行跨省区划集中管辖。目前,我们可以先行在两个区域试点,待条件成熟后再推行至其他地区。一是在上海临港自贸新片区内设立长三角国际商事法院,以管辖长三角地区的国际商事案件。伴随新片区的深入发展,以及新片区的特殊政策对市场交易活动的激发催化作用,案件数量可能还会更多,案件类型结构将发生重大变化,审理难度也将显著增大。建立国际商事法院是适应新片区规模体量及相应的司法需求之客观需要。二是在珠三角地区,将深圳前海法院打造成珠三角地区的国际商事法院,以管辖珠三角地区的国际商事案件。

(二)审级结构:构建二元审级模式

为避免国际商事仲裁的一裁终局之弊端,各国不约而同地利用国内诉讼中的上诉审制度来弥补一裁终局的缺陷。但是,为确保纠纷能够高效、快速地得到处理,部分国际商事法庭对上诉进行了限制。新加坡规定了不可上诉以及需准许才能上诉的事由,以防止当事人滥用上诉机制。英国的国际商事法庭则规定,提起上诉的案件只有经上诉法院审核后,方可进入上诉审。同时,英国的国际商事法庭准许当事人通过书面协议来限制、更改和放弃上诉权利。

在建立完整的国际商事审判体系框架之基础上,不同层级的国际商事法庭应采取不同的审级模式，以提供不同的制度供给。其一，最高人民法院的国际商事法庭仍旧采取一审终审制，当事人不服的，可以向最高人民法院本部申请再审。若当事人不愿接受一审制，则其可以约定由其他地方的国际商事法庭管辖。其二，其他的国际商事法庭原则上采取两审终审制，但针对案情简单、标的额较小的案件，国际商事法庭的上诉权将受到限制，从而实现上诉权的分流。同时，当事人可以协议选择放弃上诉权或者限制上诉权。在案件上诉至高级人民法院后，其适用国际商事法庭的特殊规则。

（三）法官构成：引入二元法官结构

第一，建立全职法官制度。我们应改变目前的“兼职法官”之做法，设置专职法官来专司于国际商事法庭的审判事务。我们可以在全国法院范围内选调具有丰富涉外商事审判经验、外语能力强、具有国际视野的优秀人才到国际商事法庭工作。这些全职法官应当具有中国国籍。

第二，引入兼职法官制度。域外的国际商事法庭往往根植于特定的经济背景与法律环境而引进国际法官。迪拜国际金融中心法院及卡塔尔国际法院与争议解决中心均位于金融自由区。对于这些自由区而言，引入国际法官有助于吸引外国投资、提升自由区竞争力，而且不会对主权造成冲击。① 我国是否应引入国际法官，这需要具体情况具体分析。其一，在珠三角地区和长三角地区，国际商事法院可以考虑适度引进国际法官，并使他们成为国际商事法院的兼职法官。因为这些区域存在与上述域外国际商事法庭相似的制度背景，而且在这些区域内引进国际法官不会对我国的司法制度造成冲击。对此，我们可以借鉴其他的改革经验，并由全国人大授权进行试点。其二，其他的国际商事法庭不宜引入国际法官。因为这些国际商事法庭没有特定的制度背景和现实需求，且大范围引入国际法官将打破我国现行的法官选拔体制。此外，我们可以选任港澳台地区的法官来担任任期制法官。与外籍法官相比，港澳台地区的法官具有中国国籍，因此从港澳台地区的法官中选任国际商事法庭法官的障碍相对较小。②

---

① 何其生课题组：《当代国际商事法院的发展——兼与中国国际商事法庭比较》，载《经贸法律评论》2019年第2期。

② 何其生课题组：《当代国际商事法院的发展——兼与中国国际商事法庭比较》，载《经贸法律评论》2019年第2期。

(四) 治理结构：优化组织运行机制

第一,完善管辖机制。一方面,我们应扩大管辖权。如果我们将“一带一路”纠纷解决作为国际商事法庭的主要定位和业务发展方向,那么坚持实际联系原则将极大地限制国际商事法庭的受案范围。我们可以探索适用“最低联系原则”,从而既使国际商事法庭依法积极行使管辖权,又赋予其受理纯粹国际商事案件的权力。同时,我们应突破仅考虑涉外因素的单一标准,探索实行将对外开放中涌现的新类型案件集中到国际商事法庭(法院)审理之做法,如将与自贸区相关的商事案件也纳入管辖。另一方面,我们应增强协议管辖。不同的国际商事法庭处于竞争关系之中,当事人可以在全国范围内选择具有国际商事案件管辖权的法庭(法院)来管辖。针对 3 亿元以上的案件,当事人可以约定由最高人民法院的国际商事法庭管辖,也可以约定由地方国际商事法庭(法院)管辖。前者实行一审终审,后者实行二审终审。在审查案件是否具有“国际和商事”要素后,国际商事法庭(法院)决定是否受理。

第二,重塑审理规则。国际商事法庭是诉讼和仲裁的谨慎“联姻”。各国的国际商事法庭之发展历程也反映出诉讼吸纳仲裁的优良经验之趋势。其中,最重要的是对当事人意思自治的尊重。其一,公开审判机制。这里存在两种规制模式。迪拜规定,审判原则上应公开进行,除非首席法官基于公正考虑而不公开。在新加坡,一方当事人可以申请案件不公开审理和封存法庭卷宗,而国际商事法庭有权决定是否保密。在我国的审判体系下,司法公开为原则,不公开为例外。就国际商事审判而言,我们原则上应遵循公开原则,除非案件涉及国家秘密、个人隐私或法律另有规定。此外,如果双方均申请不公开审理,那么法庭可以根据情况来决定是否公开审理。在法院作出判决前,当事人也可以通知法院对部分内容进行保密处理。法院认为当事人的请求合理的,其可以在公开判决中删除该部分内容,但是删除行为将导致判决无法公开或失去公开意义的,法院可以设置一定的合理保密期限。[①] 其二,简化诉讼程序。我们可以在国际商事法庭中引入新的审理规则,以简化程序。例如,在证据规则方面,我们可以借鉴新加坡的经验,赋予法官和当事人更多的简化程序之自主权,如双方可以约定简化质证要求、对域外证据不作公证认证的强制性要求、双方可以约定不提交英文

① 蔡伟:《国际商事法庭：制度比较、规则冲突与构建路径》,载《环球法律评论》2018 年第 5 期。

证据材料的中文翻译件等。

结语

当今世界正面临百年未有之大变局，全球治理体系和国际秩序变革加速推进。作为一个大国，中国在全球治理和国际秩序重塑中的作用越来越重要。我们应坚持大国司法理念，立足于中国国情，对标最高水平，构建起具有中国特色的国际商事审判体系，做好“中国模式”的推广者，以更加坚定的步伐迈向国际商事争端解决舞台的中心。

形式法治的关怀、理据和图景

曾星星　胡平仁*

摘要：西方的形式法治观是一种以权力制约和自然权利保障为现实关怀的理论学说，但其现实指向却是以自然权利确认、保障和实现为目标的社会实践。以自然权利为理据的形式法治观，在市场经济背景条件下却抽空了主权者（国家）的意志，取而代之的是返还于“自然状态”中的个体意志。在市场经济体制下，所有个体意志逆向转化为自由市场中的资本要素，因此形式法治观最终导向的是绝大多数个体意志沦丧为资本的附庸。

关键词：形式法治；自然权利；市场经济；法治图景

引言

为了贯彻落实党的十八大所做出的战略部署，十八届四中全会审议通过了《中共中央关于全面推进依法治国若干重大问题的决定》，该文件提出了“全面推进依法治国，总的目标是建设社会主义法治体系，建设社会主义法治国家”，并且从“五大体系，六大任务”的视角概述了全面推进依法治国的具体任务和步骤。由此，“法治国家”在新的历史时期再次被推向又一个新的高度，“依法治国”成为“事关我们党的执政兴国，事关人民幸福安康，事关党和国家长治久安”的重要举措。[①]

---

* 曾星星（1986—　），男，畲族，江西省九江市武宁县，法学硕士，研究方向为法理学、政治哲学；胡平仁（1962—　），男，汉族，湖南省嘉禾县人，中南大学教授法学博士，研究方向为法理学、法社会学与法律文化。

① 参见 2014 年 10 月中共十八届四中全会通过的《中共中央关于全面推进依法治国若干重大问题的决定》。

作为一种特定的政治—法律理想，法治(rule of law)在当下的中国已经获得普遍共识，法治的话语也已然逐步取代传统道德与政治话语，成为当下中国话语体系中新的真理建制。[①] 在当下的中国法治理论中，形式法治与实质法治的概念区分及对立已经成为我们理解法治概念的基本路径。对形式法治概念的分析和关注，随着法学理论研究的日益深入，已经逐步催生了一批高质量的研究成果。[②] 在有些学者看来，"形式法治是唯一正确的法治观念"，而实质法治的观念根本就与"反法治"的立场重合。[③] 形式法治的法治理论，似乎也日益变得意识形态化了，其逐步被形塑成中国法治建设的必由之路及唯一之路。

本文并不否认形式法治观念的重要性。相反，正是因为形式法治观念太重要了，所以我们才需要认真对待。本文的重点就在于追问形式法治是一种什么样的法治观、有着什么样的现实关怀？这种法治观背后的理据与路径又是什么？以及在市场经济的背景下，这样的法治观念/理论指导下的法治实践最终将营造出一种什么样的"法治图景"？

一、形式法治及其关怀

在当下的主流法治理论中，形式法治观念[④]被指涉为一种与具体法律内容无涉的法治观念。在该论断中，法治并不当然地意味着"良法之治"。"形式法治概念不考虑法律的内容是什么，也不关心法律是善法还是恶法，而只规定法律在

① 顾培东：《当代中国法治话语体系的构建》，载《法学研究》2012 年第 3 期。

② 代表性作品有：高鸿钧等：《法治：理念与制度》，中国政法大学出版社 2002 年版；黄文艺：《为形式法治理论辩护——兼〈法治：理念与制度〉》，载《政法论坛》2008 年第 1 期；黄文艺：《全球化时代的国际法治——以形式法治概念为基准的考察》，载《吉林大学社会科学学报》2009 年第 4 期；陈景辉：《法律的内在价值与法治》，载《法制与社会发展(双月刊)》2012 年第 1 期；陈景辉：《法治必然承诺特定价值吗?》，载《清华法学》2017 年第 1 期；还可参见陈金钊：《魅力法治所衍生的苦恋——对形式法治和实质法治思维方向的反思》，载《河南大学学报(社会科学版)》2012 年第 5 期；陈金钊：《法治遭遇"中国"的变异及其修复》，载《扬州大学学报(人文社会科学版)》2013 年第 1 期；陈金钊：《对形式法治的辩解与坚守》，载《哈尔滨工业大学学报(社会科学版)》2013 年第 2 期。

③ 陈金钊：《魅力法治所衍生的苦恋——对形式法治和实质法治思维方向的反思》，载《河南大学学报》2012 年第 5 期；陈景辉：《法治必然承诺特定价值吗?》，载《清华法学》2017 年第 1 期。

④ 根据美国学者塔玛纳哈的分类，形式法治理论由弱到强包括三种类型：依法而治(rule by law)理论、形式合法性(formal legality)理论、民主与形式合法性(democracy and formal legality)理论。See Brian Z. Tamanaha, *On the rule of law: History, politics, theory*, Cambridge Universty Press, 2004, p. 91.

形式上或体制上的要求。"[①]用拉兹在其《法治及其价值》一文中的话说,即使是非常糟糕的法律体系,也可以符合法治的要求。"一种根植于否定人权、普遍贫穷、种族隔离、性别歧视以及宗教迫害的非民主性法律体系,在总体上可能比任何更为开明的西方民主法治体系更符合法治的要求。"[②]在这种逻辑中,法治的概念事实上被还原为法律(法律体系)认定标准的形式问题,其不涉及对法律内容好/坏与善/恶的道德评判。从规范分析法学的角度看,法律规则可以由任何性质的内容构成,法治向任何性质的内容开放。法律规则本质上是形式性的,所以法治的概念从本质上说也应该是形式性的。换言之,法治本身的存在与法律自身内容的好/坏与善/恶并无必然联系。

在拉兹看来,法治有两个向度:(1)人们应当受法律的统治并且遵守它;(2)法律应当可以指引人们的行为。拉兹尤其关注的是法治的第二个向度,即法律有可能被遵守。但是,当拉兹把法律有可能被遵守的问题转换为就是不违反法律时,他就把遵守法律的部分问题转化为了法律的认知问题,并把更多对法律本身的要求问题转化为了主体与法律的"互动"问题,这里面实际暗含着一个认识上的转变。然后,拉兹又适时强调"法治是一个形式概念",其与制定的主体、方式和内容无关。因此,法治与道德没有必然联系,法治"它也没有说明法律基本权利、平等或正义"。[③]

在实践上,形式法治要求司法无须进行道德、政治和社会效果的关注、权衡与考量,其只要依靠对法律概念及规则进行严密的逻辑分析即可,"公平或正义"的法律判决源自对法律条文的"语义/规范分析"。"法治的真意是社会各阶层、每一个成员都可以有自己的利益追求,但都不能超越法律的规则和程序,必须按照共同约定的规范运行。"[④]亚里士多德的"三段论"之形式逻辑则为"根据法律思考"提供了标准的思维运行模式。甚至有些学者还提出"法治反对解释"这样的口号,以反对司法实践中对有关法律进行过度解释之做法,从而实现维护法治

---

① 黄文艺:《全球化时代的国际法治———以形式法治概念为基准的考察》,载《吉林大学社会科学学报》2009年第4期。

② [英]拉兹:《法治及其价值》,载[英]拉兹:《法律的权威:法律与道德论文集》,朱峰译,法律出版社2005年版,第183—199页。

③ [英]拉兹:《法治及其价值》,载[英]拉兹:《法律的权威:法律与道德论文集》,朱峰译,法律出版社2005年版,第186—187页。

④ 陈金钊:《为什么法律的魅力挡不住社会效果的诱惑?——对法律效果与社会效果统一论的反思》,载《杭州师范大学学报(社会科学版)》2012年第2期。

尊严之目标。从分析法学的视角看，法律是由概念、规范、原则等构成的，其是具有相对独立性和自洽性的逻辑体系，因此对这些概念、规范和原则的理解与运用，都必须严格遵守形式逻辑的规则。形式法治理论强调，法治实践意味着司法应当严格地从“法律的明文规定”这一大前提出发，在形式逻辑思维的关照下作出裁判，而不是从法律可能导致的社会效果/政治效果等前提出发作出裁判。

当然，形式法治并非没有价值，其预设或标志着对权力的制约和对权利的保障。① 几乎所有的法治论者都将对权力的制约和对权利的保障作为法治的两个主要构成要素，以及评价一个法治国家/社会法治化程度的重要因素。② 拉兹也强调形式法治对专制权力的制约，以及法治对自由与人格尊严的保护与尊重。拉兹只是强调，“法治本身并不排除由法院制定专制法的所有可能性”，法治在保护他人自由的同时，也可能就意味着对自由的侵犯。法治尊重人的尊严，这意味着其将人当作有能力计划和安排自己未来的个体来看待。然而，现实的情况却是，“人们从未完全掌握自己的命运，在某些方面总是不完全的”。那么，法治在某种意义上可能就会践踏人的尊严。所以，拉兹极其强调法治的消极价值，他认为“遵守它并不当然地带来好处，除非通过避免邪恶，而这些邪恶仅由法律自身产生”。③

在这样的“法治图景”中，洛克、哈耶克和诺齐克的理论便是典型代表，即主张最好的政府就是功能最小的政府。对于诺齐克来说，政府的基本职能就是维持社会治安、稳定和秩序，正当/合理的政府权力绝不能过多地干预经济与个人生活。④ 就洛克而言，政府存在的目的就是保护人们的财产不受侵犯，以及在被侵犯以后进行及时补救。哈耶克则反复强调，政府对市场经济应当保持消极、克制的状态，市场经济应该交由市场本身所拥有的“无形的手”来治理，他反对政府对市场经济进行积极干预。在司法实践中，这种理想的形式法治观要求法院成为最主要的纠纷解决渠道，而且法院应当是保证纠纷得到解决的最后屏障。法

① [美]海格：《法治：决策者概念指南》，曼斯菲尔德太平洋事务中心译，中国政法大学出版社 2005 年版，第 18 页。

② 如张保生、郑飞：《世界法治指数对中国法治评估的借鉴意义》，载《法制与社会发展》2013 年第 6 期；钱弘道、戈含锋、王朝霞、刘大伟：《法治评估及其中国应用》，载《中国社会科学》2012 年第 4 期；李朝：《法治评估的类型构造与中国应用——一种功能主义的视角》，载《法制与社会发展》2016 年第 5 期。

③ [英]拉兹：《法治及其价值》，载[英]拉兹：《法律的权威：法律与道德论文集》，朱峰译，法律出版社 2005 年版，第 194 页。

④ See Robert Nozick, *Anarchy*, *State*, *And Utopaia*, Basic Books Inc., 1974.

院要恪守被动、中立的司法原则,而民事诉讼中的"不告不理"则是这些司法原则的具体化。"送法下乡"——中国法治建设过程中的"法治常态"——在这样的语境中即使不是对法治公然的破坏,也至少是对神圣"法治圣殿"的亵渎。与此相对的是,公民权利得到了极大张扬,所谓"人权至上"的观念就是这一逻辑的产物。法无明文规定即自由,用霍布斯的话来说,"在法律未加规定的一切行为中,人们有自由去做自己的理性认为最有利于自己的事情"。①

在形式法治的概念中,任何公民都可以在已公布的确定规则下,随心所欲地安排/选择自己的行为,而无须担心公共权力的干涉与侵犯。换言之,自利并不是公共利益所要防范的对象,它是公共利益的基础。借用政治经济学的说法,每一个人在追求自身利益最大化的同时,也在不断地增进公共福利②,公共利益就"是组成共同体的若干成员的利益总和"③。在这样的路径中,权利优先于权力,权力服务并保障权利,权利制约权力。④ 不但常规的民事纠纷可以由个体按照自身的利益诉求通过协商的方式得到解决,甚至在美国这样的法治国家中,大量的刑事案件也可以通过"诉辩交易"得到解决。

换言之,形式法治其实并不是没有实质关怀,它只是强调关怀必须在立法者已公布的法律规则中进行,而对法律规则的关注,本身就隐含着对特定法律内容的认可。分析法学所关涉的主题在于,法律规范的效力不会因其内容与道德或政治价值不相容而被怀疑或否定。⑤ 只要结合形式法治观所要维护的法治价值来看,我们就可以体会形式法治在实践中所表达的其实是法治的另类关怀,即对自然权利的确认、保障和实现。

二、建构形式法治的理路

无论是霍布斯、洛克还是卢梭,他们都有着某种共同倾向,即认可与强调每

① [英]托马斯·霍布斯:《利维坦》,黎思复、黎廷弼译,杨昌裕校,商务印书馆 2010 年版,第 164 页。

② 参见[荷]伯纳德·曼德维尔:《蜜蜂的寓言》,肖聿译,中国社会科学出版社 2002 年版。

③ [英]边沁:《道德与立法原理导论》,时殷弘译,商务印书馆 2015 年版,第 59 页。

④ 关于"权利与权力的关系"之精彩论述,还可参见胡平仁编著:《法理学》,中南大学出版社 2016 年版,第 36—37 页。

⑤ 分析实证主义法学的倡导者们事实上都不否论法律本身有着具体的内容,而是主张法律可以包含任何内容,包括凯尔森也是如此。See Hans Kelsen, *General Theory of Law And State*, Harvard University Press, 1949; H. L. A. Hart, *The Concept of Law*, Clarendon Press, 1961; Ronald Dworkin, *Law's Empire*, Harvard University Press, 1986.

一个人与生俱来地拥有着某种不可剥夺的“自然权利”，而这种自然权利便是现代文明社会不言自明的逻辑前提与基础。也就是说，现代法治建设其实是围绕对自然权利的设置展开的，而形式法治理论的路径也由此呈现出来。在众多的理论中，形式法治呈现出来的却不是对自然权利的直接关注，而是对现实的权力构造之热衷。[①] 这一转变也暗含于阿马蒂亚·森对罗尔斯的批评之中。[②] 就形式法治而言，对自然权利的危害主要源自国家权力的侵犯。

就西方法治理论而言，我们至少可以将形式法治的理路追溯至霍布斯与洛克对国家/政府的权力构造之关注。[③] 对于霍布斯来说，国家的产生正当化于明示或默示的契约（自然权利），其目的是“使自己脱离战争的悲惨状况……预想通过这样的方式保全自己并因此而得到更为满意的生活”。然而，由于人性是自私自利的，因此我们只能通过构造外在的权力来达成这样的目的。“我们如果可以假定大群体无须有共同的权力使大家畏服就能同意遵守信义和其它自然法，那么我们便大可以假定在全体人类中也能出现同样的情形；这时就根本既不会有、也无需有任何世俗政府或国家了，因为这时无须服从就能取得和平。”[④]其实，隐藏在这里的国家权力并不总是被动消极的。尽管国家源自社会契约，但是霍布斯预设的是一个“人对人是狼”的战争状态（自然激情），而达成其目的则必然意味着默许其有所作为。依据霍布斯的《利维坦》(*Leviathan*)之逻辑，对个人自然权利的侵犯力量更多地来自个体，而不是国家。在自然状态中，“虽然有自然法（每一个人都只有在遵守的意愿并在遵守后可保安全时才会遵守），要是没有建立一个权力或权力不足，以保障我们的安全的话，每一个人就会、而且也可以合法地依靠自己的力量和计策来戒备所有其他的人”。[⑤] 对于霍布斯而言，国家是一种必要的“善”。为了克制人类本性中的恶，并彰显国家的善，霍布斯甚至赋予

---

① 在这一理论的历史变迁过程中，启蒙思想家无疑做出了最主要的智识贡献，而霍布斯与洛克则为其主要代表。参见[德]卡尔·施米特：《霍布斯国家学说中的利维坦》，应星、朱雁冰译，华东师范大学出版社 2008 年版，第 103—116 页。

② [荷]佩西·莱宁：《罗尔斯政治哲学导论》，孟伟译，人民出版社 2012 年版，第 53—78 页。

③ 就分析实证主义法学来说，“国家”其实就是一种强制性的法律秩序，而这也契合了国家源于“社会契约”的理论解说。See Hans Kelsen, *General Theory of Law And State*, Harvard University Press, 1949.

④ [英]托马斯·霍布斯：《利维坦》，黎思复、黎廷弼译，杨昌裕校，商务印书馆 2010 年版，第 129—130 页；而在这之前的第 89 页最顶端，霍布斯推论说：“当掌管宗教的人的智慧、诚笃或仁爱受到怀疑时，或是不能显示任何可能的神启的象征时，他们想要维持的宗教便也必然会见疑于人；如果不用世俗的武力威慑，便会遭到反对和抛弃。”

⑤ [英]托马斯·霍布斯：《利维坦》，黎思复、黎廷弼译，杨昌裕校，商务印书馆 2010 年版，第 128 页。

国家主权者以绝对的权力。只有绝对的权力,才可以维持社会的绝对安全与和平,而这恰恰也源自霍布斯对《圣经》的理解。“所以根据我的理解,从理性和圣经上来看都很清楚:主权不论是像君主国家那样操于一人之手,还是像平民或贵族国家那样操于一个议会之手,都是人们能想象得到使它有多大,它就有多大。”[①]因此,霍布斯毫不隐瞒《利维坦》是尘世间人为构造的上帝——“这就是活的上帝”。

一句话,在霍布斯的体系中,“利维坦”的出现旨在使人们摆脱处于自然状态中由自然权利引发的“战争状态”。为此,霍布斯通过“契约”构造了一种区别于自然法的拥有现实强制力保障的“人定法”,以维持摆脱了自然状态的全新秩序安排。

如果霍布斯的《利维坦》应对的是英国的内战,并且其突显出来的是对和平与安全的期待,那么洛克的《政府论》(下篇)则是在此基础上解决“一个什么样的政府才是正当/合理的”这一实践性问题。“洛克相信,专制政府永远都不可能是合法的,因为他(与霍布斯相反)认为,皇权专制主义是比自然状态还要糟糕的。”[②]在这里,遵循着霍布斯的方法,洛克也构造出一个自然状态,但这是一个人人完满自足的状态,“那是一种完备无缺的自然状态,他们在自然法的范围内,按照他们认为合适的办法,决定他们的行动和处理他们的财产和人身,而无须得到任何人的许可或听命于任何人的意志”。为此,洛克还专门区分了自然状态和战争状态(专制状态)。在洛克看来,“人们受理性支配而生活在一起,不存在拥有对他们进行裁判的权力的人世间的共同尊长,他们正是处在自然状态之中。但是,对另一个人的人身用强力或表示企图使用强力,而又不存在人世间可以向其诉请救助的共同尊长,这是战争状态”。[③] 那人类为何要通过契约的方式进入公民社会?洛克的回答是,“虽然他在自然状态中享有那种权利,但这种享有是很不稳定的,有不断受到别人侵犯的危胁”。也就是说,尽管个人在自然状态中生而自由、平等,但是其却很不安全,很不稳妥,周遭经常充满着恐惧和危险,尤其是被称为“财产”的东西缺乏有效的保护。人们之所以联合起来进入公民社会,是因为自然状态缺少“确定的、规定了的、众所周知的法律”。而且,在自然状态中,每一个人都是自己的裁判者和执行者,这显然会使得人们的财产得不到有

① [英]托马斯·霍布斯:《利维坦》,黎思复、黎廷弼译,杨昌裕校,商务印书馆 2010 年版,第 161 页。

② [美]约翰·罗尔斯:《洛克的自然法学说》,载《政治哲学史讲义》,杨通进、李丽丽、林航译,中国社会科学出版社 2011 年版,第 107 页。

③ [英]约翰·洛克:《政府论》(下篇),启叶芳、瞿菊农译,商务印书馆 2012 年版,第 13 页;关于“自然状态”与“战争状态”的论述,主要参见《政府论》(下篇)的第二章和第三章。

效的维护及保障。与霍布斯不同，洛克的重心在于财产，他认为国家/政府存在的主要目的就是维护财产，以至于国家/政府的构造也主要是为了对财产的肯定和保护。“人们联合成为国家和置身于政府之下的重大的和主要的目的，是保护他们的财产。”①于是，我们理解了为什么是洛克而不是霍布斯被视为现代西方法治理论的真正奠基者，他的法治理论更加清楚、明确和肯定地导向了有产者的“世界观”，而且在实践中凝聚起了资产阶级的革命性力量。如果霍布斯的“利维坦”源自人与人之间的“恐惧”，那么洛克的政府则根植于人性中的“欲望”。

于是，洛克的国家/政府是围绕着财产观念而建立起来的。在这里，霍布斯的自然权利转变成了财产权，其实际上所追求的，是以工商社会为基础的国家/政府。人们需要防范的对象不再是公民个体，而是拥有着更加强大力量的政府。个人财产成为划定公民个体自由限度和行动的依据，并构成政府存在的合法性基础。对于洛克来说，真正的问题从来不存在于自然状态之中，而是在人们联合起来进入公民社会之后，展现于公民与政府间的相互关系之中，即政府权力对公民财产侵犯的担忧。洛克的《政府论》最终指向了以立法权为主导的议会制。18世纪后，随着社会经济的发展，形式法治理论的雏形也逐步显现出来。

依据洛克的财产观念，资本主义国家不仅使得霍布斯的国家理论成为一种现实的政制构造，而且也由此具体限定着政府行为的边界。“对政府行为的控制，至少在最初的时候，主要是经由对岁入的控制（control of revenue）来实现的。”②然而，当西方世界将国家/政府建立在财产的基础上，并由此通过法律制度化的方式来构筑其国家/政府时，国家/政府的实质就面临着要逐渐被消解的危险。③ 尤其是当洛克的财产观念与亚当·斯密的古典自由主义政治经济学结

① 可以说，“财产”是洛克的政治—法律理论体系中最为重要的概念。[英]约翰·洛克：《政府论》（下篇），启叶芳、瞿菊农译，商务印书馆2012年版，第77页和第17—32页。

② [英]弗里德利希·冯·哈耶克：《法律、立法与自由》，邓正来、张守东、李静冰译，中国大百科全书出版社2000年版，第426页。

③ 作为一种“拟制”的、实在的政治生命体，国家是有着独立“人格”的社会实体，其应该有独立自主的愿望、价值及利益诉求，并由此而做出独立政治决断。但是，以社会契约为基础的构造使得国家逐渐趋向于私人（集团）利益的机械结合，并失去了本身应当具有的伦理追求、利益及职责，从而走向了一种机械化、技术化、中立化的“国家观”，以至于当下许多国家沦为私人与集团利益的工具。然而，这却是以社会契约论（自然权利）为基础的国家构造之必然结果，因为社会契约的前提虽然区分了公共理性和私人理性，但是其并没有严格地区分政治契约与私人契约，以至于以个人理性、平等和自由为前提的私人契约同构了霍布斯政治契约的基础；也就是说，国家只是私人利益的拟制，这最终导致了“国家的死亡”，而此观点在洛克的《政府论》（下篇）中得到了充分体现。关于“社会契约”的理解，参见苏力：《从契约理论到社会契约理论——一种国家学说的知识考古学》，载《中国社会科学》1996年第3期。

合时,国家/政府就不仅仅是个人财产的保护者,其不可避免地会成为个人财产的积极、能动之推动者,从而使得国家/政府沦为个人财富的附庸,这必然将导致“利维坦的死亡”。[①]

三、形式法治构造的“法治图景”

在资本主义初期,财产权被人们认为是最主要的自然权利。人们用财产权来制约和对抗君主的专横权力,并由此获得了强大的实践力量,进而实现了资产阶级革命。“私有财产神圣不可侵犯。”[②]而后,“日不落帝国”构造了以议会制度为主导的宪政结构,从而进一步限制了政府权力。事实上,在西方,议会已经成为多种利益进行博弈的平台,而不是某种利益(专断意志)的代表。[③]

从某种角度上看,形式法治的真正根基其实并不是国家,而是人们相互之间的社会交往活动——经济活动。19 世纪后,以财产权为“底色”的现代资本主义制度,已在不自觉间转而成为每个生活于其中的个体的日常实践,而且已然成为现代自由民主宪政的核心要素。也就是说,在全球—市场经济一体化的制度背景下,代表着自然权利的财产权最终使得政府权力成为其附庸。[④] 在现代社会

① [德]卡尔·施米特:《霍布斯国家学说中的利维坦》,应星译,华东师范大学出版社 2008 年版,第 89—101 页。

② 法国 1789 年《人权宣言》(即《人权和公民权宣言》)第 17 条:“私有财产神圣不可侵犯(property is a sacred and inviolable right)。”

③ “代议制度应当组织得能保持这一事态:它不应当容许任何一种地方利益强大到能够压倒真理和正义以及所有其他的地方利益的总和。”[英]J. S. 密尔:《代议制政府》,汪瑄译,商务印书馆 2012 年版,第 97 页。

④ “在《霸权还是生存》一书中,当代著名学者诺姆·乔姆斯基指出,任何国家都会追求国家利益,而他赞同亚当·斯密所说的,‘国家利益’就是国家政策‘主要制定者’的利益。他们的利益‘受到最特别的注意’,不管这是否给其他人利益带来‘悲惨’的结果,包括英国的人民。在他生活的大英帝国时期,政策的主要制定者是商人和企业主;而在今天美国所主导的新自由主义帝国时代,它已为以跨国公司为代表的跨国主体所取代。在经济不断全球化的当下,通过不断的兼并与重组,跨国公司掌控的权力与日俱增。今天只有少数几家跨国公司控制着石油、矿产和农产品的世界市场,大约 100 家公司控制着工业行业与服务行业。可以说,这少数几家跨国公司决定着世界经济社会的有效标准,决定着新的‘国家共同体’中的善与恶、是与非、‘上等狗’与‘下等狗’。一言以蔽之,它们在设计‘世界资本主义的市场经济’。”魏磊杰:《全球化时代的法律帝国主义与“法治”话语霸权》,载《环球法律评论》2013 年第 5 期;详情可参见 Noam Chomsky, *Hegemony or Survival: America's Quest for Global Dominance*, Penguin Books, 2004, p. 29;[美]诺姆·乔姆斯基:《美国说了算:乔姆斯基眼中的美国强权》,臧博译,中信出版社 2011 年版,第 116 页;[德]乌尔里希·贝克:《全球化时代的权力与反权力》,蒋仁祥、胡颐译,广西师范大学出版社 2004 年版,第 141 页。

中，“市场”的概念不仅取代了自然状态，而且逐步消解了国家。其实，这一历史进程就是强势的个体借助“国家”的力量重返另类的自然状态。也就是说，对于将社会契约理论作为现代民族国家建立根据的西方世界来说，其公共权力面临着私有化的危机，而市场经济利用“财产权私有化”的浪潮悄悄地正当化、合法化了这种危机。所谓的殖民政策与全球化策略，其实质都是这种危机的展现。换言之，国家的权力由国内的财富积累转向国外的资源掠夺。在经济全球化的浪潮中，国家权力已然沦为私人/集团资本运作的工具，在法律观念中则表现为“物本法律观”。[①]

在这种形式法治观念中，法律在面对市场时呈现出的是一种形式法治的实质法律观，而其在面对政府时呈现出的却是形式法治的形式法律观。[②] 然而，无论何种法律观，其都是基于财产权的共同立场，在不同具体情势之下，基于不同策略的选择而已。在现代化的剧场中，法律的正义只是资本逻辑运作的工具。哪怕是律师，其存在的基础和目的也是维护市场经济的运作。恰如波斯纳所言："法律市场日益增长的竞争特点使律师们感到自己就像小本生意人，而不再是当年骄傲的职业者，在这一职业中进入领导地位的才能是商业竞争的才能，而不是职业精神的才能。"[③]法律职业主义逐步沦为一种法律商业主义。[④] 于是，在形式法治的逻辑中，法治的最终目的是维护与创造财富，“法律人之治”背后所隐藏的职业伦理其实是商业帝国的建构，而法律帝国的“王侯”最终沦为商业精英的附庸。法律人成为资本运行机器上的螺丝钉，但真正操控这一机器的不是政治家，更不是神学家，而是潜藏在资本市场中的商业精英。“商人就是我们的君王。”（笛福语）正是在这里，政治家不再拥有往日的高贵，法律人的身份也不再是正义的守护者，古典城邦中的对“良好生活目的”之追求，在现代民族国家中则彻底还原为对私人财产的确认、创造及救济。

在民族国家的实践中，“自由市场”的概念不但替代了前现代国家中的“自然状态”，而且事实上在逐步取代现代民族国家本身。在洛克的《政府论》中，自然状态就被预设为完美无缺的社会状态，而由此浮现的疑问便是：为什么还要进

① 李龙：《人本法律观简论》，载《社会科学战线》2004 年第 6 期。

② [美]莫顿·J. 霍维茨：《法律形式主义的兴起》，载[美]莫顿·J. 霍维茨：《美国法的变迁 1780—1860》，谢鸿飞译，中国政法大学出版社 2004 年版，第 283—400 页。

③ [美]理查德·A. 波斯纳：《超越法律》，苏力译，中国政法大学出版社 2001 年版，第 78 页。

④ 李学尧、余军：《法律职业的危机与出路——评 Rhode 的〈为了正义：重整法律职业〉》，载《法制与社会发展》2004 年第 5 期；黄文艺、宋湘琦：《法律商业主义解析》，载《法商研究》2014 年第 1 期。

入公民社会？于是，洛克暗含的逻辑便是，政府的目的不是要消灭自然状态，而是要更加积极地肯定这一状态。所以，霍布斯的“战争状态”(竞争状态)不但不能被消灭，而且要被更加坚决地予以肯定和保护。从某种程度上说，霍布斯依然还有对古典城邦的留恋，而洛克则最为完整地预设了现代意义上的西方国家。[①]

只是在这样的国家里，人和猪又有什么区别？在这一判断之下，现代人开始了对宿命的拷问与回应：人为什么不能像猪一样生活？而这才是古典与现代的根本区别！在现代工商业社会中，“人”不但沦陷，而且正当化了这种“堕落”；更加深刻的是，这个问题及其答案本身同样是没有意义的。所以，作为自然权利概念的当然逻辑，形式法治的真正可怕之处不是自然权利内含向财产权的转换，而是在市场经济的背景之下，这种变化过程隐含着的是对人生(生命)意义追问的屈服、拒绝和抗拒。

当我们在理论/实践上愈发趋向于认同形式法治的观念时，我们其实只是对形式法治的实质法律观加以肯定而已。而且，同样是在以理性为基础的法治观念构想中，形式法治观在自我肯定的同时也隐含着对自我的否定。在西方法治理论中，形式法治观实质就是一种试图否定与限制国家权力，并肯定自然权利的法治观。换言之，形式法治其实是以个人的自然权利为基础的。在市场经济体制中，形式法治是一种以构筑整个庞大的“商业帝国”为最终目的之法治理论。

在实践中，当自然权利转变为公民财产权后，私有财产观念便从一种与自由权和平等权相“平等”的自然权利，逐步序列化为一种更加优势的、等级化的权利，即前宪政化的权利。于是，“私有财产神圣不可侵犯”不仅是私法领域的“十字真言”，而且是构造整个现代资本主义国家的宪政制度之基石。“财政权问题既是宪政产生的根本原因，又是宪法规范的重要内容，也是宪政体制运行的重要保障。”[②]在市场经济的逻辑中，尤其是在看似公平而实质空洞的法律体系中，效率往往变得比公平更加重要。[③] 表面上，形式法治肯定着个体存在的价值，但其

---

① 如果将社会契约论作为国家构造的基础还没有清晰地表明这一点，那么诺奇克的理论借用斯密“无形的手”来比喻国家产生的过程无疑就再清楚不过地表明了现代西方国家的真实面目。See Robert Nozick, *Anarchy*, *State*, *And Utopaia*, Basic Books Inc, 1974.

② 李龙、朱孔武：《财政立宪主义论纲》，载《法学家》2003年第6期。

③ 有关“正义、法律与效率”的论述，参见顾培东：《效益：当代法律的一个基本价值目标——兼评西方法律经济学》，载《中国法学》1992年第3期；强世功：《法理学视野中的公平与效率》，载《中国法学》1994年第4期；桑本谦：《“法律人思维”是怎样形成的—— 一个生态竞争的视角》，载《法律和社会科学》2014年第1辑。

最终走向的却是对个体价值的否定，从而使得作为主体的人格在自由市场中沦落为资本运作的工具。[①] 在市场经济中，自由、平等的观念成为制造个人财富和社会财富的资本，而这反过来所呈现出的，便是以财富的多少来衡量自由、平等的观念本身。[②] 当我们在这样的观念下进行制度化设置，并将其运用于具体的社会实践操作时，自由、平等、人格、生命等都转变成了资本，并导向所谓的“法治GDP主义”。此外，当民主成为不证自明的正当性前提时，资本也必然就会获得更加强大的力量。如果对权力的追求可能导致个体的腐败，那么对资本的追求则可能引发社会共同体的崩溃与整体共存的瓦解，而这也就意味着自由和混乱的产生。试问，有哪种类型的政体比民主更加趋向于支持工商社会的构建？又有哪种社会形态比工商社会还要认可和肯定民主政体？可以说，“形式法治—市场经济—民主政治”存在着天然的、内在的、互相关联的同构性。

最终，在市场经济的逻辑运作中，以自然权利（财产权）为基础的形式法治观所指向的，就绝对不仅只是对人性尊严及自由本身的认可与尊重，其更加可能使个人成为资本压迫和剥削之对象。至此，资本——不是抽象的人性尊严/自由——才是西方形式法治的根本，而人性的尊严/自由只有在拥有资本的前提下，方能得到认可与张扬。在市场经济的逻辑中，法律职业的成就不再取决于“虚拟”的正义，而取决于市场经济的竞争过程所实现的客观、可量化的财富数量之多少。

结语

在西方的法治理论中，形式法治理论强调的是对权力的制约和对权利的保障，其根本上是一种以“自然状态”中的孤独个体之存在为前提预设的法治观。在这样的预设中，形式法治理论肯定人性的自私自利，强调人与人之间的相互对立、冲突与竞争，并禁止国家权力参与、干涉人与人之间由此形成的“自生自发的

① 有关“人格与财产关系”的论述，请参见尹田：《无财产即无人格——法国民法上广义财产理论的现代启示》，载《法学家》2004年第2期；马俊驹：《人格与财产的关系——兼论法国民法的“总体财产”理论》，载《法制与社会发展》2006年第1期。

② 在《正义/司法的经济学》中，波斯纳主张“判断行为和制度是否是正义或善(good)的标准就在于它们能否使社会财富最大限度化”，并且认为这是一种超越古典功利主义的道德学说。详情参见[美]理查德·A.波斯纳：《正义/司法的经济学》，苏力译，中国政法大学出版社2002年版；[美]理查德·A.波斯纳：《法律的经济分析》，蒋兆康译，中国大百科全书出版社1997年版，第3—32页。

秩序”。在这里,法治与个人紧密相关,国家法律的构造没有(也不可能有)具体的政治目标和理想,法律是中立的、机械化的、技术化的框架与装置。① 国家不可能有独立的意志与决断,司法判决没有所谓的公正,或者说公正本身就是源于它是司法判决。②

尽管民族国家没有独立的意志,但是其有着许许多多基于自然权利的个体(集团)意志。从某个方面说,任何国家其实都是有意志的,但是填充这种意志的可能不是以共同体的公共理性为基础的意志,而是建基于自然权利(个人理性)伪装而成的公共理性之私人主体意志。所以,象征着多元主义的自然状态下之法治观不仅是形式性的,而且必然是形式性的。只是,这种形式性并不必然是空洞的,因为存在无数的私人个体与集团意志来对其进行填充和操控。

---

① [德]卡尔·施米特:《霍布斯和笛卡尔思想中作为机械装置的国家》,载[德]卡尔·施米特:《霍布斯国家学说中的利维坦》,应星译,华东师范大学出版社 2008 年版,第 129—140 页。

② 美国的杰克逊大法官说:“不是因为我的判决是正确的所以它才是终局的,恰恰相反,我的判决之所以是正确的,是因为它享有终局性。”See Brownv. Allen, 344 U. S. 443(1953), at 540 (Jackson, J. concurring).

市场改革视域下的政府监管职能之转变

叶嘉敏*

摘要：在“国家—社会中间层—市场”的市场监管法主体之“三元框架”中，政府在市场监管中发挥着至关重要的作用，其一方面承担着法律赋予的直接监管市场与社会中间层的义务，另一方面接受法律的授权来制定法规、规章等规范性文件，从而对市场与社会中间层进行监管。在政府职能的界定与实际行使中，政府与社会中间层的职能界分不明晰、法律对政府立法过度授权、政府对市场与社会中间层监管不合理等弊端长期存在。对此，我们应当以明晰政府与社会中间层的职能并加以动态调整为逻辑起点，精确界定政府监管市场与社会中间层的维度，以完善政府通过具体行政行为与抽象行政行为行使监管职能的控权模式。

关键词：市场监管；政府；社会中间层；立法层级；控权模式

一、我国市场立法视域下的政府监管之问题所在

如今，以“国家—社会中间层—市场”为基本特征的市场监管法主体框架已广泛应用于理论与实践中，我国也概莫能外。[①] 在众多的市场监管主体中，无论

---

* 叶嘉敏(1996—　)，男，江苏昆山人，华东政法大学经济法学院博士研究生，研究方向为经济法、金融法、商法。

① 国内较早从理论上明确主张经济法主体的体系转向“三元框架”的代表性学者当属王全兴与单飞跃。具体论证可参见王全兴、管斌：《社会中间层主体研究》，载漆多俊主编：《经济法论丛》(第五卷)，中国方正出版社 2001 年版，第 42—109 页；王全兴、管斌：《经济法学研究框架初探》，载《中国法学》2001 年第 6 期；单飞跃：《经济法理念与范畴的解析》，中国检察出版社 2002 年版，第 231—243 页。此后，国内经济法学界的相当一部分学者纷纷从“三元框架”的视角出发，认为基于社会中间层之参与而形成的“三元框架”必将成为未来经济法主体理论之构建所应遵循的基本模式，参见孟庆瑜：《反思与前瞻：中国经济法主体研究 30 年》，载《云南大学学报(法学版)》2009 年第 1 期。

从机构数量来看，还是从职能承担力度来讲，政府都可谓是重中之重。[①] 然而，政府的监管职能之行使却乱象频生，具体包括以下几个问题：

首先，在市场监管立法中，法律空洞化现象比较严重，即立法中的不少规范风格简略、粗犷，法律的完整性、周延性、精确性和普适性不足，没有实质内容，可操作性差，从而导致法律的控制力不足，法律仅剩一个空壳，甚至连外壳都没有。[②] 具体而言，问题主要集中在以下几个方面：(1)宣示性立法规范较多，即很多法律条文的表述不是法律规范而是某种决心或导向，在司法和执法过程中没有实质意义，如《中华人民共和国中小企业促进法》第三条[③]；(2)不少立法过于简略，从而导致精确性不足，政府需要制定政策或实施细则予以细化，如《中华人民共和国企业所得税法》《中华人民共和国个人所得税法》等，这种情况主要不是语言的开放结构所致，而是立法的主导思想所致；(3)很多法律不周延，存在法外现象，如《中华人民共和国预算法》对"预算外资金"不能予以约束；(4)立法存在过量授权条款，政府被授权制定政策来规定某类事项或某一事项，如《中华人民共和国合伙企业法》第一百零八条[④]；(5)部分领域没有法律，立法机关对政府进行立法授权，如在税收领域，全国人大常委会于 1984 年以"决定"的形式对国务院进行了立法授权，从而使得很多税种没有落实于法律层面，只有"暂行条例"和大量的规章与规范性文件之规定；(6)部分领域既没有立法机关的授权立法，又没有法律之规定，如财政领域没有《中华人民共和国财政基本法》《中华人民共和国转移支付法》等法律，却有国债发行和转移支付方面的大量政策与实践；(7)虽然有些领域有法律之规定，但是政策先行或政策优先，即在法律未做修改的情况下，政府先依政策办事，之后再修改法律，以对既成事实予以确认，如中国银监会就是先成立机构，然后国家再修改《中华人民共和国中国人民银行法》，并制定《中华人民共和国银行业监督管理法》予以追认。在以上七种情况中，除了授权立法和宣示性立法在极为有限的场合具有一定的正当性外，其他情形均不具有

① 张继恒：《社会中间层的经济法主体地位析辩——由"三元框架"引发的思考》，载《法制与社会发展》2013 年第 6 期。

② 邢会强：《政策增长与法律空洞化——以经济法为例的观察》，载《法制与社会发展》2012 年第 3 期。

③《中华人民共和国中小企业促进法》第三条："国家将促进中小企业发展作为长期发展战略，坚持各类企业权利平等、机会平等、规则平等，对中小企业特别是其中的小型微型企业实行积极扶持、加强引导、完善服务、依法规范、保障权益的方针，为中小企业创立和发展创造有利的环境。"

④《中华人民共和国合伙企业法》第一百零八条："外国企业或者个人在中国境内设立合伙企业的管理办法由国务院规定。"

正当性，属于立法缺陷。

其次，政府与社会中间层的市场监管职能之划分不明确，且监管社会中间层的机制失范，对此亦鲜有文献提出解决方案。法学意义上的社会中间层主体，是指独立于市场与政府的主体，其在政府干预市场、市场影响政府和市场主体的相互联系之过程中起中介作用，如工商业者团体、消费者团体、劳动者团体、国有资产投资机构、商业银行、政策性银行、资产评估机构、产品指令检验机构等。① 一般而言，在经济法主体框架内的社会中间层主体形式多样，其应具有的功能包括：服务功能，即为政府干预市场服务，为市场交易和竞争服务；干预功能，包括市场规制和宏观调控；协调功能，即协调市场与政府的关系，以及市场主体之间的关系。② 强调社会中间层的主体作用，并不意味着政府完全放弃市场规制，而是在某些方面，规制方式由直接规制变为由中间层主体主导的间接规制。作为社会公共利益的代表和市场经济秩序的监管者，政府的职能主要是规范和监督社会中间层主体的运行。就我国现有的社会中间层主体而言，其特殊的产生路径不同于西方市场经济国家的企业自愿结合成立之情形。③ 我国社会中间层的路径依赖以及市场经济发育的不完全，导致我国的社会中间层主体独立性差，活动受政府部门干预过多，突出表现为职能上的缺位与越位。④ 为此，我们需要对我国社会中间层与政府的职能进行明确界分，并规范政府对社会中间层的监管路径。

最后，政府在市场交易秩序方面的监管失范现象较为严重，但我们却缺乏提出切实可行对策的文献。具体而言，一方面，在市场监管——尤其是弱势主体保护——方面，政府权责未做到清晰明确，加上有些本应由政府监管的市场领域却无人管理，从而导致市场监管缺位，并引发经济社会发展失衡；另一方面，政府权力又具有扩张逐利的一面，如果立法没有明确政府市场监管职能并使其权责相统一，那么政府往往会在利益驱动下以隐形或变相的方式实施超越监管职能范围的行为，这便导致了政府市场监管的越位。除此之外，我国的行政立法尚未完善，其基本法规和程序都十分欠缺，从而造成政府在行使市场监管职能时的行政

① 王全兴：《经济法基础理论专题研究》，中国检察出版社 2002 年版，第 524—525 页。

② 王全兴：《经济法基础理论专题研究》，中国检察出版社 2002 年版，第 528—531 页。

③ 徐家良：《双重赋权：中国行业协会的基本特征》，载《天津行政学院学报》2003 年第 1 期。

④ 张占江：《政府与市场和谐互动关系之经济法构建研究——以社会中间层主体为路径》，载《法律科学》2007 年第 3 期。

随意性相当突出。在我国的现实经济生活中,市场监管部门不注重维护法律的可预测性,随意干预时有发生,突击干预的现象还较为突出。[①]

二、逻辑起点:市场干预视域下的政府与社会中间层之职能界分优化

(一) 我国经济法主体之框架的梳理

"国家—市场"二元框架主导了改革开放以来至上世纪末的中国经济法主体之理论研究[②],该理论认为面对市场经济中的市场失灵问题,政府的宏观调控与市场规制就足以解决问题。但是,实际上,政府并没有足够的能力去探知市场中的种种弊端,政府与市场主体间存在严重的信息不对称问题。为了更好地解决这些问题,我们需要另设机构对市场进行调控规制。

在此背景下,旨在克服"二元框架"之内在缺陷的"国家—社会中间层—市场"三元框架被越来越多地应用于经济法主体理论的研究与应用中,该理论认为,我们应将政府的部分经济职能交由社会中间层主体完成[③],以使其成为干预市场的辅助主体。实际上,"三元框架"形成了这样一种思路:市场失灵———需要政府干预———政府失灵———政府经济职能社会化———社会中间层成为干预市场的辅助主体。社会中间层的职能包括:信息收集与传递,集中市场主体的制度需求,提出议案,辅助政府制定法规、政策,并将这些信息及时传递给市场主体,以帮助其有效地贯彻执行相关规定;解决市场主体之间的纠纷,丰富社会纠纷解决机制,进而节约政府资源。[④] "三元框架"在我国现行的经济法中有较多体现,如《中华人民共和国消费者权益保护法》中的"工商行政管理部门—消费者协会—消费者和经营者"框架,《中华人民共和国产品质量法》中的"产品质量技术监督等行政部门—质量管理协会、消费者协会—消费者、用户、生产商、销售商"框架,等等。

① 刘厚金:《政府经济职能法治化:基本内涵、问题分析与实践路径》,载《党政论坛》2018 年第 12 期。

② 张继恒:《社会中间层的经济法主体地位析辩——由"三元框架"引发的思考》,载《法制与社会发展》2013 年第 6 期。

③ 社会中间层的定义已在上文中完成,参见前文脚注。

④ 单飞跃:《经济法的法权利范畴研究》,载《湘潭大学学报(哲学社会科学版)》1999 年第 2 期。

(二) 社会中间层的市场干预权之源头探析

社会中间层主体的市场干预权不是源于国家公权的转移,就是来自成员私权的让渡。因此,在具体的经济法律关系中,社会中间层主体所扮演的角色,不是处于国家主体一方,就是处于市场主体一方,其不可能获得除国家主体和市场主体外的第三种身份。一般认为,社会中间层主体的权力来源包括:法律的直接授权、政府的授权或委托、社会中间层组织的内部章程契约。[①] 随着我国的社会中间层主体之日趋成熟,由法律法规直接授权或者政府委托干预市场的情形渐趋减少,更多的是社会中间层基于团体成员的权利让渡而获得市场干预权的情形。[②]

(三) 市场干预视域下的政府与社会中间层之职能优化研究

由于“社会中间层”在中国还只是一个学术上的概念,其还没上升到正式立法的层次,因此国内目前关于社会中间层的法律法规所使用的表述是“社会团体”。《社会团体登记管理条例》对社会团体的会员人数、财产、发起人和负责人之资格等事项做了比西方国家严苛得多的限制。《社会团体登记管理条例》规定,社会团体的法定登记机关是民政系统,社会团体在向登记机关申请注册登记以前,必须得到主管单位的批准,而只有党政机关和得到党政机关委托的单位才有资格担当社会团体的主管单位。我国的社会团体独立能力差且自治程度低,具体体现在:(1)在经费上,靠政府资助;(2)在人员任免上,被纳入政府程序;(3)在日常管理上,受到政府的直接干预,而且我国实行的是双重管理体制,即民政部门和上级主管部门都对第三部门进行直接管理。

因此,尽管从理论上说,社会中间层的市场干预权力来源于公权力的授权或者委托,抑或来源于市场主体的私权让渡,但是权源的区分实际上并非泾渭分明。在很多情况下,由于法律条文的表述不够明晰,因此社会中间层对市场的干预权力是否来源于公权力的授权或委托是难以确定的。

针对这一问题,我们应当探析社会中间层的设立初衷。社会中间层之所以出现,并不是因为它扩大了政府对社会进行控制的公权力之触角,而是因为它有

---

① 张继恒:《社会中间层的经济法主体地位析辩——由“三元框架”引发的思考》,载《法制与社会发展》2013 年第 6 期。

② 余凌云:《第三部门的勃兴对行政法意味着什么?》,载《浙江学刊》2007 年第 2 期。

利于弥补政府失灵。社会中间层应作为独立的力量被看待。因此,除去公权力授权或委托的情形,在市场主体的私权让渡之视域下,我们应消除公权力对社会中间层的不合理干预。具体而言,在通过私权让渡来设立社会中间层的市场干预权之情形下,我们首先需要建立统一的社会中间层资格认证制度,即从法律上明确各类社会中间层的设立与退出之标准,以增强法律的可操作性。其次,我们需剥离社会中间层与政府的行政依附关系,以使社会中间层真正成为在人事、资金、活动等方面拥有独立自主身份的组织。最后,在日常管理上,政府不直接干预社会中间层的内部管理事务,即由微观管理转向宏观监管。

在政府与社会中间层的市场干预权之职能划分层面,我们应当分类进行讨论。在市场主体将私权让渡给社会中间层以形成市场干预权的情形下,只要不侵犯公共利益或者不违反法律、行政法规的效力性强制性规定,市场干预权的设立均属有效;在法律法规授权或政府委托社会中间层进行市场干预的视域下,属于宏观层次的决策、规划、调控等职能应由政府行使,属于中观层次和微观层次的带有执行性、技术性、操作性之职能,可以通过授权或委托的方式转由社会中间层主体行使,而政府负责对社会中间层进行监管。

三、逻辑展开:市场监管视域下的政府职能优化研究

在市场监管的视域下,政府职能的优化应当以提升立法技术为先决条件,而政府对市场交易秩序的直接监管制度与借助社会中间层的间接监管制度可以之后再得到完善。

(一)合理处理市场监管立法视域下的法律与政府立法之关系

在市场监管立法的视域下,我国的法律空洞化现象严重,主要表现为法律精细化程度严重欠缺与法律授权政府制定文件之情形过滥,而这已严重影响了我国的市场监管立法之品质。针对该问题,我们应当从法律与政府立法的特征差异着手来进行考察。一方面,法律具有严格的立法程序,出台过程缓慢,而政府立法不具有严格的制定程序,出台过程迅速;另一方面,法律具有稳定性,不能朝令夕改,而政府立法具有灵活性,可以不断试错。正是二者的这些特征差异,使得在“摸着石头过河”之思想的指导下,法律授权政府立法的情形过多。

然而,与法律相比,政府立法的弊端很多。首先,政策多变,这严重侵蚀了形

式理性的可计算性与可预期性，从而导致人们无法建立起稳定的预期以及决策的短期化；其次，政府立法具有灵活性，但其有时难免因决策过程过快而出现短视，加之政府立法缺乏成本收益分析和影响评估，因此其有时“头痛医头，脚痛医脚”，缺乏慎重和长远的考虑；最后，政府立法的强制力差，根据《中华人民共和国行政处罚法》，政府立法能规定的法律责任种类有限，而根据《中华人民共和国行政诉讼法》，在法院审理案件时，除了行政法规外，部门规章仅起“参照”作用。

与法律相比，政府立法具备回应性强的优势，但其也存在可预测性缺失、实质理性欠缺与强制力不足的弊端。有鉴于此，对于市场监管立法而言，在规制对象的属性变化速率较快的情形下，我们应当允许法律合理授权政府立法，以回应市场变化，从而在短期内有效维护市场主体的合理权益。但是，一旦该领域的法律制定之时机已成熟，我们就应当尽快制定精细化的法律规则，以期增强市场监管规则的可预测性、实质理性与强制性。事实上，在美国，作为对法规泛滥现象的反击，国会的应对策略之一是，其可以使制定出的法律精确完整到无须制定法规以实现法律目标的程度。[①] 此外，我们应加强对法律执行环节的控制，并规范法律的解释机制。

（二）完善政府通过社会中间层对市场进行规制的间接监管机制

社会中间层的市场干预权来源于市场主体的私权让渡或公权力的授权委托，后者包括法律的授权或者政府的授权与委托。在市场主体通过私权让渡形成市场干预权的视域下，社会中间层与市场主体之间的社会关系本质上还是属于私法调整的范畴，因此政府对社会中间层的监管模式可以参照政府对市场的直接监管范式，其监管应遵循“法无明文规定即可为”的私法治理原则。在公权力授权或委托社会中间层进行市场监管的视域下，社会中间层的职能行使本质上是公法的延续，其职能的行使应遵循“法无明文规定不可为”的公法原则，政府对其进行监管也需遵循这一原则。

（三）改良政府对市场交易秩序进行规制的直接监管模式

市场监管是对市场运行全过程的监管，包括市场行为发生前的事前制约（市

① ［美］科尼利厄斯·M.克温：《规则制定——政府部门如何制定法规和政策》，刘璟、张辉、丁洁译，复旦大学出版社2007年版，第233页。

场准入机制)、市场行为发生时的同步制约(市场主体的信息披露制度与政府的监督检查机制)及市场行为发生后的事后制约(对违法行为的处罚与退市机制)。在政府对市场交易秩序进行直接监管的视域下,我们应对以上三个环节进行全方位的制度完善。其中,对违法行为的处罚制度是行政法领域的规制范畴,该制度已较为完备,因此本文不予研究。本文主要针对我国的市场准入机制、市场退出制度、信息披露机制与监督检查制度提出完善建议。

1. 市场准入机制的完善

所谓市场准入,是指国家出于公共利益的需要,以解决市场机制的内在问题为目的,对社会经济活动的种类与主体进行资格限制[①],具体包括业务准入与主体准入。在我国的市场经济发展之初期,政府对业务准入几乎是不加限制的,但随着经济发展的深化,出于公共利益保护的考量,业务准入逐渐成为我国市场准入机制的重要组成部分。产品与服务的准入机制分为可以自由进入市场的模式和需经审批方可进入市场的模式。普通商品和服务并无准入限制,但一些特殊的产品与服务在准入时因国家专营专卖、产品质量、产品安全等因素的考量而需被加以限制。

主体准入监管包括一般的主体准入监管与特殊的主体准入监管。一般的主体准入监管是针对每个市场主体的监管,其具有普遍的约束力,且首要目标是维护市场秩序。一般主体的准入监管之主要表现形式为工商登记制度。此外,由于同一市场中的主体规模之大小关系到市场进入的难易程度,因此反垄断法与反不正当竞争法也属于市场准入的内容。

特殊的主体准入监管主要涉及在经济、社会、军事等方面有特殊性的市场,如关乎国家稳定的金融市场与关乎人民健康的食品药品市场,其首要目标是维护市场安全。特殊的主体准入监管主要体现为各种审批核准制度,其大致分为两类:一是设立审批,即在主体的设立环节就将不符合条件的主体拒之门外,如任何银行的设立均需国家银监会批准;二是经营许可,即已获准设立的主体还需国家审批方可从事经营活动,如我国药品市场的准入。

2. 市场退出制度的改良

所谓市场退出,是指作为市场主体的企业停止经营,清理或转让债权债务,

---

① 焦玉良:《对市场准入制度的经济学分析》,载《改革》2004 年第 2 期。

关闭机构,从而丧失独立法人资格的过程。[①] 尽管我国目前存在国有企业背负沉重的历史包袱、部门或地区所有制不完善等使市场退出存在障碍的问题,但是随着市场改革的深化,市场退出制度的改良已是板上钉钉。市场退出机制以维护各方主体的合理利益为主,以保障市场的运行效率为辅。

对市场退出的监管应分类进行。具体而言,一般市场允许自愿退出,而特定市场由于市场资源较为稀缺,因此为保障资源的有效利用,其往往要采取强制性退出。针对一般产品与服务的退市调整,程序通常较为宽松;而针对上市公司退市以及机构的解散、撤销、破产,从保护债权人与投资者的角度考量,国家会设定严格的程序来规制。具体而言,我们应完善公司退市的操作规程,加大信息披露的力度,提高透明度,以避免矛盾进一步激化。在善后处理中,我们应当重视中小投资者与债权人的优先清偿问题,如金融机构退出后,我们应通过存款保险基金、证券投资者风险补偿基金和保险保障基金,分别对银行存款人、证券公司客户与投保人予以保护。

3. 信息披露机制的健全

信息披露又称信息公开,是指在市场公开的原则下,市场主体通过一定的方式,将其经营财务等有关信息向社会公开的活动,信息披露是公众知情权的保障。我国市场中的信息披露制度尚有很多不足之处,如信息披露面不广、不及时且透明度不够,从而使市场主体的合理权益遭受严重损害。

信息披露分为强制性信息披露与自愿性信息披露。强制性信息披露的客体是必须公开的信息,如上市公司应当通过信息披露,将资产、负债、现金流量、利润构成等基本情况传达给社会公众;自愿性信息披露的客体是市场主体自己觉得需要公开的信息。无论是强制性信息披露还是自愿性信息披露,均需遵循一定的规则。

具体而言,信息披露原则应包括真实性原则、准确性原则、完整性原则和及时性原则。真实性原则是指披露的信息不得虚假;准确性原则要求披露事项应有明确的内涵与外延,披露的信息应为普通人所理解;完整性原则是指原则上凡是对市场产生实质性影响的信息均应予以披露,但需平衡市场主体的知情权法益与商业秘密法益;及时性原则要求资料应以相关利益主体能最快获取的途径

① 吴弘、胡伟:《市场监管法论——市场监管法的基础理论与基本制度》,北京大学出版社 2006 年版,第 127 页。

得到公开。

4. 监督检查制度的改进

在市场监管中,监督检查是与信息披露相对应的制度。信息披露是市场主体主动将信息提供给公众,而监督检查是市场主体或监管主体主动对市场交易中的信息进行审查。具体而言,监督检查制度包括内部监督检查制度与外部监督检查制度。所谓内部监督检查制度,是指市场主体通过其稽查、稽核、监察、纪检、审计、法务等内设监督部门,以及股东会、董事会、监事会等内部权力机构进行内部检查,从而控制自身经营风险;而所谓外部监督检查制度,是指国家监管主体对被监管者的经营信息进行强制审计、会计核算、稽查,进而减少市场主体与监管主体间的市场交易信息不对称问题,以便进一步展开市场监管。监督检查制度改进的重点对象是外部监督检查制度。在现实生活中,外部监督检查制度不够完善,市场主体违法犯罪的现象依然层出不穷,因此我们需要使外部监督检查制度符合行政法的法理,即外部监督检查制度需受行政法的基本原则之约束。

首先,外部监督检查需符合行政公正原则的要求。一方面,在进行监督检查时,政府应仅检查与市场主体之合理权益相关的因素;另一方面,政府应将与市场主体之合理权益相关的因素全部纳入监督检查的范围。其次,比例原则应成为外部监督检查所需遵循的准则。比例原则主要应用于市场主体的合理权益与被检查者的商业秘密法益相冲突之情形。一方面,政府的监督检查职能之行使不能使保护的市场主体之合理权益小于侵犯的商业秘密法益;另一方面,在选择监督检查职能的行使方式时,政府应选取对商业秘密法益的侵害最小之方式。

结语

在政府的市场监管职能改革之视域下,大多数学者从经济制度或法政策的视角对政府的职能转变进行研究,抑或从某一特定领域切入,对政府的职能转变进行精细化研究,但是我国学界却鲜有从宏观视角对政府的职能转变进行深入研究的作品。本文针对政府行使市场监管职能过程中的种种弊端,从政府与社会中间层对市场干预职能的分野探析出发,对立法技术、政府通过社会中间层对市场进行监管的职能、政府直接监管市场的职能等内容进行了较为精细化的研究,以期对当代政府的市场监管职能之界定做出基础理论层面的贡献,并对各领域的政府监管职能方面之前瞻性立法有所启示。

法学论坛

论突发公共卫生事件中的信息公开制度

——基于对新冠肺炎疫情事件的观察

王由海*

摘要：以新冠肺炎为代表的突发公共卫生事件应对，暴露出政府信息公开不及时、不准确、侵害个人信息隐私等问题。为此，我们应当以双重视角来建构突发公共卫生事件中的信息公开制度。其一，发挥信息公开的“风险沟通”功能，对疫情信息公开的主体、内容、方式、对象等进行提炼，以保障公众的知情权，并有效降低疫情风险；其二，聚焦个人信息保护，在立足知情权的信息披露与面向信息隐私权的患者个人信息保护之间寻得动态平衡。个人信息具有公共性是政府收集和披露个人信息的正当性基础，但在疫情信息的收集和披露过程中，政府要遵循聚合利用原则、比例原则和知情原则，并适用“统一处理，分别调整”规则。针对政府信息公开中的不作为、乱作为之现象，我们要强化信息公开义务主体的问责机制。

关键词：突发公共卫生事件；疫情防控；风险沟通；信息保护

一、问题的提出

在高度发达的现代化和工业化进程中，现代社会已然进入“风险社会”(risk society)。面对人类自身行为和高科技所引发的技术风险，政府规制机关不得不接受“决策于不确定之中”的现实，行政机关也越来越依赖政府信息库所收集和

---

* 王由海(1993—)，男，浙江温州人，中国政法大学宪法学与行政法学博士研究生，研究方向为宪法学、行政法学。

存储的大量个人信息。其中,以突发公共卫生事件为代表的社会风险领域对个人信息的利用是最为典型和频繁的。以2020年的新冠肺炎疫情为例,无论是对新冠病毒走向的长期预判,还是对疫情引发的社会安全事件的动态监测和预警,乃至对特定社会风险源(如疑似患者和密切接触者)的定位与跟踪,都离不开政府数据库中的大量个人信息对治理手段之丰富。

在突发公共卫生事件中,政府收集、使用和公布个人信息的过程,存在着利用政府信息公开促进风险治理上的有效性问题和风险治理中的个人信息隐私权保护问题。反观我国的政府信息公开之实践,以上两个方面都存在不足。政府信息公开在风险治理中的定位,基本上仍是从有利于公开透明、公众监督、民主参与等角度强调这类"信息公开"的重要性[①],其很少关注信息公开作为一种"信息工具"在社会风险治理方面的功能。在个人信息披露的保护上,政府信息公开仍较为侧重于对个人信息的获取和暴露阶段之规制,尤其是"知情同意"框架下的私法保护,其在对个人信息的利用——尤其是公法意义上的政府使用行为——之规制方面仍存在空白。以疫情信息为例,在疫情信息公开的方式和程序方面,疫情所涉及的信息与一般信息不同,其判定高度依赖于专业知识甚至是专家经验,其本质上属于风险类信息。为了实现疫情有效治理过程中的信息沟通,我们需要明确政府信息公开的主体、方式和对象,这样才能最大化地消弭风险,并促进社会治理。在政府公布的疫情数据之详细程度方面,我们需要对公众的健康权、知情权与个人信息隐私权进行利益衡量,如政府公布新型冠状病毒肺炎确诊和疑似患者的数量、年龄、性别、居住小区、行踪轨迹等信息是疫情防控之需要,但是患者信息的详尽披露,如文山5名医务人员私自用手机拍摄医院电脑记录的新冠肺炎患者的姓名、家庭详细住址、工作单位、行程轨迹、接触人员等信息并公开散布[②],则严重侵害个人的隐私权。

因此,本文拟结合新冠肺炎这个具有典型意义的突发公共卫生事件,并围绕"疫情背景下如何有效进行信息公开与个人信息保护"这一主题,分析我国突发公共卫生事件中的政府信息发布与个人信息保护制度在设计和运行中所存在的问题,进而厘清突发公共卫生事件中的信息沟通与个人信息保护之基本制度框架。

---

① 金自宁:《作为风险规制工具的信息交流—以环境行政中TRI为例》,载《中外法学》2010年第3期。

②《云南5名医务人员偷拍散布新冠肺炎患者信息被罚》,成都法制新闻-中顾法律网,http://chengdu.9ask.cn/news/detail/1817.html,访问日期:2020年2月26日。

二、突发公共卫生事件中的“风险信息沟通”

作为社会风险治理的一种规制工具，信息沟通具有成本较低、无强制力、更加灵活等优点。信息沟通不等于信息披露或公开，只有所提供的信息能够刺激信息接收者做出有利于降低/避免风险的（态度/行为上的）改变之行动，才称得上是有成效的风险信息沟通。[①] 传染病已成为全球化的特定风险，而在传染病的预防与控制方面，有效的信息沟通是决定成败的关键物质。理想的状态是，传染病疫情一经出现，公众能够第一时间获得传染病的性质、原因、发生地、范围、防护措施等基本信息，从而有效落实防控措施。但是，大部分的传染病信息都属于医学专业判断的范畴，而作为一门科学，医学当然存在着“未知”领域。因此，在传染病得到确认之前，疫情信息也充满了不确定性。不同阶段的信息之差异性，容易给公众一种混乱、无所适从的感觉，甚至专业的技术判断也会出现偏差、错误与分歧。

如果政府不能及时、准确地向个人与单位传递疫情信息，那么封闭、狭窄、扭曲的“信息黑箱”就会产生，从而阻塞信息沟通的渠道。信息沟通是“一个持续的空间过程”，这提醒我们在“数据抗疫”的风险治理过程中，政府要关心疫情信息的内容、信息接收者的特征、信息的表达方式、民众对信息的反应等事项，即信息沟通的要素包括“谁以何种方式向谁说什么”。但是，反观我国的疫情信息公开制度，我们会发现诸多问题。

（一）信息公开的主体

在疫情信息公开的主体上，信息的接收者对发布主体的信任程度是决定信息沟通成效的重要因素。正如社会心理学上的“不对称原则”所揭示的，“信任总是易于失去而不容易建立”，这意味着疫情信息公开的主体不仅要具备专业的知识和技能，而且要具有较高的公共权威地位。

就法律规范而言，《中华人民共和国传染病防治法》和《突发公共卫生事件应急条例》都明文规定了传染病疫情信息公布制度。[②] 国务院卫生行政部门和经

① 金自宁：《风险规制中的信息沟通及其制度建构》，载《北京行政学院学报》2012 年第 5 期。

② 参见《中华人民共和国传染病防治法》第十九条和三十八条、《突发公共卫生事件应急条例》第二十五条及《卫生部关于印发〈卫生部法定传染病疫情和突发公共卫生事件信息发布方案〉的通知》之规定。

过授权的省级卫生行政部门是两类疫情信息及突发公共卫生事件信息的发布主体。在平时,国务院卫生行政部门公布全国的传染病疫情信息,省一级(包括自治区、直辖市)人民政府卫生行政部门定期公布本行政区域的传染病疫情信息;在疫情发生时,国务院卫生行政部门负责向社会公布传染病疫情信息,并且其可以授权省一级人民政府卫生行政部门向社会公布本行政区域的传染病疫情信息。另外,《中华人民共和国传染病防治法》第十九条规定,国家建立传染病预警制度。国务院卫生行政部门和省一级人民政府是传染病预警信息的发布主体。但是,《中华人民共和国突发事件应对法》第四十三条将发布警报、宣布进入预警期、发布突发事件预测信息等职责授予了县级以上人民政府。可见,《中华人民共和国传染病防治法(2013 年)》和《中华人民共和国突发事件应对法(2007 年)》的规定存在冲突之处。按照法源位阶与适用规则,以上二者同样是全国人大常委会制定的法律,不适用"上位法优于下位法"规则,也不能简单适用"特别法优于一般法或新法优于旧法"的原则。

我国现有的疫情公开制度所规定的疫情信息公开主体过于单一且级别过高,而发布疫情预警机制的公开主体也存在规范冲突。法律表述的模棱两可会导致疫情信息公开实践的进退维谷,这次的新冠肺炎疫情公开之实践就是深刻的教训。(1)信息公开主体未及时公开疫情信息。新冠病毒暴发后,民众的一个普遍质疑是,在发现不明原因的肺炎疫情后,武汉市政府为何没有及时公开疫情信息,并提醒居民采取防控措施呢?武汉市政府的解答为,"传染病有传染病防治法,它必须依法披露。作为地方政府,我获得这个信息以后,授权以后,我才能披露"。这种观点被称为"未经授权不得披露说",其隐藏的逻辑是,疫情信息唯有获得授权才属"依法披露"。按此观点,武汉市政府似乎没有错,疫情信息公开不及时是因为其未获得授权,所以其不属于法定公开主体,但是这种观点饱受质疑。① 除了信息公开本身的迟延外,武汉市政府在 12 月 8 日至 1 月 21 日期间也未见有采取任何明显的预警机制。其间,武汉市及湖北省的"两会"顺利召开,百步亭社区举办了"万家宴"。(2)公布的疫情信息不准确且具有误导性。例如,中国疾控中心派出的专家组赶赴武汉进行疫情考察,其认为未见明显人传人和医

① 代表性批评参见赵宏:《"未经授权不得披露"背后的信息公开制度与问题》,https://mp.weixin.qq.com/s/SXSeCrdtnPIwkbo6q9aXsg,访问日期:2020 年 3 月 1 日。

护感染。[①] 随着钟南山院士肯定新冠病毒存在人传人的可能以及许多医护人员被感染，我国的疾病控制体制在短时间内遭到民众质疑，处于舆论的风口浪尖。

（二）信息公开的内容

在疫情信息公开的内容上，政府应当公开什么样的疫情信息，或者说公众期待什么样的疫情信息，取决于有效信息沟通的需要。疫情信息应当是清晰且容易为公众所接受的，这样才能降低疫情所引发的风险。疫情信息的公开内容不仅要提示疫情风险，而且要提示风险的性质、程度以及如何应对，否则公众会陷入不必要的恐慌。[②] 以新型冠状病毒肺炎为例，政府除了要按照法律规定公布每日的确诊病例、重症病例及疑似病例的发病时间、收治信息等基本情况外，还要公布确诊病例活动过的场所和感染路径，以方便公众加强自我防御。当然，过于详细的信息披露将引发公众对患者本身的个人隐私权保护之关注，下文第三部分将予以阐释。

同时，由于传染病防治涉及许多医学专业知识，因此政府在规制“疫情风险”时往往依赖于专家的专业判断，而专家的专业判断往往会带有某种偏见，如他们重视那些可以科学量化的风险，并笃信实验室的数据和实验结果，却忽视实际运行的社会以及公众所关心的公平性、有效性等因素。例如，中国科学院上海药物所和武汉病毒所联合研究初步发现，中成药双黄连口服液可抑制新型冠状病毒[③]，从而导致双黄连口服液在全国范围内断货，由此引发了抢购潮和民众恐慌。但是，双黄连在抑制新型冠状病毒方面是否有效？实验室有效并不代表临床有效，相关结果应该经过严格的临床药理学审评。

（三）信息公开的方式

在疫情信息公开的方式上，政府应注意疫情信息的不同发布渠道。政府要研究如何通过各种方式和策略（如衣着、语调等）来吸引公众的注意力，从而获得

---

① 徐婷婷、赵萌萌：《高福，舆论漩涡中的中国疾控中心主任》，https://new. qq. com/rain/a/20200215A0QRFY00，访问日期：2020 年 2 月 28 日。

② 如日本福岛核电站泄漏时的“碘盐抢购风波”，以及新型冠状病毒肺炎下的“双黄连抢购风波”，都是由于疫情信息所传递的内容不够准确且未及时得到澄清而引发的。

③《中新时评：愿双黄连的“苦”能激活更多理性》，http://www. chinanews. com/gn/2020/02-01/9075060. shtml，访问日期：2020 年 2 月 28 日。

公众信任,进而有效传递疫情信息。新冠防控的一个教训是,地方政府不注重信息沟通的方式。2020 年 1 月 26 日,湖北省政府召开首次新闻发布会,而参加发布会的人员却因“口罩不会戴,事实错误,口径相反”而使这次发布会被网友誉为“教科书级的发布会”。虽然我们不必高估信息沟通方式之重要性,但是不可否认的是,良好的信息沟通方式能够避免信息沟通中的不必要扭曲。

公众的风险感知源于主观判断、经验积累和实践总结。在面对本身就带有较大不确定性的信息时,不同的组织和个人完全可能从最有利于自己或自己最倾向的行为选择之立场出发,去进行不同的解读和定性,而这有可能会使他们偏离事实,特别是偏离专家和政府所公布的事实。因此,在面对网上流传的有关疫情之不实消息时,政府应当通过官方渠道予以及时回应。具体而言,在新冠病毒防控方面,政府应当通过多样的官方渠道(如官网、报纸杂志、电视等)及时公布相关信息,并充分利用网络媒体(如自媒体、微博、微信等)来丰富信息沟通渠道。

在风险信息的沟通方式上,如何选择适当的时机来公布疫情是一个需要严肃对待却又容易被忽略的问题。疫情信息公开的时机判断是一项复杂的任务,如果政府过早就针对仍然包含较大不确定性的传染病发出预警信息的话,那么社会上不必要的恐慌情绪就会弥漫;如果行政机关不及时公布牵涉重大利害关系的疫情风险信息,那么其可能会错过最佳防控时机,从而引发社会治理的信任危机。在实践中,对所谓发布的公共卫生事件信息要“全面、准确”之理解,往往等同于要求政府掌握突发公共卫生事件的所有真相,并保证所有细节都准确无误。由于害怕因发布不十分准确的信息而承担责任,有关部门会出于求稳的心态,采取一种一次性、终局性的发布方式,即等到事件尘埃落定的时候才公布信息。① 但是,这种“万无一失”的信息发布实际上是事件结束后的信息汇报,政府已经错过了最佳防控时机。因此,疫情信息公开要遵循如下原则:(1)第一时间公开原则。针对瞬息万变的传染病疫情,我们很难判断疫情何时会大规模暴发,因此时间就是生命。在经过必要的利益衡量后,政府要抓住时机,第一时间公开疫情信息,因为信息公开是“最好的疫苗”。同时,政府不要怕信息出现偏差,其可以及时更正错误信息。(2)不间断公开原则。在必要的时候,政府可以每天多次发布信息,从而使得媒体与公众及时掌握疫情信息,以消除不必要的恐慌。

---

① 徐青松、段炼:《论突发公共卫生事件信息公开》,载《现代预防医学》2009 年第 11 期。

(四)信息公开的对象

疫情信息的接收对象主要为受疫情影响的企业和公众,他们并不具备医学专业知识,并且对传染病的特定术语也不熟悉。但是,很大一部分的传染病信息属于医学专业知识之范畴,其充满了大量的专业技术内容和不确定性,因此公众往往难以理解。为了克服公众在专业知识方面的不足,政府信息公开要尽量避免过多的专业术语,并进行必要的解释说明。例如,在说明新冠疫情防控措施中的居家隔离之重要性方面,上海华山医院的张文宏医生在新闻发布会上提出的"你在家不是隔离,你是在战斗啊!你觉得很闷,病毒也被你闷死了啊!"就很好地将专业医学防护措施的必要性生动形象地表达了出来。

当然,社会团体与公众不仅仅是政府信息公开的对象及风险信息沟通的接受者,在许多场合下,公众——特别是社会团体——更是政府信息公开的积极参与者及风险信息沟通的主体。例如,近日由国家信息中心、南京大学网络传播研究院联合发布的《"新型冠状病毒肺炎"公众认知与信息传播调研报告 2020》所披露的相关数据也勾勒出公众的信息认知状态和触媒习惯,90%的公众对疫情相关信息保持高度的关注。①

三、突发公共卫生事件中的"个人信息保护"

疫情背景下,对包括患者、疑似患者及密切接触者在内的各类主体之个人信息的收集与利用,在疫情防控与社会情绪的稳定方面具有重要作用。政府对个人信息的获得、利用和公布之详细程度,不仅涉及政府利用个人信息的正当性问题,还涉及个人信息的隐私保护问题。因此,我们有必要积极探寻收集与处理个人信息的合法事由,以及公民个人信息保护的手段,从而实现疫情防控与个人信息隐私保护之平衡。

(一)政府利用个人信息的正当性基础

首先,个人信息具有公共性,这是政府得以利用个人信息的正当性基础。个人信息的公共性天然地与政府的职能密切相关,因为行政管理的有效实施必然

---

① 张玉胜:《疫情防控信息公开是最好的"疫苗"》,载《检察日报》2020 年 3 月 3 日第 5 版。

要求政府详细、准确地掌握其管理对象的与其职权范围相关之个人信息。[①] 作为社会风险的治理者,政府的相关工作之开展离不开对公民个人信息的掌握。一个惨痛的教训是,在"非典"疫情暴发初期,由于信息渠道不畅,政府对疫情的发展缺乏正确的分析,从而导致大量交叉感染之发生。同时,由于信息不准确,在"非典"疫情的蔓延过程中,一些地方政府的应急措施顾此失彼、捉襟见肘。[②] 无论是控制传染源、切断传播途径,还是保护易感人群,传染病防治的核心过程始终围绕着预测、监控、分析和处置人的行为,因此其自然要以个人信息的利用为基础。个人数据信息具有经济学上的公共物品之特征,因此对个人信息的法律规制不应再基于私权观念来赋予公民对个人信息的处置权,而是应当将个人信息作为公共物品,并基于公共利益来对个人信息的使用目的和方式进行公法上的规制。[③]

另外,大数据的出现也使得个人信息的私人价值和公共价值更加融合,个人信息在大数据下产生了"聚合效应",如通过收集与分析公民的身份证件数据、DNA 数据、违法犯罪记录等信息,为犯罪侦查及突发公共安全事件预警提供数据支撑,或者通过个人行踪轨迹来提供公共交通出行服务。个人信息在大数据背景下所体现出的这种公共性,使得它可以被政府和某些企业广泛地挖掘利用,以提供各种公共服务。

其次,对大量的个人数据之整合和分析,能够为传染病的暴发和防控提供数据支撑。大数据的本质是信息,这是大数据可被用于社会风险预警的前提。一直以来,基于社会指标的社会风险预警也都是尝试通过社会指标来获得关于社会风险的生成与演化之信息,并在理论的指导下形成关于社会风险的判断。[④] 但是,由于社会风险具有不可计算性,因此社会风险防控难有明确的目标。在传染病疫情的防控过程中,个人信息是政府进行社会风险预警的关键环节。例如,2009 年的甲型"H1N1"流感爆发之前,Google 公司利用搜索引擎中的大数据建立了流感预测模型,该模型不仅预测到流感即将爆发,并且其预测还精确到美国特定的地区和州。[⑤] 该模型的预测结果与事后美国疾控中心通过调

---

① 林潮鸿:《个人信息在社会风险治理中的利用及其限制》,载《政治与法律》2018 年第 4 期。
② 曹丽萍:《从"非典"谈突发公共卫生事件信息公开》,载《中国公共卫生》2003 年第 7 期。
③ 吴伟光:《大数据技术下个人数据信息私权保护论批判》,载《政治与法律》2016 年第 7 期。
④ 张海波:《信访大数据与社会风险预警》,载《学海》2017 年第 6 期。
⑤ 郑渝川:《大数据时代意味着什么?》,载《中外管理》2013 年第 3 期。

查获得的经验数据高度吻合。就传染病防治史而言,新冠肺炎患者的地理位置、行踪轨迹、住宿信息、接触群体等信息,是疫情防控的基础数据。通过大数据,政府只要对华南海鲜市场的商户和消费者之个人信息(家庭住址、行踪轨迹等)进行整合与分析,就能够追踪病毒的传染源和传播路径,从而形成疫情实时分布图。

最后,我国的传染病防控制度已部分地规定了政府对传染病防控信息的收集职责和个人的疫情信息提供义务。例如,《中华人民共和国传染病防治法》第十二条、第二十八条等条文分别规定了任何单位和个人都必须接受有关传染病的调查、检验、采集样本、隔离治疗等预防、控制措施;如实提供有关情况;发现传染病病人或者疑似传染病病人时,及时向附近的疾病预防控制机构或者医疗机构报告等义务。《突发公共卫生事件应急条例》第三十六条规定:"国务院卫生行政主管部门或者其他有关部门指定的专业技术机构,有权进入突发事件现场进行调查、采样、技术分析和检验,对地方突发事件的应急处理工作进行技术指导,有关单位和个人应当予以配合;任何单位和个人不得以任何理由予以拒绝。"因此,基于疫情防控等涉及国家安全和公共安全之事项,国家卫生行政管理部门、医院、医生等主体可以收集个人相关信息,合理使用个人信息,包括共享、公开披露或者对外提供。①

(二) 从信息公开到个人信息保护

在"知情—同意"之框架下,个人信息权受私法保护。② 但是,当个人信息的获取和分析主体是拥有强大力量的政府时,这些信息又会完全成为解析个体的数据基础,而个人隐私也会因此一览无余地被暴露在"国家监控"之下。当前,尽管《政府信息公开条例》在政府信息公开的实践方面已取得丰硕成果,但是在个人信息的保护方面,我国却凸显出制度上的"跛足"。我国并无专门的法律规范来约束政府对个人信息的利用行为,而分散立法模式对个人信息的保护是不充分的。政府信息公开法的实施依赖于个人信息保护制度的完善,政府只有对何谓个人信息、如何保护个人信息、如何在个人信息的公开与不公开之间做出选择

---

① 刘学涛:《新冠肺炎防控与个人信息保护如何平衡》,载《民主与法制时报》2020 年 2 月 29 日第 2 版。

② 《中华人民共和国民法典》将个人信息权列为民事权利,而对个人隐私和个人信息的私法保护旨在防御他人对个人信息的不当搜集与滥用。

等事项做出明确且具有可操作性之规定,信息的流动和共享才能真正实现。[①]

对于政府而言,在疫情发生时,其能够广泛地收集、整理和公布个人数据。[②] 就疫情防控而言,个人信息(数据)除了被用于确诊患者数据统计之外,还可以被用于:(1)对个人进行识别,并对识别出的对象进行标记、监控、追踪乃至采取控制措施。各地政府也开始借助运营商所提供的大量个人信息来加强对疫情的防控,特别是对湖北等疫情重点地区人口的春节返乡进行防控。例如,滁州市人民政府主动公开滁州各县市区的武汉返乡人员情况,以方便落实疫情防控措施。但是,部分地方也存在披露包括武汉返乡人员的个人身份证、家庭住址、电话、返乡途径等隐私信息之问题,从而导致抗疫成为"恐鄂",并且严重侵害了个人的隐私权。(2)将大量的个人信息整合在一起,用于疫情的预警、应急决策、个体行为分析、网络舆情管理、应急资源配置等工作。例如,政府依托大数据技术来发布疫情实时大数据报告,并用可视化图表的形式来直观展示目前的疫情发展态势。这些政府向公众发布的疫情信息除了包含确诊和疑似患者的数量、年龄、性别等内容外,还涉及患者的居住小区及行踪轨迹。在湖北等疫情特别严重的地区,公开的疫情信息已经具体到楼栋和单元。

个人信息法律保护制度的发展始终伴随着对政府权力的限制,政府不能无节制地肆意收集和利用个人信息,因为个人信息法律保护制度的构建不仅是为公民提供保护,而且是政府维护自身政权之合法性所必须。[③] 政府信息公开与个人信息的隐私保护在一般情况下存在矛盾,政府信息公开侧重于保护公众知情权,但根据《政府信息公开条例》,这种信息不仅包括国家事务或行政内部的信息,而且包括行政机关在履行行政管理职能之过程中制作或者获取的信息,这自然包括患者的个人数据信息。因此,仅就政府机关而言,个人信息保护与政府信息公开在许多情况下可以说实际上是一个问题的两个方面。[④] 与基本权限制的一般原理一样,尽管国家机关可以为公益目的而限制公民的信息权,但是如果我们不对限制行为本身进行限制,那么个人在数据时代下就会彻底被透明化和客

① 李广宇:《政府信息司法解释读本》,法律出版社 2011 年版,第 60 页。

② 个人信息也称个人数据,包括个人姓名、住址、出生日期、电话号码、医疗记录、照片等单独或与其他信息对照来识别特定个人之信息。

③ 张新宝:《从隐私到个人信息:利益再衡量的理论与制度安排》,载《中国法学》2015 年第 3 期。

④ 周汉华:《中华人民共和国个人信息保护法(专家建议稿)及立法研究报告》,法律出版社 2006 年版,第 38 页。

体化。[①] 因此，如何在数据时代下平衡个人信息隐私权[②]和公共利益之关系，就成为时代课题。

进一步而言，如果知情权的落实是为了强化公众对政府政务的参与和监督，那么信息隐私权的确立则是为了防堵在信息化时代下，政府无限度地攫取个人信息并进行不当整合，从而使私人生活被曝光之可能。知情权与信息隐私权，一个指向公共信息的公开，另一个则强调私人信息的保护，二者共同构成了作为集合性权利的公民信息权。在大数据时代下，个体免受个人数据被无限收集、储存、使用和传递之风险，但信息隐私权并非没有边界，个人信息也是社会现实的反映，而并非纯粹与个人相关。为了迫切的公共利益，个人在原则上必须接受对其信息权的某种限制，这种限制也当然会触及其隐私信息。如何平衡公众的健康权、知情权和个人信息保护？我们恐怕需要落实到个案中的利益衡量。就疫情信息公开制度而言，对个人隐私信息的保护，首先体现为《中华人民共和国传染病防治法》第十二条之规定，即“疾病预防控制机构、医疗机构不得泄露涉及个人隐私的有关信息、资料”。国家卫健委在《关于加强信息化支撑新型冠状病毒感染的肺炎疫情防控工作的通知》中也强调，需要“加强网络信息安全工作，以防攻击、防病毒、防篡改、防瘫痪、防泄密为重点，畅通信息收集发布渠道，保障数据规范使用，切实保护个人隐私安全，防范网络安全突发事件”。但是，上述条文的表述过于简单，不能够为疫情信息公开提供明确指引。因此，针对如何在疫情信息公开中构建个人信息保护的框架，我们还是需要回到信息保护的一般原理。

（三）信息保护的一个初步框架

对于政府而言，上述问题又意味着，其在疫情防控中已开始广泛使用数据收集、整理和公布之举措。但是，从法律层面来看，这些数据处理行为应遵循何种规则及保持何种限度，才能使基于正当目的而进行的数据处理和信息公开不至于蜕变为对公民隐私权的侵害呢？本文提倡以信息隐私权为基础，构建一个初步的分析框架：(1)个人信息使用要遵循聚合利用原则、比例原则和知情原则；

---

① 赵宏：《数据抗疫中的患者信息披露与隐私保护》，https://mp.weixin.qq.com/s/AGeUOQdpwNJiLEzeVcYGFQ，访问日期：2020年3月7日。

② 在数据时代下，信息公开和隐私保护的问题又常常被放在信息权的大框架内进行探讨，学理和实践也更倾向于使用“信息权”（数据权）来替代传统的“隐私权”。

(2)在具体适用时,政府要遵循“统一处理,分别调整”规则。[①]

首先,行政机关对个人信息的披露要遵循聚合利用原则,即在不识别特定人的身份之前提下,整合大量个人信息,并进行社会风险的评估预测以及风险治理过程中的决策、模拟、资源配置、舆情管理等工作。对个人信息的聚合利用,能够有效防止“数字利维坦”,即国家依靠信息技术的全面装备,将公民置于彻底而富有成效的监控体系之下,而个人无法通过有效的信息技术来反抗国家的监控行为。例如,在疫情信息公开中,政府所发布的确诊病患在确诊前之行动踪迹应尽可能详细,但是否需要详细到具体楼栋和单元则要具体分析。这种详细程度是对承载公众健康权及知情权的疫情防控需要与个人隐私保护进行利益衡量,因此我们需要更多的专业判断,而非简单的公众经验感知。例如,现有的证据证明,新冠病毒可以通过飞沫、身体接触等渠道传播,而同一单元内的电梯或是步行楼梯又往往是空气流通较差的地方,电梯按钮、楼梯扶手等物件容易成为病毒传播的媒介,因此一栋居民楼内,一旦有住户被确诊为新冠肺炎,与其同住一个单元的其他住户感染病毒的风险也就相对较高。在此情况下,公布患者住址并具体到楼栋和单元,将更有利于易感人群的提前知情和预防。但是,如果政府在披露已确诊患者信息时,公众能够识别到特定个人,那么信息披露行为就侵犯了公民的隐私权。

其次,政府收集信息与披露个人信息必须遵循比例原则。比例原则的诞生可以追溯到《自由大宪章》中的“不因轻罪而受到重罚”之思想。作为公法领域的“帝王原则”,比例原则之构造被表述为三个子原则或阶段以及一个预备阶段,即作为预备阶段的目的正当性审查,以及正式审查程序中的适当性、衡量性和必要性原则。首先,目的正当性审查追问国家行为的目的与目的本身的正当性。疫情防控期间,政府收集个人信息的目的必须尽量精确而具体地被界定,如通过探寻法律文本、立法背景、立法过程、规范性文件等来界定,而非指出一个极度抽象而宽泛的目的,如维护公共利益。[②] 适当性原则就是要求公权力机关在搜集和使用个人信息时,应注意行为手段与目的合理之关联性。如果干预基本权利根本无助于目的之实现,并且会产生负面的破坏效果,那么这样的限制行为就是违

① 郭瑜:《个人数据保护法研究》,北京大学出版社 2012 年版,第 124—126 页。

② 王由海:《合宪性审查中比例原则的适用问题研究——以少数民族就业纠偏行动为分析主线》,载《中共南宁市委党校学报》2019 年第 4 期。

法的。必要性原则又称最小侵害原则,其要求在能达成法律目的之诸方式中,行政机关应选择对个人信息权利侵害最小的方式。法谚有云:“不以炮击雀。”所谓法益相称性原则,也叫衡量性原则或狭义的比例原则,其要求行政机关使用的手段所实现的效益,必须大于其本身所造成的损害。比例原则在个人信息保护中主要体现为目的明确、最少够用这两项原则①,具体内容包括:要求相关主体处理个人信息具有特定、明确、合理的目的,不扩大利用范围,不在个人信息主体不知情的情况下改变个人信息的用途;要求信息的利用者只处理与处理目的有关的最少信息,并且在实现处理目的后,信息的利用者应及时删除个人信息。疫情防控初期,为求地方自保,很多地方政府无底线地详尽曝光武汉返乡人员的个人信息,甚至是悬赏奖励公布武汉、温州等疫情严重地区返乡人员信息的人。虽然上述这种做法有防御疫情的正当目的,但是其手段已远远逾越了必要限度,因此应被认为是对个人信息权和隐私权的严重侵犯。

再次,政府收集信息与披露个人信息要遵循公众知情原则。在传染病防治工作中,政府对个人信息的获取和利用并不以信息主体的同意为前提,其是政府的法定职权,而这种法定职权源于法律规范的授权,如《中华人民共和国传染病防治法》和《中华人民共和国突发事件应对法》授予传染病防治部门收集、分析及报告与传染病有关的个人之信息,以预测传染病的发生和流行趋势。规范网络信息安全的《中华人民共和国网络安全法》和《信息安全技术公共及商用服务信息系统个人信息保护指南》分别移植了用户同意机制,二者要求公开收集、使用规则,明示收集、使用信息的目的、方式和范围,并规定信息收集要获得被收集者的同意,但是二者的适用对象都只包括“网络运营者”,而没有涉及行政机关。而且,随着大数据、云计算等信息技术的快速发展,政府对个人信息的利用和披露之手段日益丰富,立法也没有足够的前瞻性去规范这些手段。虽然政府收集个人信息并非基于和管理对象的约定,但是其仍应以保护公众知情权为底线。在疫情防控过程中,我们具体可以落实如下方面的工作:(1)行政机关工作人员应当表明身份,并明确告知收集信息的目的、种类、可能的利用范围以及披露对象;(2)行政机关应告知个人信息收集与披露过程中所采取的安全保密措施;(3)在有关个人信息存在损毁、泄露之可能,从而将侵害个人信息隐私权之情况下,行

① 周汉华:《中华人民共和国个人信息保护法(专家建议稿)及立法研究报告》,法律出版社 2006 年版,第 4—6 页。

政机关应及时告知。

最后,在具体的信息公开过程中,“统一处理,分别调整”是协调信息隐私权保护与公共利益的有益技术。所谓“统一处理”,是指个人数据保护立法在保护对象上应尽可能地广泛覆盖所有的个人信息,而非仅局限于隐私信息;而“分别调整”则强调根据涉及信息与个人人格尊严的关联度之不同,根据信息所处的保护状态之不同,以及根据信息采集的渠道之不同,个人信息保护立法应为不同种类的信息提供强度不同、可限性不同、方式不同的保护。[①] 具体到疫情信息公开,我们应当将政府收集的所有与“四类”人员相关的个人信息纳入保护的范围,包括确诊、疑似、无法明确排除的发热患者和密切接触者。同时,依据疫情信息与个人之关联程度,法律应提供强度不同的保护,即在个人信息中区分“隐私信息”和“一般信息”,并为前者提供更高强度的保护。例如,患者的身份证号、电话号码等就属于“隐私信息”;相对而言,患者所居住的公寓、接触的人群等就属于“一般信息”。但是,这里有一条底线,即政府所披露的绝不能是极具个体识别性的身份信息,或者说不能是他人通过信息技术处理手段,能迅速地锁定某个具体患者的身份信息。以上做法既可以防堵大数据等信息技术所引发的隐私泄露风险,又可以避免普遍的、无差别的保护所造成的成本高昂及信息技术发展受阻之困境。

(四) 疫情信息公开的责任机制

“非典”疫情催生了轰轰烈烈的行政问责,这实为罕见。一方面,问责增加了各级领导干部的责任意识;另一方面,那些被问责官员向公众披露的疫情控制信息,与现实形成巨大反差,他们的隐瞒不报和处置不利造成了巨大的经济损失,并给患者及其家庭带来了痛苦。2020 年,当来源与性质高度不明确的新冠肺炎出现时,少数地方政府不敢果断决策,他们通过层层报批、等待授权等方式将决策风险尽可能上移,从而造成前期的疫情信息公开不及时、信息披露关键要素缺漏、各地疫情披露程度差异较大等现象。虽然《政府信息公开条例》设定了对信息公开义务主体的监督和问责机制,但是这些机制的落实还很不到位。《政府信息公开条例》第三十五条所规定的信息公开违法追责机制,在实践中几乎从未得

① 赵宏:《从信息公开到信息保护:公法上信息权保护研究的风向流转与核心问题》,载《比较法研究》2017 年第 2 期。

到落实。① 因此，在重大疫情防控工作中，针对行政机关的疫情信息公开之不作为、乱作为现象，我们应当从多个方面来规范政府疫情信息公开的主体责任：(1)法律责任，即通过制定“突发公共安全信息披露指引或目录”等文件，细化《政府信息公开条例》第三十五条所规定的“不依法履行政府信息公开义务”之内容，从而为突发公共安全事件各阶段的信息披露工作提供体系化、模块化的操作指南，以激活信息公开义务主体的法律责任条款。(2)强化信息公开义务主体的行政问责机制。行政问责是对传统理论的突破，其具有强烈的回应社会诉求之色彩。行政问责实现了宪政结构中的“经由议会向人民负责”向“对人民直接负责”之转变，以及科层制内的“对上级负责”向“公众负责”之转变。具体而言，我们应通过法律法规，细化行政机关及其工作人员的疫情信息处理之主体责任，并规定问责主体、问责事由、问责程序、免责事实等各类事项。例如，在问责方式上，做公开道歉和接受正式的批评既是问责制的核心，又是对公众压力的恰当回应。(3)党纪问责，即发挥《中国共产党问责条例》中的问责条款，运用党纪和党规来全面从严治党，从而实现“纪法衔接”“纪法共治”。例如，湖南省岳阳市南湖新区给予在疫情防控工作中报送信息不及时的区卫生健康局局长唐虎停职处理。

结语

在重大疫情防控之背景下，我们可以通过双重视角来建构突发公共卫生事件中的信息公开制度。一方面，作为“风险沟通工具”的信息公开，即我们需要对疫情信息公开的主体、内容、方式、对象等进行提炼，以形成系统而有效的“信息沟通空间”；另一方面，作为个人信息保护的信息公开，即在立足知情权的疫情信息披露与面向信息隐私权的患者个人信息保护之间寻求动态的平衡。根据个人信息保护的一般法理，政府可以基于公共利益的需要而收集和披露个人信息，但其不能无节制地肆意收集和利用个人信息。疫情信息的收集和公开需要遵循聚合利用原则、比例原则及知情原则，而在具体适用时，政府要遵循“统一处理，分别调整”规则。疫情信息公开主体违法或者不当公开个人信息所引发的行政责任和权力救济是当前立法需要关注的重点，因为一切的权利都是为了提供有效的救济。

---

① 王锡锌：《政府信息公开制度十年：迈向治理导向的公开》，载《中国行政管理》2018 年第 5 期。

论丹宁勋爵的司法公正思想：内涵、表现和缺陷

姚伟东*

摘要： 丹宁勋爵是20世纪英国最著名的法官，其司法哲学体现为：(1)实现公正；(2)法律下的自由；(3)信奉上帝。在丹宁勋爵看来，司法公正的内涵就是，怀有基督教信仰的法官在查清案件事实后，适用能够带来公正的审判结果之法律。在具体的司法实践中，为了实现司法公正，一方面，丹宁勋爵提倡意图解释法，即要求法官积极探求立法意图，并创制出新的法律规则来弥补法律漏洞；另一方面，丹宁勋爵主张新判例主义，即当推翻先例显得公正的时候，法院应当推翻自身的先例。但是，丹宁勋爵的司法公正思想藏在他的内心中，从而不可避免地存在着如下一些缺陷：带有宗教偏见，缺乏客观性，不成体系，且破坏了法律的安定性。

关键词： 丹宁勋爵；司法公正；法律解释；先例；宗教

引言

丹宁勋爵(Lord Denning)是20世纪英国最著名的法官，他为英国的法律改革做出了巨大贡献。丹宁勋爵留给后人的思想遗产非常丰富、非常珍贵，其中的司法公正思想最为重要。在38年的法官生涯中，司法公正不仅成为丹宁勋爵审判案件的理念，而且在指引和约束着他改革英国的法律。因此，研究丹宁勋爵的司法公正思想之内涵、外在表现和缺陷，对于我国法官的司法实践和学者的理论探讨来说都有着重要的借鉴意义。

---

* 姚伟东(1995—)，男，浙江宁波人，中国政法大学博士研究生，研究方向为宪法学。

国外学者对丹宁勋爵的研究主要从三个方面入手：(1)丹宁勋爵在司法过程中不太依从先例的权威，而是更加致力于推翻先例或者提出异议的心态①；(2)丹宁勋爵的充满宗教色彩的司法哲学②；(3)丹宁勋爵与其他法官的思想之比较研究③。国内学者对丹宁勋爵的研究可分为两个阶段：在第一个阶段，一些学者介绍了丹宁勋爵的生平记事，并简单地概述了他的法律思想④；在第二个阶段，一些学者研究了丹宁勋爵的衡平法思想，以及他积极主动地改革英国法律的情况，并指出他在司法审判过程中灵活地解释法律，扩大了“自然公正”原则的适用范围，而且要求律师追求公正⑤。需要提及的是，除了《棕树下的正义：丹宁勋爵衡平司法解读(1947—1957年)》一书外，国内学者以往的研究倾向于直接引用丹宁勋爵对自己的司法公正思想之论述，他们很少考查丹宁勋爵的判决意见，也没能完整地指出丹宁勋爵在司法审判和改革法律时是如何贯彻与落实司法公正思想的，而且以往的研究较少对丹宁勋爵进行反思和批评。因此，本文通过解读丹宁勋爵的著作和判例，以阐明丹宁勋爵的司法公正思想之内涵，并在此基础上分析该思想的两种外在表现，以及对其进行反思和批评。

一、丹宁勋爵的司法公正思想之内涵

在《家庭故事》这本自传中，丹宁勋爵讲述了自己的司法哲学，或者说是他的

---

① 参见 Brady Coleman, *Lord Denning & Justice Cardozo: The Judge as Poet-Philosopher*, 32 Rutgers L. J., 2001, p. 485；以及 Julius Stone, *A Court of Appeal in Search of Itself: Thoughts on Judges' Liberation*, 71 Colum. L. Rev., 1971, p. 1420。

② 参见 Mark B. Greenlee, *Maps of Legality: An Essay on the Hidden Role of Religious Beliefs in the Law of Contracts*, 4 Regent U. L. Rev., 1994, p. 39；以及 Brady Coleman, *Lord Denning & Justice Cardozo: The Judge as Poet-Philosopher*, 32 Rutgers L. J., 2001, p. 485。

③ 参见 N. O. Stockmeyer, Jr, *Beloved Are the Storytellers*, 18 T. M. Cooley L. Rev., 2001, p. 1; Brady Coleman, *Lord Denning & Justice Cardozo: The Judge as Poet-Philosopher*, 32 Rutgers L. J., 2001, p. 485；以及 J. Skelly Wright, *Law and the Logic of Experience: Reflections on Denning, Devlin, and Judicial Innovation in the British Context*, 33 Stan. L. Rev., 1980, p. 179。

④ 参见龚祥瑞：《法律与正义——读丹宁法官的判决书和他的著作》，载《比较法研究》1997 年第 1 期；刘庸安：《丹宁勋爵和他的法学思想》，载《中外法学》1999 年第 1 期。

⑤ 参见薛张敏敏：《棕树下的正义：丹宁勋爵衡平司法解读(1947—1957 年)》，北京大学出版社 2017 年版；谢冬慧：《实现公正：法律及其职业的崇高追求——解读丹宁勋爵的司法公正思想》，载《比较法研究》2010 年第 3 期；李进：《英国现代法制变革中的伟大法官——阿尔弗雷德·汤普森·丹宁》，复旦大学 2009 年硕士学位论文。

人生哲学,即"(1)实现公正;(2)法律下的自由;(3)信奉上帝"。[①] 在法治国家里,每一个人的自由和权利绝不能超越法律的限度,而法律会为自由和权利提供保障。规范人的行为的各种法律必须是公正的,法官在司法审判过程中有职责拒绝适用不公正的法律。不过,丹宁勋爵认为,关于"何谓公正"这个难题,法官应当求诸内心的基督教信仰来获得答案。在丹宁勋爵的哲学思想中,公正、法律和宗教是相互交织在一起的。宗教是公正的渊源,而公正是法律具备合理性和适用性的基础。丹宁勋爵认为,"法官的目标首先是找出真实情况,然后再根据法律进行公正审判"。[②] 因此,丹宁勋爵的司法公正思想之内涵,是怀有基督教信仰的法官在查清案件事实后,适用能够带来公正之审判结果的法律。至于法官如何判断审判结果是否公正,其基督教信仰会告诉他。

(一) 公正与法律之辩

公正是法律的终极目标,法律的发展必须尽可能地接近公正。但是,作为立法者意识的产物,法律本身并不会自动实现公正。想要通过法律实现公正,我们必须依赖法官的司法过程。

丹宁勋爵说:"我的基本信念是,法官的真正作用就是在他的当事人之间做到公正。如果有任何妨碍实现公正的法律,那么法官要做的全部工作就是合法地避开——甚至改变——那条法律,以便在提交给他的紧急案件中做到公正。他不用等立法机构来进行干预:因为这对紧急案件不会有任何帮助。"[③]很明显,丹宁勋爵的信念可以用一句话概括,即法官要完全依照内心的公正思想,有条件地根据外在的法律来判案。这也可以解释丹宁勋爵为什么会将英国法官就职宣誓的核心语词——"我将正确行事(I will do right)"——解读为"我将公正行事(I will do justice)",而非"我将依法行事(I will do law)"。[④] 总之,法官在查明事实后,依法作出判决时,绝不能忽视公正。当法律与公正相冲突时,法官应当追求公正,而不是容许法律带来不公正的判决结果。

当然,法律并非一无是处。针对能够带来公正的审判结果之法律,法官应当

① [英]丹宁勋爵:《家庭故事》,刘庸安译,法律出版社 2000 年版,第 223 页。

② [英]丹宁:《法律的正当程序》,李克强、杨百揆等译,法律出版社 2011 年版,第 69 页。

③ [英]丹宁勋爵:《家庭故事》,刘庸安译,法律出版社 2000 年版,第 226 页。

④ 参见 Brady Coleman, *Lord Denning & Justice Cardozo: The Judge as Poet-Philosopher*, 32 Rutgers L. J., 2001, p. 485, p. 509.

在司法过程中适用它。只有公正的法律才具备适用性，才会对法官产生约束力。面对不公正的法律，法官有职责拒绝适用它，以避免不公正的审判结果。丹宁勋爵坚信，针对每一个法律问题，只有一条由公正而非法律决定的解决路径。[①] 如果自由在法律之下，那么公正在法律之上。

（二）宗教魅影下的公正思想

丹宁勋爵是一位虔诚的基督徒，他很多年来一直担任律师基督徒会团（Lawyers' Christian Fellowship）的主席。更重要的是，宗教信仰强烈地影响到了丹宁勋爵那漫长的法官生涯。在解决法律难题时，丹宁勋爵不仅参考法学资料，还会经常翻阅《圣经》。丹宁勋爵如此坦诚地说道："在不断碰上法律障碍物时，仅仅保持你的法律书籍干燥是不够的。最好在手边准备一本《圣经》。它是我的图书室里最破旧的书，我经常翻它。"[②]

丹宁勋爵之所以对《圣经》爱不释手，是因为他相信基督教是公正思想的根本来源。公正的本质就是"爱的箴言"，"虽然这句箴言——爱上帝和爱你的邻人——是一条宗教箴规，但在很多生活事务中，爱只能通过公正来表达"[③]。既然基督教信仰是人们心中的正义感或者公正思想之来源，那么法官要实现司法公正，就必须同样深怀这种信仰。在丹宁勋爵看来，情况就是如此的，"一个伟大的法官应该从基督教之爱的箴言中寻求法律的原则，或者更确切地说寻求公正的原则"。[④]

毫无疑问，丹宁勋爵是一位向内看的（inward-looking）法官，他求诸内心的正义感（sense of justice）来决定案件，"而他的正义感强烈地受到他的宗教信仰，以及他那个时代的道德和文化价值观的影响"。[⑤] 而且，在丹宁勋爵的眼里，为保障个人的自由和权利，为实现公正，改革法律只是一个方面，更加重要的是，人们应将基督教的原则运用到生活实践中去。为此，丹宁勋爵呼吁人们"回到宗教

---

① 参见 Brady Coleman，*Lord Denning & Justice Cardozo*：*The Judge as Poet-Philosopher*，32 Rutgers L. J.，2001，p. 485，pp. 509－510。

② ［英］丹宁勋爵：《家庭故事》，刘庸安译，法律出版社 2000 年版，第 238 页。

③ Denning，*The Changing Law*，转引自 Mark B. Greenlee，*Maps of Legality*：*An Essay on the Hidden Role of Religious Beliefs in the Law of Contracts*，4 Regent U. L. Rev.，1994，p. 39，p. 67。

④ Mark B. Greenlee，*Maps of Legality*：*An Essay on the Hidden Role of Religious Beliefs in the Law of Contracts*，4 Regent U. L. Rev.，1994，p. 39，p. 68.

⑤ Brady Coleman，*Lord Denning & Justice Cardozo*：*The Judge as Poet-Philosopher*，32 Rutgers L. J.，2001，p. 485，p. 509.

上来”,“如果我们寻求真理和公正,我们无法凭借争吵和辩论,也无法凭借阅读和思考来发现它,而只能借助于宗教和美德的修养。宗教涉及人的精神,人凭着这种精神能够辨识出什么是真理以及什么是公正;而法律只是在我们的日常事务中贯彻——尽管不是完美地——真理和公正而已。如果宗教在这国土逝灭,真理和公正也将如此。我们已经离我们父辈们的信仰太远了。让我们回到那里去,因为它是惟一能够拯救我们的东西”。[1]

二、丹宁勋爵的司法公正思想之外在表现

纵观丹宁勋爵的一生,他都将司法公正当作至关重要的判案原则。对于丹宁勋爵来说,所谓实现司法公正,就是怀有基督教信仰的法官在查清案件事实后,适用能够带来公正的审判结果之法律。公正,首先要通过个案表现出来。正如英国法学家艾伦所言:“公平或正义的内容(程序和实体)不可避免地依赖于——在某种程度上——个案的具体情势。”[2]为了在个案中实现司法公正,丹宁勋爵认为法官必须拥有自由裁量权,其至少能够灵活地解释制定法,并大胆地推翻先例。

(一) 意图解释法

立法机关不可能预见到未来的所有情况,立法技术上暴露出的各种各样之缺陷,以及语言本身的不精确性,都给法官解释法律带来了很多麻烦。当法律条文的意思含混不清,是因为条文中的语词具有多种含义的时候,法官通常情况下只要选择那种最合理、最适当的语词含义就行了。但是,如果法律条文出现了漏洞或者缺陷,而立法机关在预见到这些漏洞或者缺陷时是必定会弥补的,那么法官能否通过灵活地解释条文中的语词(如扩大或者缩小其含义),先于立法机关来弥补漏洞或者缺陷呢? 这历来是一个争议不断的法律解释难题。

自19世纪中后期以来,英国法官逐渐成为了“严格的解释者”(strict constructionists),他们只会按照字面意思来解释制定法。即便如此,如果解释

---

① Denning, *The Influence of Religion on Law*,转引自 Brady Coleman, *Lord Denning & Justice Cardozo: The Judge as Poet-Philosopher*,32 Rutgers L. J., 2001, p. 485, p. 508。另请参见[英]丹宁勋爵:《家庭故事》,刘庸安译,法律出版社 2000 年版,第 242 页。

② [英]艾伦:《法律、自由与正义》,成协中、江菁译,法律出版社 2006 年版,第 29 页。

会带来不公正的审判结果，那么法官也会拒绝。或者更确切地说，英国法官认为自己没有权力来弥补法律上的漏洞和缺陷。在1946年的“国内税务专员诉埃希雷雇员互保协会有限公司案”中，英国上议院更是直截了当地说，虽然法律条款的“漏洞是清楚的，想怎么填补也是清楚的……但我必须拒绝在法律起草者未能写上的地方加上任何单词或短语”。①

然而，丹宁勋爵坚决地摒弃了这种严格的字面解释规则，他认为法官应当成为立法“意图的探求者”(intention seekers)，即灵活地解释语词的含义，以使当前的法律焕然一新，从而在个案中实现公正。在“王国政府诉巴莱特伦敦市议会案”中，丹宁勋爵典型地运用了意图解释法。从1975年1月到1978年9月，一个持有英国学生签证的巴基斯坦人一直居住在伦敦的切尔西；1978年10月，他开始在切尔西学院学习。根据《1962年教育法》和1979年的一项条例，地方教育当局有责任资助学习之前的三年内就是本地区“常住居民”的学生。“常住居民”的字面意思是，除了临时或偶尔离开外，习惯地、正常地居住在某地的人。如果照此解释，那么这位海外留学生就有权获得当局的助学金。但是，丹宁勋爵认为，“我们必须摒弃传统的解释方法……我们必须自己来填补国会留下的漏洞。我们必须尽最大的努力来为国会未能立法的事情立法……我的意见是，不管一个孩子是什么时候从海外来到英国的，只要他的学生签证每年都要续签，他就不能被认为是‘常住居民’”。② 国会的立法意图是，地方教育当局应当资助英国籍的“常住居民”，否则英国纳税人的钱将花在外国人身上。丹宁勋爵正是据此缩小了“常住居民”的通常含义，从而将外国留学生排除在外。

其实，在1949年的“西福德·考特不动产有限公司诉阿舍尔案”中，丹宁勋爵就第一次提倡了意图解释法，他说：“如果现有的法律暴露了缺点，法官……必须开始完成找出国会意图的建设性的任务……然后，他必须对法律的文字进行补充，以便给立法机构的意图以‘力量和生命’。”在一年以后的“马哥暨圣麦伦斯乡区政府诉纽波特公司案”中，丹宁勋爵继续运用意图解释法，他说：“我要重复我在‘西福德·考特不动产有限公司诉阿舍尔案’中所说的话……我们坐在这里是为了找出国会和大臣们的意图，并使这种意图实现。我们采用填补空白和弄懂法律的意思的方式去做这一工作。”不过，上议院在此案中反对意图解释法，而

① ［英］丹宁：《最后的篇章》，刘庸安、李燕译，法律出版社2011年版，第99—100页。
② ［英］丹宁：《最后的篇章》，刘庸安、李燕译，法律出版社2011年版，第103—108页。

且西蒙兹勋爵(Lord Simonds)严厉地批评丹宁勋爵“是在不难揭穿的号称对法律进行解释的伪装之下,赤裸裸地篡夺立法职责……如果有漏洞需要填补,那应该用制定一项法律修正案的办法去完成”。①

就算受到上议院的阻扰,丹宁勋爵仍然一直采用意图解释法。例如,在1974年的“布尔默有限公司诉博林杰股份公司案”中,丹宁勋爵告诫法官“绝不可以再谨小慎微地审核语言的细节和辩论词句的精确语法含义,他们应当注意目的和意图”;在1978年的“诺萨姆诉巴尼特委员会案”中,丹宁勋爵指出,“从字面上解释法律的方法现在完全过时了……在解释法律时,我们采用会‘促使立法的总目的实现’的方法”。不仅如此,在面对社团规章、国际条约、合同、遗嘱和其他单方面文件时,丹宁勋爵依循着同样的解释方法。总之,在丹宁勋爵眼中,法官“应当是语言的主人”,他们在探明立法意图的基础上,能动地、灵活地解释法律,并去做“合乎正义的事情”。②

(二)新判例主义

在英国,“遵循先例原则”(principle of stare decisis)的基本含义是:(1)除非有特殊情形,上议院和上诉法院要受到自身先前判决的约束;(2)上级法院的判决对下级法院具有绝对的约束力。但是,自19世纪后期以来,英国司法界形成了严格地或者僵化地适用“遵循先例原则”的判例主义,具体表现为:(1)法官们只会严格地遵循先例判案,很少重视审判结果是否公正;(2)即使已经意识到先例是错误的(如先前的法官在该先例中错误地适用了法律),或者当前的案件遵循先例将会显失公正,法官们也不会变通先例,更不会推翻先例。作为最高司法机关,上议院同样为自己套上了这种判例主义的桎梏。对于上议院来说,只有法官在司法上保持克制,议会才有权力清除过时的、不合理的先例,以及创制出新的法律规则。结果却是,这样的判例主义阻碍着英国法律的向前发展和进步,其“没有扩大而是缩小了自由”。③

1966年7月26日,大法官加德纳勋爵(Lord Gardiner)代表上议院发表了《惯例声明》(Practice Statement),此声明指出,“过于僵化地遵循先例可能会在一个特定的案件中导致不公正,也会过度限制法律的正常发展;因此,当上议院

① [英]丹宁:《法律的训诫》,杨百揆、刘庸安等译,法律出版社2011年版,第15页和第17—18页。
② [英]丹宁:《法律的训诫》,杨百揆、刘庸安等译,法律出版社2011年版,第20页、第24页和第71页。
③ [英]丹宁:《法律的训诫》,杨百揆、刘庸安等译,法律出版社2011年版,第349页。

背离先例显得正当的时候，它可以如此做；但除上议院外，此声明无意影响判例在其他法院的适用”。事实上，在《惯例声明》发表后的5年内，上议院未曾推翻过任何一个自己的先例，而且直到1980年，它也总共只推翻了8个先例。[①] 英国学者R. 克罗斯和W. 哈里斯指出了上议院推翻自己先例的条件，包括：“(1)有利于整体上改进法律；(2)当前案件中争论的问题，在先前案件中没有考虑过；(3)某些先例虽然存有缺陷，但如已经成为公民安排日常事务的基础，为人们长期所倚赖，则不予推翻；(4)推翻先例须与议会所确认的先前判决不发生冲突；(5)在民事案件中，推翻先例应能直接影响案件的处理结果，如果推翻先例与否都不影响目前案件的处理结果，则不推翻该先例。”[②]很明显，即使上议院推翻了先例，其也非常严格地限制自己的自由裁量权，以免过度违背遵循先例的原则。与1966年之前的情况相比，上议院的保守主义并没有多大改观。

由上议院通过推翻过时的先例来改革法律，这种做法依然前途未卜。更何况，对于丹宁勋爵来说，1966年的《惯例声明》不过是阻止“上诉法院对判例主义进行任何改革的一种障碍”罢了。[③] 对此，丹宁勋爵并不屈从于上议院的权威，更不会在权威性先例的面前感到无能为力。丹宁勋爵说：“当我觉得权威错了而我的义务又使我不得不服从它的时候，我就会感到烦恼和不安，除非我能说服我的同行相信权威正在做非正义的事情。那么当权威被证明是错误的时候，它被推翻的时刻就会到来，或者它迟早会被推翻。如果不被法官们推翻，就会被国会推翻(经法律委员会提议)。在我失败的地方，他们会取得胜利。”[④]正是由于受到这种信念和勇气之鼓舞，因此在许多判决的法官意见部分，丹宁勋爵提出，上诉法院应该拥有广泛的推翻先例之权力，而无须受到它于1944年在“扬诉布里斯托尔航空有限公司案”中所确立的原则和三种例外情形之束缚。[⑤]

根据以往的判例，除了极其个别的情况，上诉法院必须遵循自己先前的判决。但是，在1978年的“戴维斯诉约翰逊案”中，丹宁勋爵的意见表明，1966年的《惯例声明》也应该被用来改革上诉法院的先例制度。丹宁勋爵说：“我认为在

---

① 参见崔林林：《严格规则与自由裁量之间：英美司法风格差异及其成因的比较研究》，北京大学出版社2005版，第34页和第48页。

② R. Cross & J. W. Harris, *Precedent in English Law*, ed. Fourth, Clarendon Press, 1991, p. 163. 转引自高鸿钧：《英国法的主要特征(上)——与大陆法相比较》，载《比较法研究》2012年第3期。

③ 参见[英]丹宁：《法律的训诫》，杨百揆、刘庸安等译，法律出版社2011年版，第355—356页。

④ [英]丹宁：《法律的训诫》，杨百揆、刘庸安等译，法律出版社2011年版，前言。

⑤ *Young v. Bristol Aeroplane Company, Ltd*, [1944] K. B. 718.

原则上,本庭应该把以前的判决看成是有约束力的,然而,当以前的判决被证明是错误的时候,法庭就应该有权违背它。”其原因在于,如果先前的错误判决得不到上诉法院的纠正,那么“只能任其发展,留待上议院去纠正。但是结果往往是这样:上议院也许永远不会有纠正错误的机会……即使一方提出全部反对理由向上议院提出上诉,上议院通常也要用 12 个月以至于更长的时间才能作出裁决。与此同时,下级法院……的处境十分尴尬,要么必须运用上诉法院的错误判决,要么中止所有新案,等待上议院的裁决……在错误被纠正之前,随着时间的流逝,公正的判决往往就因此被延误甚至被否决了”。① 显然,向上议院上诉的费时费力,以及上议院可能不会纠正错误先例的保守主义,让丹宁勋爵敢于违背遵循先例的原则。

其实,丹宁勋爵心目中的上诉法院,不仅应当有权推翻它自身的先前判例,而且(在某些情况下)可以漠视上议院的权威。在 1942 年的“邓肯诉坎迈尔·莱尔德案”中,上议院确立了一项政府特权,即为了使政府机构正常发挥作用而需要保守某种文件的秘密时,大臣有权拒绝向法院提供任何文件;但是,在 1967 年的“康韦诉里默案”中,丹宁勋爵对此项特权提出异议,他认为“法庭在适当的案件中应留有否决大臣的拒绝的权力……如果法庭认为拒绝不能使人信服,或者认为提供文件会损害公共利益的说法没有充分的根据,那么法庭就有权宣布拒绝无效并令其提供文件”。② 然而,上诉法院的多数法官没有认同丹宁勋爵的观点,因此“康韦诉里默案”继续适用“扬诉布里斯托尔航空有限公司案”和“邓肯诉坎迈尔·莱尔德案”中的规则。

在英国法律史上,1975 年的“施科奇股份有限公司诉亨宁案”是一个里程碑式的判例。该判例同样展示了丹宁勋爵对上议院先例的怀疑态度,而且丹宁勋爵的意见获得了其他法官们的认可。根据上议院在 1961 年的“哈瓦那联合铁路公司案”中所确立的规则,英国法院只能作出用英国货币支付的判决。但是,丹宁勋爵认为此项规则的产生,是“由于我们认为英币是有信誉的。过去英币是最稳定的一种货币,没有任何一种其他的货币能与它相比。现在不同了,英币处于风雨飘摇之中。它像风标一样摇摆不定。其他国家的货币也是如此。这一变化使我们不得不重新考虑我们的这条法规……当合同规定的货币是外币——也就

① [英]丹宁:《法律的训诫》,杨百揆、刘庸安等译,法律出版社 2011 年版,第 357—358 页。
② [英]丹宁:《法律的训诫》,杨百揆、刘庸安等译,法律出版社 2011 年版,第 360—361 页。

是说，计算和支付都要用外币——的时候，英国法庭有权用该种外币作出判决”。[①]

丹宁勋爵致力于减轻先例对法庭审判的约束性。即便在那些他没有公开推翻权威性先例的案件中，丹宁勋爵也没有表现出对先例的信服情愫——他如此做，只是因为他个人的公正观念和既存的法律规则恰巧相符，或者曲解先例符合他的想法。某些判决之所以违背了丹宁勋爵的个人公正观念，并且遵循了他所反对的先例，是因为他没有说服与他一起参与审判的同事站在他这边，或者他觉察到了政治上或制度上对其自由裁量权的限制。[②]

综上所述，丹宁勋爵已经形成了他个人对先例的独特看法——该看法与英国司法界的判例主义很不相同——笔者称之为“新判例主义”，其主要内容包括：(1)上诉法院的先前判例从原则上讲是有约束力的，法官应当遵循这些判例；(2)当推翻先例显得公正的时候，上诉法院应当推翻自身的先例，甚至推翻上议院的先例。总之，只要能够实现司法公正，丹宁勋爵就不会尊重任何先例的权威。丹宁勋爵眼中的普通法好比一条林中路，法官为了到达目的地，就必须沿着它走，但他们“绝不能让路上的荆棘横生”，而是应“砍去枯枝，修剪枝杈”，并“清除横在正义之路上的种种障碍”。[③]

三、丹宁勋爵的司法公正思想之缺陷

（一）宗教偏见

丹宁勋爵的司法公正思想存在着一些缺陷，其中最明显的缺陷是，他将内心偏爱的宗教信仰，或者更确切地说是基督教箴规，视为公正的实质渊源。丹宁勋爵自己也承认，实现司法公正的一个必不可少之因素是，正直的人能够从司法过程中感受到或者信任法官的所作所为是公正的。那么，没有宗教信仰的案件当事人，或者怀有其他宗教信仰而非基督教信仰的案件当事人，会认为基督教的“公正”原则确确实实就是公正的吗？丹宁勋爵所认为的“公正”，在没有宗教信

① ［英］丹宁：《法律的训诫》，杨百揆、刘庸安等译，法律出版社 2011 年版，第 366—367 页。

② 参见 Brady Coleman, *Lord Denning & Justice Cardozo: The Judge as Poet-Philosopher*, 32 Rutgers L. J., 2001, p. 485, p. 505。

③ ［英］丹宁：《法律的训诫》，杨百揆、刘庸安等译，法律出版社 2011 年版，第 375 页。

仰的人或者怀有其他宗教信仰的人看来,很可能就是不公正的。

法官应当保持中立性,这不仅体现在政治上、情感上,也表现在宗教信仰上。其实,很多虔诚地信仰宗教的法官(包括卡多佐),会在他们自己的信仰与法哲学之间保持一条分明的界线,而丹宁勋爵不是这样的。[①] 丹宁勋爵经常翻阅《圣经》,并且允许甚至渴望他内心的宗教信仰影响他对法律问题的分析,以及对审判是否公正的判断。相比较而言,卡多佐小心翼翼地不让他的犹太教信仰影响他的司法决定,而且他还在一封私人信件中责备了一位同事(另一位犹太裔法官),因为这位同事写出了一份可能带有宗教色彩的意见。卡多佐的宗教信仰对于他来说不是非常重要,而且几乎确实没有发挥出如在丹宁勋爵的生活中那般的巨大作用。[②]

(二) 缺乏客观性

丹宁勋爵总是基于他个人的公正观念来决定案件,所以有些判决所适用的规则、原则或者理由,根本不见于制定法或者先例之中。丹宁勋爵深藏在内心中的公正原则缺乏客观标准,很难被外人感知到。或者说,丹宁勋爵的司法公正思想缺乏客观性,从而让其他人难以对其产生认同感。

甚至有学者指出,丹宁勋爵可能是马格劳德的后继者。在 1889 年至 1904 年这段时期内,由院长马格劳德领导的沙托蒂埃里的一审法院创造了"马格劳德现象"(le phenomene Magnaud),即该法院的法官在审理案件的时候,不依照制定法,而是自我发问"一个善良之人在这些法官所面临的情况下会希望怎样做",并据此作出判决,"而这样做有时在外观上就与制定法不一致"。[③] 确实,丹宁勋爵会"不据法司法",而是依据他的主观正义感判案。丹宁勋爵一直提倡的意图解释法,说到底也只是这样一条简单、笼统的原则,即"不管在什么时候,对一个词的各种意思进行选择,都应该选择与情理和正义相符合的含义"。[④] 但是,这

---

① 参见 Brady Coleman, *Lord Denning & Justice Cardozo: The Judge as Poet-Philosopher*, 32 Rutgers L. J., 2001, p. 485, p. 508。

② Brady Coleman, *Lord Denning & Justice Cardozo: The Judge as Poet-Philosopher*, 32 Rutgers L. J., 2001, p. 485, pp. 511 – 512.

③ [美]卡多佐:《司法过程的性质》,苏力译,商务印书馆 1997 年版,第 83—84 页;Brady Coleman, *Lord Denning & Justice Cardozo: The Judge as Poet-Philosopher*, 32 Rutgers L. J., 2001, p. 485, Note 100。

④ [英]丹宁:《法律的训诫》,杨百揆、刘庸安等译,法律出版社 2011 年版,第 28 页。

并不意味着“法院可以自由地以它们自己的关于理性和正义的观点来替代它们所服务的普通人的观点。法院的标准必须是一种客观的标准。在这些问题上，真正作数的并不是那些我认为是正确的东西，而是那些我有理由认为其他有正常智力和良心的人都可能会合乎情理地认为是正确的东西”。[①]

(三) 缺乏体系性

英国学者阿蒂亚曾在一次讲座中指出，“英国法律人不仅更倾向于实用主义方法进路，并以此为荣，而且还厌恶理论化的方法进路”。[②] 作为一名英国法官，丹宁勋爵确实是一位实用主义者，而且他的司法公正思想缺乏体系性，也不够理论化。虽然我们很难肯定丹宁勋爵是否厌恶理论，但是我们至少可以认为他不善于“理论化的方法进路”。对此，丹宁勋爵在一本自传中非常坦率地说道：“对我来说，法理学是一门太抽象的科目……法律哲学的专门术语总是难倒我。”[③]

丹宁勋爵将他的司法公正思想贯彻在一个又一个的判例中，但他没有全面地、完整地提炼过判例中能够体现公正的规则和原则。相比较而言，卡多佐是一位散发着浓郁的学院派气息的法官。我们读他们两人的著作，会觉得很不一样。丹宁勋爵的著作具有一种“案例汇编”的味道，他根据不同的主题“以案说法”。虽然丹宁勋爵使用的判例很充实，但是其著作显得冗长而繁杂，不够精细化、学理化；而在那本影响巨大，却不足两百页的《司法过程的性质》中，卡多佐非常简明扼要地归纳出了各个判例的核心内容，并且旁征博引、论理透彻。总之，丹宁勋爵的司法公正思想缺乏体系性，因此其也相应地欠缺明晰性与可适用性，其他人难以全面地把握它、理解它。特别是丹宁勋爵所一直提倡的意图解释法不够体系化，而且缺乏操作性，显得过于随意，无法为判决奠定扎实的逻辑基础。

(四) 破坏了法律的安定性

具备安定性的法律会表现出确定、延续、稳定等特点，因此人们可以根据这样的法律来准确地预测到自己行为的后果。在英美法系国家，遵循先例原则的目的之一就是保证法律的安定性，以使先例中的规则延续到往后的时期里，即相

---

① [美]卡多佐：《司法过程的性质》，苏力译，商务印书馆 1997 年版，第 52 页。

② [英]阿蒂亚：《英国法中的实用主义与理论》，刘承韪、刘毅译，清华大学出版社 2008 年版，第 3 页。

③ Denning, *The Family Story*，转引自 Brady Coleman, *Lord Denning & Justice Cardozo*: *The Judge as Poet-Philosopher*，32 Rutgers L. J.，2001, p. 485, p. 512。

同案件适用相同的规则。但是,对于丹宁勋爵来说,与依从先例相比,他更倾向于推翻先例。即使不能说服他的同事站在他这边,丹宁勋爵也会对案件发表不同意见。丹宁勋爵的这种司法风格,给法律的安定性带来了或多或少的威胁。特别是丹宁勋爵所领导的上诉法院曾多次推翻上议院的判例,这极大地破坏了法律的安定性。

例如,在"卡萨尔斯(哈罗)诉沃利斯案"中,供货方提供了一辆无法行驶的汽车,其遂依据合同中的豁免条款主张免除责任。但是,丹宁勋爵领导的上诉法院基于根本性违约(fundamental breach)原则,认为供货方的行为"侵害了合同的根基",因此不能享有豁免条款的权利。不过,"在'瑞士大西洋号案'中,上议院却说它(根本性违约原则)是错误的。我们在'哈伯特塑用黏土公司诉韦恩蓄水池和水泵公司案'中恢复了这一原制,但反过来,又被上议院在'照相器材公司诉安全运输公司案'中推翻了"。[1] 在数个相同或相似的案件中,丹宁勋爵坚持运用同一条法律原则,虽然这看似维护了法律的安定性,但是当上议院推翻了其中某个或某些案件的判决后,丹宁勋爵依然根据那条他所一直坚持的原则来判案,从而在整体上破坏了法律的安定性。因此,丹宁勋爵的这种行为使初审法官陷入了尴尬的境地——不得不在上诉法院和上议院之间做出选择,而且"比这更糟糕的是,诉讼的当事人恐怕也不知道自己应该站在哪一边"。[2]

结语

在38年的法官生涯中,丹宁勋爵形成了自己的司法哲学,具体包括:(1)实现公正;(2)法律下的自由;(3)信奉上帝。丹宁勋爵认为,基督教信仰是公正的实质渊源,一个人只有信仰了基督教,才会真正感受到什么是公正。丹宁勋爵还认为,法律必须是公正的,否则法官应当拒绝适用它,以避免不公正的审判结果。在丹宁勋爵看来,司法的过程就是法官在查清案件事实后,再根据法律进行公正的审判。因此,司法公正的内涵是,怀有基督教信仰的法官在查清案件事实后,适用能够带来公正的审判结果之法律。在具体的司法实践中,为了实现司法公正,一方面,丹宁勋爵提倡意图解释法,即当制定法出现漏洞的时候,法官应该像

① [英]丹宁勋爵:《家庭故事》,刘庸安译,法律出版社2000年版,第226—228页。
② [英]丹宁:《法律的训诫》,杨百揆、刘庸安等译,法律出版社2011年版,第373页。

立法者那样去思考，从而探求到立法的意图，并创制出新的法律规则来弥补漏洞；另一方面，丹宁勋爵主张新判例主义，其主要内容包括：(1)上诉法院的先前判例从原则上讲是有约束力的，法官应当遵循这些判例；(2)当推翻先例显得公正的时候，上诉法院应当推翻自身的先例，甚至推翻上议院的先例。但是，丹宁勋爵的司法公正思想藏在他的内心中，从而不可避免地存在着如下一些缺陷：带有宗教偏见，缺乏客观性，不成体系，且破坏了法律的安定性。

诚信价值融入司法实践的语境分析

邱小航*

摘要：诚信价值融入司法实践，是社会主义核心价值观融入法治建设的一个具体环节。在运用诚信价值进行说理裁判时，法官会受到语境内在逻辑规则的制约，具体表现为：法律规范为言内语境，法官必须在言内语境中进行法律发现；个案事实为言伴语境，法官根据案件事实来赋予法律文本以语用意义；社会文化背景为言外语境，法官在说理论证时需要对其进行充分考虑。法官利用语境能增强说理的可接受性性，并保证法律的稳定性。

关键词：言内语境；言伴语境；言外语境；诚信价值；司法裁判

一、问题的提出

人类的任何语用交际活动均发生在一定的场景或时空中，发生交际活动的特定自然环境和社会环境就是语境。语境同语用主体和语用工具（话语实体）一起，构成语用学的基本框架。语境提供语用交际活动的背景和条件，因此交际活动的言语表达和理解也受到语境因素的影响与制约。交际活动不仅包括口语，还包括书面语。"只有在特定语境下才能达成对文本的理解和解释"①，因此文本含义的理解与解释必须重视语境的作用。

裁判文书的生成是一个具体的语用交际活动。法官是语用主体，裁判文书是通过语用工具得到表达的，并且每个具体案件的裁判文书都包含有对语言活

* 邱小航，女，山东安丘人，华东政法大学法律学院博士研究生，研究方向为党内法规、法律方法论。

① 王政勋：《论期待可能性理论的合理性——基于言伴语境理论的考察》，载《法律科学》2008 年第 4 期，第 75 页。

动者和参与者持续影响的因素。诚信价值融入司法实践的一个重要途径,就是法官在裁判文书中运用诚信价值进行说理论证。论证的过程就是语用活动的过程,而语用活动离不开语境。要实现说理论证的充分性和可接受性,裁判者就必须论证与考量语境的影响因素,重视说理论证的时空背景,关注论证对象的心理活动。

基于与语言的关系之不同,语境可以具体分为“言内语境”“言伴语境”和“言外语境”。[①] 语境因素影响话语的形式、内容及意义,法官说理论证需要通过法律文本和案件事实之间的循环解释来寻找恰当的文本意义。对语境的作用之重视,既能提高裁判文书的可接受性,又能使诚信价值在新时代的法治建设中获得新的生命力。那么,在将以诚信价值为代表的核心价值观融入裁判说理的过程中时,有哪些语境因素会对法官的说理思维产生影响?诚信价值会产生何种语义方面的变化?法官的论证是否会使价值入法过于随意,进而破坏公民对法律的预测可能性,并损害法律的稳定性和权威性?以上这些问题需要我们进行深入思考。

二、诚信价值融入司法实践的言内语境

所谓言内语境,主要是指由具体话语组成的上下文。在交际活动中,每个话语的含义都需要回到上下文中才能得到明确。上下文语境为人们理解句内语义提供了语境支持。在说理论证的时候,法官需要按照法律来进行具体的话语加工,从而使听读者可以根据上下文之间的逻辑关系来把握话语的真正意蕴。诚信价值融入司法实践的言内语境主要是指法律文本。法官不是根据自己的主观臆想对法律本文进行任意解释,而是首先依赖于法律感觉与道德意识,就案件形成初步的认识,进而依据案件事实进行法律发现,并对找到的法源进行解读,以使条文和事实相结合,由此产生具体的说理论证内容。

尊重制定法是法治建设对司法裁判活动的基本要求,而作为一种已经上升为正式法律渊源的价值,诚信适用于司法裁判具有法律依据。诚信价值成为具

① 王建华将语境的分类表述为“言内语境”“言伴语境”和“言外语境”。参见王建华等:《现代汉语语境研究》,浙江大学出版社2002年版,第75页。索振宇将语境分为“上下文语境”“情景语境”和“民族文化传统语境”。参见索振宇:《语用学教程》,北京大学出版社2000年版,第23页。虽然不同学者对语境分类之表述不同,但是各类语境的内涵和分类标准基本相同。

有法律约束力的制定法之渠道主要有两种:一是诚信原则;二是蕴含着诚信价值的法律规则。另外,由于诚信是社会主义核心价值观的具体内涵,因此包含着社会主义核心价值观的法律规则也能够适用于涉及诚信价值的案件。

法律法规在为行为人提供行为规范的同时,也发挥着鲜明的思维导向作用。自党的十八大以来,国家立法机关注重在立法工作中凸显核心价值观的价值导向功能,以推动价值入法入规,从而在立法层面为核心价值观及核心价值体系的构建提供制度保障。2018 年 3 月 11 日,第十三届全国人民代表大会第一次会议第三次全体会议通过了《中华人民共和国宪法修正案》,“社会主义核心价值观”被写入《中华人民共和国宪法》第二十四条。此外,《中华人民共和国广告法》《中华人民共和国国家安全法》《中华人民共和国教育法》《中华人民共和国慈善法》《中华人民共和国电影产业促进法》《中华人民共和国文化服务保障法》《中华人民共和国网络安全法》《中华人民共和国民法典》《中华人民共和国国歌法》《中华人民共和国公共图书法》《中华人民共和国英雄烈士保护法》《中华人民共和国公务员法》等多部法律均将核心价值观写入文本之中,从而为核心价值观融入法治建设提供了宪法及法律依据和具体制度支持。

从法律规范的层面来看,诚信原则具有不可替代的地位,立法者会在法条中明确提及“诚信”“诚实信用”等词语。例如,《中华人民共和国民法典》第七条、《中华人民共和国合同法》第六条及《中华人民共和国劳动合同法》第三条均包含了涉及诚信的相关规定。不论是新颁布的《中华人民共和国民法典》对民事主体提出的诚信要求,还是《中华人民共和国劳动合同法》对用人单位和劳动者提出的双向诚信要求,立法者都是通过法律原则的形式使诚信这种道德规则上升到法律规范的层面。

虽然诚信价值主要被包含在法律原则中,但是我们也不能忽略大量蕴含着诚信价值的法律规则。尽管有些法律规则并没有明确提及具体价值,但是某些价值仍能够被感知和认同。人们可以根据法律条文的相关表述及前后语境,对法律规则的立法本意进行分析,以分析立法者在制定法律时所做的价值判断和所追求的目标,从而推知立法者想要体现的价值选择。例如,《中华人民共和国合同法》除了在先合同义务中明确提及了诚信原则外,还在合同的邀约、承诺、损害赔偿等相关条文中展现了诚信价值的隐性适用。虽然法律没有明确表明诚信是一种特定价值,但是在具体案例中运用相关条文时,法官往往会将诚信价值用于裁判文书的说理部分,以使隐含于具体条文中的价值外化,从而起到教育宣示和价值引导之作用。2020 年 5 月 28 日，第十三届全国人民代表大会第三次会议通过了《中华人民共和国民法典》，其明确将“弘扬社会主义核心价值观”作为立法目的，并且对见义勇为、维护民族英雄等具体行为进行规范，这也体现了对核心价值观的弘扬。作为具体的价值观之一，诚信也被涵盖在《中华人民共和国民法典》的立法目的之中。在《中华人民共和国劳动合同法》中，诚信也主要蕴含在劳动合同的先合同义务、合同履行等条款之中。在行政法中，诚信主要体现在与政府履职过程相关的制度规定之中，如政府信息公开制度、行政许可制度、行政合同制度等。

三、诚信价值融入司法实践的言伴语境

所谓言伴语境，是指时间、地点、场合等事项与交际现场有直接联系的因素，以及与交际主体的个人特色有联系的因素。陈望道先生在《修辞学发凡》中提出“修辞要适应题旨情景的理论”，情景具体包括“何故”“何事”“何人”“何地”“何时”“何如”六个因素。[①] 具体到法官通过价值进行说理的过程来看，裁判文书的产生也是适应于一定情景的，因此诚信价值融入司法实践的言伴语境主要是指当下的个案事实。出于裁判案件以定分止争之目的，法官需要确定案件事实并寻找法律规则。法官根据案件事实来赋予法律文本以语用意义，并且通过在个案事实和法律文本之间进行多次循环往复来确定文本内容。我国司法机关发布的典型案例及指导性案例，在一定程度上为法官适用诚信价值进行说理论证提供了参照。

“何故”是指主体实施写说行为的目的。在交际过程中，言语表达是内在心理命题的外在表现，而心理命题与说话目的相关联。目的决定写说者的心理状态，并决定言语表达。在一场交际中，双方当事人都带有一定的目的。作为写说者，法官的目的就是希望通过说理论证将意义表达清楚，以使包括当事人在内的听读者能够读懂并接受。抽象来说，就是法官要释法说理、依法裁判、定分止争。裁判文书说理目的之实现，需要法官结合个案的具体情形来进行论证，以使当事人及裁判文书的其他读者了解法律规定与立法目的。裁判文书不仅包含了对案件的法律分析，而且涉及对个人优秀品质的褒奖，因此其能够引导人们树立社会

① 参见王建华等：《现代汉语语境研究》，浙江大学出版社 2002 年版，第 176 页。

主义核心价值观。例如,在一起交通事故发生后,肇事者张磊积极参与对伤者陈×的抢救,并垫付了急救费、伙食补助等多项费用,从而避免了保险赔付滞后所导致的救助不及时之后果的出现。因此,第三中级人民法院的法官认为,“这种处理方式有助于陈×的及时医疗,亦有助于各方当事人的矛盾化解,是社会主义核心价值观‘诚信、友善’和社会正能量的集中体现。本院认为张磊垫付费用的行为值得肯定和鼓励”。① 最高人民法院不仅对体现诚信价值的行为大加褒扬和倡导,而且对不守诚信的行为予以制裁和批判。例如,在一起商品房销售合同纠纷中,由于双方签订房屋买卖合同后,房价迅速上涨,因此被上诉人彭某和熊某拒不履行合同义务。针对上述案件,法官在依法裁判的同时,还对这种行为予以消极评价,即认为此种行为“不仅违反了诚实信用原则,也违反了契约精神,不符合市场交易原则和不遵守交易秩序,与我国弘扬的社会主义核心价值观的诚信内容相悖”。② 法官运用诚信价值进行说理论证的案件,其案情一般并不复杂,适用法律和案件事实也没有较大争议,但是从法官在裁判文书中大量运用诚信价值进行论证的状况来看,我国仍一定程度上存在着诚信缺失和个人诚信意识淡薄的现象,因此我们需要旗帜鲜明地倡导诚信品质,以唤醒人们心中的公平正义之观念。

“何事”是指需要说明的事项。法官遵循不告不理的原则,因此在裁判文书中出现的事项往往是当事人的诉求;而且,基于法官必须依据法律条文进行裁判,因此裁判文书所包含的事项也往往属于法律所调整的范围。但是,这种现象并非是绝对的,因为裁判文书是由法官自己书写的,其具体的遣词造句和内容罗列存在一定的主观发挥空间。针对一些法律不予调整的事项,如果法官认为有必要予以说明的,那么其可以通过给予积极或消极的评价来实现对当事人或其他读者的价值观之正向引导。例如,在因被告原因而导致机动车事故之状况下,虽然被告主动垫付医疗费的做法并不是案件的争议焦点,且没有引起双方当事人的对峙,但是由于该行为符合价值观的要求,因此法官往往在判决中主动对被告的垫付行为予以积极评价,即该行为“符合社会主义核心价值观诚信、友善公民个人层面的价值准则,应当予以鼓励和弘扬”。③

“何人”是指写说者的身份,以及写说者与听读者的关系。裁判文书的写说

① 北京市第三中级人民法院(2016)京03民终字3531号民事判决书。

② 广东省惠州市中级人民法院(2016)粤13民终3228号民事判决书。

③ 河南省扶沟县人民法院(2019)豫1621民初791号民事判决书。

者与听读者之间存在两种身份关系：其一，法官与当事人之间的关系；其二，一般人与一般人之间的关系。就法官和当事人之间的关系而言，裁判文书的书写者一般是法官，而听说者主要是当事人。但是，如果裁判文书被传输到网络上，那么学者、律师、学生等关心判决结果和案件事实的人都有可能进行查阅。虽然听读者的范围广泛且不特定，但是由于判决结果与当事人具有直接利害关系，且判决内容涉及当事人的行为活动，因此判决的核心目的就应当是解决当事人之间的权利义务纠纷。这决定了法官必须将当事人作为主要受众来书写判决，而其他不特定的主体只是能次要受众。通常来说，当事人和其他不特定主体的文化程度、理解能力及法学知识背景并不一定必然存在差异，但是他们对案件的关心程度可能有明显不同，因此法官将当事人作为主要受众来进行说理论证，实际上是以更高的说理论证标准来实现判决结果的可接受性。对于其他不特定的主体来说，上述做法是有利无害的，而且其也给法官提出了较高的要求。就一般人与一般人的关系而言，在一些事项的理解上，法官也要站在一般人的角度去看待问题，以增强裁判说理的可接受性。法官在裁判文书中会用“常识”“常理”“常情”来增强论证的可接受性，这里的“常”便暗含了希望为一般人所理解、认可、接受之目的。法官应站在一般人的视角，通过写说者和听读者在通常情况下均认可的道理、知识与情理来说服他们。在一例借款合同纠纷中，法官认为借据上的还款时间早于借款时间“不合事理”，并强调“法安天下，德润人心……今之社会主义核心价值观亦强调公正、法治，诚信、友善”。① 法官从一般人的认知角度出发，指出借款行为应先于还款行为，并且借款或还款的日期一般只具体到天，不会具体到时、分、秒，因此还款时间最早也应当与借款时间为同一天，而当事人提供的证据表明还款早于借款，这是不符合常理的。

“何地”与“何时”是指写说者所处的地点及时间。时间和地点无疑均是客观情境中的重要交易因素，两者对交际语境产生重要影响，因为任何交际行为都是在一定的时间和空间中进行的。正如我们常说的，“说话要注意场合”。作为书面语的一种形式，裁判文书和口语表达一样，都要考虑表达的场合，即时间、地点、环境、情景等客观因素。从地点来看，大到所处的国家，小到具体场所，均可能会对语言的表达和理解产生影响。裁判文书无疑是法官在办公场所作出的，庭前调查、庭中审判、庭后制作裁判文书等各个环节组成一个完整的文书形成链

① 浙江省衢州市中级人民法院(2016)浙 08 民终 1293 号民事判决书。

条。法官的司法职务要求其进行说理,并且说理要实现良好的社会效果。在具体运用裁判文书的场合下,地点和时间对表达有限制、强调与解释的作用。在裁判文书中,法官会用大量表示时间的词语(如“千百年来”“自古”等)来强调道德品质自始至终之重要地位,并用“我国”“人类社会”等词语来限制区域,以充分强调与当事人有关的地点,从而增强说理论证的联系性和说服力,进而清楚表明诚信价值是我国的传统美德。新时代的中国发展同样需要诚信价值发挥其精神支撑和引领作用。裁判文书的作者其实也是通过时间和地点来搭建出一个场景,以表明我国历代人民均重视诚信价值。在社会中,每个人都会在不同场景的语境中获得不同的角色,并显示出不同的身份。在这些场景中,听说者会自动获得一个具体的角色,即重视诚信价值的中国人,而这也使得听说者更能够理解写说者所表达的含义。

“何如”是指如何写说。作为写说者,法官在与以当事人为主的听读者进行交际时,会呈现出特殊的行业特点。通常情况下,为了保证裁判文书呈现出准确性和严肃性,在用词上,法官不会为了单纯追求可接受性而利用一切过于活泼的词来增加亲和度。与此相反,法官往往会用更多的法律专业术语,以及简练、庄重的公文术语。在造句上,裁判文书往往少短句多长句,少疑问句多陈述句,少单句多复句。法官不需要像商人一样用活泼的语言来激发消费者的购买欲,也不需要像教师一样用太多启发式话语。法官的特殊地位要求其在判决中使用的词语更应像是不带有主观意愿的法律所“表达”出来的,即判决是法律的意思,而非法官的意思。

客观情景为表达者设定具体的表达场景,这有助于写说者遵循情景要求来进行适当的表达。同样,听读者对写说者所表达的信息进行理解时,情景也能为其提供指引和参照。在诚信价值融入司法实践的情景下,法官就能充分利用具体案件事实中的上述六个因素来进行说理论证,这有助于促使包括当事人在内的若干接触判决书的人认可判决之内容。

四、诚信价值融入司法实践的言外语境

所谓言外语境,主要是指交际者的社会文化背景,具体包括政治、经济、文化、社会主流价值观念等因素。由于社会主义核心价值观的产生既依托于一定的政策制度,又受到传统社会文化的影响,因此言外语境对诚信价值融入司法实

践的影响之主要表现形式为：具体党内法规及司法政策影响下所产生的社会政治心理，以及长久社会生活中所形成的道德观念。

社会心理的产生与人类长期社会生活中所形成的道德观和价值观具有密切联系。社会心理主要包括社会政治心理和道德观。社会政策受到一定的政治制度与政治思想之影响，社会政治心理由此产生。社会政治心理与社会心理也会对语言表达和理解产生影响。这种社会政治心理与时代环境也有一定的关联性，因为时代环境也受到包括政治观念、社会制度，乃至道德观念、经济水平等因素的影响。实质上，社会政治心理是对统治阶级建立的政治观念和社会制度的反映。

社会主义核心价值观是由中国共产党首次提出的，提出的主体决定了社会主义核心价值观具有深刻的政治属性。新时代下，作为习近平法治思想的一部分，社会主义核心价值观是体现社会主流追求的价值观念，其对个人发展、民族复兴和国家强盛都具有重要意义。习近平法治思想的第三个坚持便是“坚持中国特色社会主义法治道路”①，而“社会主义核心价值观是中国特色社会主义法治的灵魂”②，因此价值入法具有时代意义和历史使命。

查阅中国共产党关于核心价值观之源起、地位及性质的文件资料，并按照发布主体及发布形式的不同进行划分，政治思想的载体文件主要分为三类：第一类是领导人代表中共中央向全国人民代表大会作的报告；第二类是以中共中央为发文主体发布的一系列政策文件；第三类是中国共产党的主要领导人在不同场合所发表的讲话。就文本特征而言，第一类文件更具有正式性和政治性，但也往往具有抽象性和概括性；第二类文件的目的往往是实现第一类文件所提及的目标；第三类文件多围绕特定事件或中心展开，其中会涉及核心价值观的内容，而此类关于社会主义核心价值观的论述相对具体，因此有更强的操作性。

社会主义核心价值观是在社会主义核心价值体系之基础上被提出的。2006年10月11日，党的十六届六中全会正式提出“建设社会主义核心价值体系”这一命题，并主张“坚持把社会主义核心价值体系融入国民教育和精神文明建设全

---

① 《习近平在中央全面依法治国工作会议上强调　坚定不移走中国特色社会主义法治道路　为全面建设社会主义现代化国家提供有力法治保障》，中国共产党新闻网，http://jhsjk.people.cn/article/31934454，访问日期：2020年12月20日。

② 刘旺洪：《社会主义核心价值观是中国特色社会主义法治的灵魂》，载《红旗文稿》2017年第3期，第20页。

过程、贯彻现代化各个方面”。[①] 2007年11月,党的十七大进一步提出核心价值体系是“社会主义意识形态的本质要求”[②],并将社会主义核心价值体系作为一项社会意识形态培育和发展的重要战略任务。

社会主义核心价值观是社会主义核心价值体系的内核。2012年11月8日,党的十八大提出社会主义核心价值体系是“兴国之魂”,其将诚信价值规定为社会主义核心价值观之一,并倡导“诚信”,“积极培育和践行”核心价值观,“加强”核心价值体系建设。[③] 社会主义核心价值观体现了社会主义核心价值体系的根本性质和基本特征,其是社会主义核心价值体系的高度凝练和集中表达。社会主义核心价值观明确了社会主义核心价值体系的内在价值,并为人们提供了更加明确、具体的行为准则和价值判断标准,从而更有力地推进了社会主义核心价值体系的建设。同时,社会主义核心价值观与中特色社会主义的发展要求相契合,其回答了国家、社会和公民三方面的发展目标。从十六届六中全会的“建设”到十八大的“加强”,从抽象的社会主义核心价值体系到相对具体的社会主义核心价值观,中国共产党对社会主义核心价值体系的定位逐渐从模糊走向清晰,实施态度也更加坚定。

为了贯彻党的十八大和十八届三中全会的精神,积极培育和践行社会主义核心价值观,中共中央办公厅于2013年印发《关于培育和践行社会主义核心价值观的意见》,该文件提出要将价值观贯彻到“立法、执法、司法、普法和依法治理各个方面”。[④] 此后,2016年,中共中央办公厅、国务院办公厅联合印发《关于进一步把社会主义核心价值观融入法治建设的指导意见》,这是国家最早发布的包含弘扬社会主义核心价值观的党政联合文件,其主要涉及立法和司法两个方面。具体来说,在立法方面,要将政策的宣示性话语变为法律的强制性要求,将社会主义核心价值观的要求“转化为具有刚性约束力的法律规定”;在司法方面,包括“完善司法政策,加强司法解释,强化案例指导……实行适应社会主义核心价值

① 《中共中央关于构建社会主义和谐社会若干重大问题的决定》,载《求是》2006年第20期,第8页。

② 胡锦涛:《高举中国特色社会主义伟大旗帜,为夺取全面建设小康社会新胜利而奋斗——在中国共产党第十七次全国代表大会上的报告》,载《求是》2007年21期,第14页。

③ 胡锦涛:《坚定不移沿着中国特色社会主义道路前进 为全建成小康社会而奋斗——在中国共产党第十八次全国代表大会上的报告》,载《求是》2012年第22期,第15页。

④ 中共中央办公厅:《关于培育和践行社会主义核心价值观的意见》,载《党建》2014年第1期,第10页。

观要求的司法政策”[1],惩治背离社会主义核心价值观的行为,选取对弘扬社会主义核心价值观有示范作用的案例作为指导性案例发布,使个案解释与统一法律适用结合,这影响到此后宪法法律与法规规章的立改废释及司法活动。

2017 年 10 月 18 日,中共十九大报告提出,“坚持社会主义核心价值体系……培育和践行社会主义核心价值观……把社会主义核心价值观融入社会发展各方面,转化为人们的情感认同和行为习惯”。[2] 各份报告中的动词在不断变化,从“建设”到“加强”再到“坚持”,这体现了中国共产党对社会主义核心价值体系的培育与践行之持续关注和深入思考。虽然动词在发生变化,但是动词所围绕着的“社会主义核心价值体系”这个中心词始终如一,这体现了中国共产党发展社会主义核心价值体系及社会主义核心价值观的思想信念从未改变。政治政策的稳定性和一致性为社会主义核心价值观融入经济发展与社会发展的各个方面提供了适宜的社会环境,并决定了此后法律法规及司法政策的调整与完善方向。此后,2018 年 5 月,中共中央印发了《社会主义核心价值观融入法治建设立法修法规划》,该文件明确了涉及市场经济、民主政治法治化、文化法律、民生法律、生态文明、道德上升为法律规范共六个方面的任务。

社会主义核心价值观的时代精髓还直接体现在习近平法治思想中。特别是党的十八大以来,中国特色社会主义进入新时代,社会转型期所呈现出的价值观之碰撞更加频繁和深入,因此习近平总书记的多次讲话均对社会主义核心价值观做出重要论述并提出明确要求。在习近平法治思想中,涉及社会主义核心价值观的重要论述具体可以总结为“为什么”“是什么”和“怎么做”三个方面的内容。

首先,关于培育和践行社会主义核心价值观的重要性,习近平总书记将社会主义核心价值观视为一个民族或国家的“精神追求”[3],并认为其是社会评判的价值标准。如果一个民族或国家没有共同的核心价值观,那么这个民族和国家便失去精神命脉。社会主义核心价值观的重要意义之弘扬,主要是通过文化发

---

① 中共中央办公厅、国务院办公厅:《关于进一步把社会主义核心价值观融入法治建设的指导意见》,载《人民日报》2016 年 12 月 26 日,第 1 版。

② 习近平:《决胜全面建成小康社会　夺取新时代中国特色社会主义伟大胜利——在中国共产党第十九次全国代表大会上的报告》,载《人民日报》2017 年 10 月 28 日,第 1 版。

③ 习近平:《青年要自觉践行社会主义核心价值观——在北京大学师生座谈会上的讲话》,载《人民日报》2014 年 5 月 5 日,第 2 版。

展和传承实现的。社会主义核心价值观是推动国家发展“最持久最深沉的力量”。[①] 其次,关于社会主义核心价值观的内容,习近平总书记将核心价值观的内涵划分为三个层次,诚信属于“公民层面的价值追求”[②],而国家、社会、公民三个层面的统一,才是社会主义核心价值观的完整价值要求。最后,在如何弘扬和践行社会主义核心价值观这个问题上,习近平总书记提出,社会主义核心价值观的预期发展目标是“像空气一样无处不在、无时不有”。[③] 同时,习近平总书记对社会主义核心价值观未来的发展方向和发展目标做出指示,即“通过教育引导、舆论宣传、文化熏陶、实践养成、制度保障等,使社会主义核心价值观内化为人们的精神追求,外化为人们的自觉行动”。[④] 在社会主义核心价值观内化为精神追求的过程中,政策和法律要共同发挥作用,“要发挥政策导向作用,使经济、政治、文化、社会等方方面面政策都有利于社会主义核心价值观的培育。要用法律来推动核心价值观建设。各种社会管理要承担起倡导社会主义核心价值观的责任,注重在日常管理中体现价值导向,使符合核心价值观的行为得到鼓励、违背核心价值观的行为受到制约”。[⑤]

“观念改变着世界。新观念的力量是变革我们生活和思维方式的引擎。”[⑥]中国共产党提出的中国特色社会主义核心价值观,是将马克思主义的普遍真理同我国的具体国情相结合,走适合中国特色社会主义的道路探索,是三个自信中的“文化自信”之体现。深化对核心价值观的研究,能够提升我国文化软实力,并有助于国家复兴、民族富强。由此可见,我们可以通过发挥政策和法律的作用,使社会主义核心价值观内化为全体人民的共同价值追求,并成为自觉的行为准则。此后,最高人民法院发布了司法解释,立法机关也修改或制定了法律,从而多方合力地推动着社会主义核心价值观的弘扬与践行。

此外,司法机关发布的司法政策也在诚信价值融入司法实践方面发挥了重

① 习近平:《推动国家发展,核心价值观是最持久最深沉的力量》,中国共产党新闻网,http://jhsjk.people.cn/article/27399954,访问日期:2020 年 12 月 20 日。

② 中共中央办公厅:《关于培育和践行社会主义核心价值观的意见》,载《党建》2014 年第 1 期,第 10 页。

③ 习近平:《在文艺工作座谈会上的讲话》,载《人民日报》2015 年 10 月 15 日,第 2 版。

④《习近平谈文化强国建设:抛弃传统就等于割断精神命脉》,中国共产党新闻网,http://jhsjk.people.cn/article/28901100l,访问日期:2020 年 12 月 20 日。

⑤ 习近平:《把培育和弘扬社会主义核心价值观作为凝魂聚气强基固本的基础工程》,中国共产党新闻网,http://jhsjk.people.cn/article/24463023,最后访问日期:2020 年 12 月 20 日。

⑥ Richard Stengel, “The power of ideas”, *Time*, Vol. 171(12), 2008, p. 6.

要的规范和指导作用。为了贯彻中共中央《关于培育和践行社会主义核心价值观的意见》与习近平总书记关于培育和践行社会主义核心价值观的系统论述，以及在法院工作中贯彻和践行社会主义核心价值观，最高人民法院发布《关于在人民法院工作中培育和践行社会主义核心价值观的若干意见》，该文件明确指出“鼓励诚实守信”，并且要求审判人员除了查明案件的实体争议外，还要“对当事人在纠纷发生和诉讼过程中的诚实守信情况进行审查并作为裁判的重要依据”，即维护与肯定守信行为，惩处与否定失信行为，进而树立国家司法权威，提高司法公信力。①

2016 年 12 月，中共中央办公厅、国务院办公厅联合印发《关于进一步把社会主义核心价值观融入法治建设的指导意见》，该文件最早提出了通过“完善司法政策，加强司法解释，强化案例指导”来弘扬社会主义核心价值观。② 2018 年 9 月，为了贯彻落实中央关于核心价值观融入法治建设的要求，最高人民法院发布《关于在司法解释中全面贯彻社会主义核心价值观的工作规划（2018—2023）》，该文件对司法解释工作做出专门部署，并为最高人民法院五年内的司法解释工作提出指导意见，旨在为培育和践行社会主义核心价值观提供统一的裁判标准。文件强调，“要在司法解释中大力弘扬诚实守信的社会主义核心价值”。③ 具体的司法解释涉及不同领域的诚信交易、诚信诉讼等事项。此外，最高人民法院于 2019 年 10 月印发《关于依法妥善审理高空抛物、坠物案件的意见》，该文件提到要以多种形式加强法治宣传，“大力弘扬社会主义核心价值观，形成良好社会风尚”。④ 2018 年 7 月 23 日起施行的《最高人民法院关于适用〈中华人民共和国民法总则〉诉讼时效制度若干问题的解释》对诉讼时效期间、诉讼时效终止等规定进行了修改，以实现“更好地建设诚信社会”这一目标。时效制度的修改完善能够防止义务人利用诉讼时效制度规定的不一致来恶意逃避债务，从而有利于维护社会交易秩序与建设诚信社会。随着经济的发展，我国的民间借贷活动也日趋活跃，借贷规模不断扩大，但健全的金融和法律体系之缺乏却

---

① 《最高人民法院印发关于在人民法院工作中培育和践行社会主义核心价值观的若干意见》，法发〔2015〕14 号。

② 《中共中央办公厅、国务院办公厅印发〈关于进一步把社会主义核心价值观融入法治建设的指导意见〉的通知》，厅字〔2016〕50 号。

③ 《最高人 民法院出台工作规划在司法解释中全面贯彻社会主义核心价值观》，载《人民法院报》2018 年 9 月 19 日，第 1 版。

④ 《最高人民法院关 于依法妥善审理高空抛物、坠物案件的意见》，法发〔2019〕25 号。

导致民间借贷纠纷大量发生。为了审理好借贷纠纷案件,并维护好社会主义道德,尤其是对违背诚信原则的现象进行惩戒,最高人民法院审议委员会议于2015年6月23日通过《最高人民法院关于审理民间借贷案件适用法律若干问题的规定》,该文件涉及明确借贷合同的效力、规定网络借贷平台的责任、加大对虚假民事诉讼行为的预防和打击等内容,旨在维护诚实守信的价值准则。

在发布相关司法解释的同时,最高人民法院也公布了弘扬社会主义核心价值观的典型案例。2016年的3月和8月,最高人民法院分别发布了十起弘扬社会主义核心价值观的典型案例,这共计二十起典型案例主要涉及食品安全①和销售注册商品领域②的诚信经营、保险领域的诚信赔偿③、诉讼领域的诚信诉讼④、刑法领域的诚信作证⑤及诚信应考⑥、物权领域的诚信获利⑦、劳动纠纷领域的诚信守规⑧、合同领域的诚实守信⑨。典型案例的发布为各级法院的法官审理类似案件提供了参照标准,并为诚信价值及社会主义核心价值观融入司法实践提供了有效参考。

除了社会政治心理外,道德观、善恶观、是非观等思想观点也会影响和制约言语表达。对交际活动产生影响的思想观念往往是通过隐含方式间接表达出来的,而隐含的思想观念又与一定的社会文化背景相联系。“任何法律的制定都离不开一定的道德基础,否则将与社会价值相冲突,并丧失其真正的意义而成为无

---

① 《最高人民法院公布10起弘扬社会主义核心价值观典型案例:案例六:张某诉某商贸有限责任公司买卖合同纠纷案》,载《人民法院报》2016年3月10日,第3版。

② 《最高人民法院公布10起弘扬社会主义核心价值观典型案例:案例五:旅游卫视诉爱美德公司等侵犯台标著作权案》,载《人民法院报》2016年8月23日,第3版。

③ 《最高人民法院公布10起弘扬社会主义核心价值观典型案例:案例五:杨某诉某财产保险股份有限公司意外伤害保险合同纠纷案》,载《人民法院报》2016年3月10日,第3版。

④ 《最高人民法院公布10起弘扬社会主义核心价值观典型案例:案例七:某船厂诉某船务有限公司船舶修理合同纠纷案》,载《人民法院报》2016年3月10日,第3版。

⑤ 《最高人民法院公布10起弘扬社会主义核心价值观典型案例:案例八:金某伪证案》,载《人民法院报》2016年3月10日,第3版。

⑥ 《最高人民法院公布10起弘扬社会主义核心价值观典型案例:案例九:高某诉上海某大学不授予学位案》,载《人民法院报》2016年3月10日,第3版。

⑦ 《最高人民法院公布10起弘扬社会主义核心价值观典型案例:案例一:某村民委员会诉郑某某等12人返还原物纠纷案》,载《人民法院报》2016年8月23日,第3版。

⑧ 《最高人民法院公布10起弘扬社会主义核心价值观典型案例:案例二:伊春某旅游酒店有限公司诉张某某劳动争议纠纷案》,载《人民法院报》2016年8月23日,第3版。

⑨ 《最高人民法院公布10起弘扬社会主义核心价值观典型案例:案例七:某小区业主委员会诉邓某某物业服务合同纠纷案》,载《人民法院报》2016年8月23日,第3版。

用的法律。”[①]法律只有获得道德上的支持才能具有生命力，因此一些法律原则和规则中或隐或显地蕴含着诚信价值。诚信本身就是一种道德观念，而诚信与价值相联系，则更加充分地肯定了其所具有的价值属性。诚信观念是一种能够调节人与人之间的社会关系之思维规则和行为规则的道德观念，其对交际行为产生深刻的影响。

诚信最早是一种传统道德和价值观念，其后逐渐上升为法律规范，现在又同其他价值被概括凝练为核心价值观。作为核心价值观的诚信价值和作为行为准则的诚信既有联系又有区别。作为价值观的诚信是行为主体的自由选择和自我追求，是对行为结果的评价，而作为行为规范的诚信是对个体行为方式的指引，二者的主要关注点不同。但是，诚信的两种属性是可以统一起来的，因为行为规则的设定就是一种价值选择。立法者通过设定行为规则中的权利义务来规范人们的行为与调节社会关系，其设定行为的过程就是价值选择的过程。因此，价值观本身就能够对人们的行为进行评价，并为人们的选择提供指引。司法裁判的过程“要以事实为依据，以法律为准绳”，而道德不仅具有道德规范的作用，而且其已经上升为具有国家强制力保障的法律规范。诚信价值在立法者制定法律法规、法官适用道德原则审理案件、最高人民法院发布包含诚信原则的司法解释等事项上发挥导向作用。在诚信价值融入司法实践的场合下，法官的释法说理可以将价值观作为论据，但其不能用价值观直接替代法律。

结语

就语境与语用交际行为的关系而言，语境是与具体的语用行为相联系的，语境的影响和制约作用伴随语用交际活动的始终。从语境内部来看，诸多因素构成语境，各因素之间既有联系又相互独立。在价值入法的过程中，语境总体呈现出稳定性。从言内语境来看，法律的稳定性决定了言内语境的稳定性。从言外语境来看，法官与其他可能的听读者所处的时代背景、思想观念、风俗观念等具有相似性的语境因素保证了语境在总体上的稳定性。虽然法律规则、个案事实、社会文化等语境因素会有动态变化，但是由于语境整体呈现出稳定性，因此语境因素不会对法官的裁判产生突兀的影响。同时，不论是时间、地点、对象、法律规

① 刘翔、薛刚：《社会主义核心价值观·关键词：诚信》，中国人民大学出版社2015年版，第56页。

定等可以直接把握的因素,还是法官和相对方的社会背景、思想心理等间接对交际产生影响的因素,都会对语言的运用产生制约作用,因此在价值入法的过程中,法官的裁判说理受到语境的制约。

作为认识主体的法律系统：一个建构主义认识论的视角

任缘*

摘要：本文旨在分析传统的本质主义认识论在法律认识方面的片面性和局限性，并阐述建构主义认识论在此基础上所进行的反省和完善。同时，本文认为，在当今功能分化的现代社会中，作为一个认识论的主体，法律系统以自己的符码和纲要自创生了诸多建构物。因此，我们应当进行认识论的转向，以一种建构主义认识论的视角去看待法律系统。

关键词：建构主义；还原论；自创生系统论；法律系统

一、建构主义的认识视角

建构主义认识论的出发根源，是对本质主义的本体论认识论之批判。在探讨建构主义的认识视角之前，我们有必要先对建构主义认识论的出发根源进行探讨。

(一) 建构主义认识论的出发根源

卢曼认为，在欧洲延续了两千多年的本体论的认识论是旧欧洲的传统。本体论的认识论是古希腊、古罗马和基督教的思想产物。虽然本体论的认识论促进和伴随过现代社会的产生，并且至今还在影响针对这一社会的期待，但是其已

* 任缘（1995— ），男，浙江温州人，华东政法大学法律学院硕士研究生，研究方向为法学理论。

越来越显得不合时宜。实际上,本体论的认识论在不停地被否认。[①] 在本质主义的本体认识论下,人们的认识事物和解决问题之方法往往有一个天然的倾向,即总是希望从本体出发,去建构一个对象的整体认识体系,包括特征、结构、功能、与其他对象的联系与区别等。嗣后,在相关实践中,人们基于上述认识又发展出一套方法论。就像在教科书上,人们总是先按照亚里士多德的种加属差的方式为概念下一个定义及其外延(某某,是指某某的某某),然后再开始论述其特征、结构、功能等内容。这种方式自本体而下,非常流畅清晰,也符合人的直觉和形式逻辑,因此具有很大的诱惑力。

很多传统的早期哲学之认识方式也是如此,如古希腊的诸多本体论哲学。像德谟克利特的原子、泰勒斯的水、赫拉克利特的火、阿那克西美尼的气、恩培多克勒的四元素、毕达哥拉斯的数字等理论,都是倾向于先去确定一个世界的本质构成元素,并主张世界和诸多事物是由这些基本元素组合、变化而成。[②] 因此,只有掌握了他们所宣称的基本元素,我们才能透过现象认识本质,并正确地解释现象。所以,针对整个世界或者某个学科和研究领域,我们自然应该先研究和分析基本元素的特性及其规律,然后再依照这些特性和规律去认识与实践。这种认识方法是一种"概念—逻辑"的进路和体系,其以涵摄的方式在运作,即基本元素及其规律成为了一个大前提,认识和实践的客体与现象就是小前提,而通过涵摄,我们就能得出结论。运作的判断准则是主客观图式下的反映论,即主观的反映是否与客观相一致。这种模式的最典型表现就是科学系统分为真/假二元符码的观察运作,即主观的反映若能与客观合致则为真,反之则为假。在近代自然科学进一步发展后,这种方法论也愈加扩张,其甚至认为精神现象(如弗洛伊德的精神分析)和社会科学也能够实现科学主义还原,而人们只要能够抓住拉普拉斯妖,就能计算出人类的所有历史。

正如托依布纳所说,虽然因为科学系统的观察运作程序非常纯净,所以在系统分化的现代社会中,科学系统的观察相比其他系统的观察总是具有优势,但是实际上它们没有优劣之分。[③] 这一点在我们当今这个堪称"后现代"的时代体现

---

① 秦明瑞:《从本体论到差异论的建构论——卢曼的认识论思想探析》,载《宗教与哲学》2016 年第 1 期,第 272—300 页。

② 参见邓晓芒、赵林:《西方哲学史》,高等教育出版社 2014 年版,第 12—37 页。

③ See Teubner Gunther, *How the Law Thinks: Toward a Constructivist Epistemology of Law*, *Law & Society Review*, Vol. 23: 727, 1989, pp. 727 - 758.

得更为明显，正如安东尼·吉登斯在《现代性的后果》中所指出的，后现代性意在表明对以认识论为基础，以及由人类物质进步中的信念的一种背离。由于扬弃了“宏大叙事”（即借助于贯穿始终的“故事主线”，我们被置身在具有确定的过去和可预见的未来的历史之中），后现代性的条件才得以确立下来。后现代视角看到了对知识的异质要求之多样性，而这样一来，科学就不再享有特权地位了。[①] 正是因为后现代反对宏大理论与宏大叙事，所以主张着后现代不存在宏大理论、宏大叙事，且自身也不是宏大理论、宏大叙事的系统论，才能成为当下一个较为成功的宏大理论与宏大叙事。有趣的是，这个现象的表述，本身也是一个涉及自我指涉和终极集合（ultimate set）的悖论。

（二）对认识的认识

尽管本质主义的本体论认识论看上去直击本质，但是其忽略了人的认识过程。休谟在经验主义的立场上对人的这种直击本质的认识能力提出了怀疑，其认为连因果关系的认识都是难以证成的，现象的经验、习惯没有理由被理解为因果律的认识，更别提世界基本元素及其规律了。

针对经验主义的这种对认识能力之质疑，一个经典的解决方法是康德的认识论，其指出了人的认识范式，即人先验地拥有先天综合判断，在认识过程中经历感性、知性和理性，利用十二范畴和统觉综合认识到现象，而现象背后的自在之物则不可认识。[②] 康德很有创见地研究了认识论，从而补充了长久以来的空白，即在谈论一切认识到事物之前，我们要首先研究“认识”这个事物本身。不过，虽然康德认识到了认识论的重要性，但是他的理论还是比较被动和静态的。第一，认识的对象或者说认识所及范围的界限是不变的。康德严格地划分了可知的现象界和不可知的自在之物。第二，认识的范式是不变的。康德所谓的“人为自然界立法”中的“法”之具体内容不会变化，所有人还是彻底静态的。当时，就连辩证法在康德那里也只是作为一个破除幻相的消极排除工具，其还没有上升成为主动的认识工具。[③] 康德所主张的认识论范式没有历史性和地域性，其是唯一和永恒不变的，并且根植于所有人类都拥有的纯粹理性之中。第三，认识的主体是不变的。只有人先验地具有先天综合判断，因此也只有人能够进行

---

① [英]安东尼·吉登斯：《现代性的后果》，田禾译，译林出版社 2000 年版，第 2 页。

② 参见邓晓芒、赵林：《西方哲学史》，高等教育出版社 2014 年版，第 205 页。

③ 参见邓晓芒、赵林：《西方哲学史》，高等教育出版社 2014 年版，第 215 页。

认识。

康德理论的静态性导致其不少内容还是基于预设,就像费希特所批评的,康德具有“半批判性”。[①] 如果自我指涉一下,既然自在之物不可知,那么康德又是怎么能谈论到自在之物的呢?得出自在之物有不可知的这个特征,不就是一种认知么?这种预设其实还是体现了传统的本质主义本体认识论的影响,只不过康德将主客观图式中的反映过程阐释得更加清楚和细致了。但是,康德没有意识到,仅仅用单一的认识范式去认识世界的话,一旦指涉到认识范式自身,其就会陷入自我指涉的无限递归悖论之中。这种悖论将导致该认识范式的观察区分运作失败,因为该观察运作将无法达致一个结果,从而形成观察的盲点。[②] 这个问题可以表达为数学集合论中的终极集合问题,但其与认识论息息相关。[③] 如果一个集合或函数的输入中需要包含这个函数自身,那么在求解的过程中,其就会无限递归下去,从而导致无法输出一个结论,典型的例子包括克里特岛上的人都说谎的悖论、理发师悖论等。

因此,如果我们仅仅按照单一和不变的认识论去观察世界,那么得到的结果将是静态、不发展和决定论的,并且还将总是存在盲点。黑格尔已经认识到了这个自我指涉和递归的问题,他在《逻辑学》的本质论部分就提到了两种无限性。第一种是坏的无限性,即上述传统的概念形式逻辑体系,其利用大小前提不断线性地向下涵摄。这种线性方法论就导致了论证链条不断延伸,从而最终总是要诉诸于某个类似牛顿所谓的“第一推动力”或上帝的初始推动,即在一个直觉预设处断裂。第二种是好的无限性。这种无限性不是线性而是环形的,其论证会递归回自身,从而进行自我指涉。好的无限性在这样的向外还原进程中是无法达到的,因为坏的无限性是不断超过特定限量而指向无限的单向否定进程。其中,无限从未被达及——相反,真的无限性却是积极的构成性的无限。无限自身先于量的进程而存在,并表现在此进程的整体之中。相应地,黑格尔认为,理解真无限的关键就在于理解无限是自成一体的,即先行存在且自为根据、自行表现

---

① 邓晓芒、赵林:《西方哲学史》,高等教育出版社 2014 年版,第 231 页。

② 参见[德]克内尔、[德]纳塞希:《卢曼社会系统理论导引》,鲁贵显译,巨流图书公司 1988 年版,第 126 页。

③ 参见[美]罗伯特·索科拉夫斯基:《现象学导论》,高秉江、张建华译,武汉大学出版社 2009 年版,第 47 页。

和可收敛为单元。[①] 类似地，卢曼也认为，社会构成体被描述为封闭运作的单元，而这些单元自己经由元素的递回性生产来生产并维持自己。卢曼将社会系统的元素——也就是系统无法再细分的最后单元——称为沟通，沟通的不断衔接建构了系统。[②] 因此，只有用系统自己的范式和二元符码来观察自己，以进行自我指涉，而不是依靠还原方法来使用外部的另一个大前提或观察范式，才能做到自我否定。

（三）建构主义的认识论

黑格尔的辩证法已经认识到了过去的静态线性论证和形式理性之缺陷，其在方法上已经非常具有革命性。但是，黑格尔将绝对精神视为本质、逻辑和历史发展的终极目的，以使其哲学体系封闭和终结，而这导致他的体系和结论还是保守的。所以，人们认为，黑格尔哲学存在革命和保守的两重性。虽然黑格尔的辩证方法是革命的，但是其唯心主义体系还是保守的。黑格尔依然秉持一种本质主义，他认为这个世界存在一个本体，那就是绝对精神。黑格尔的辩证法还是正反合三个命题。在黑格尔的《逻辑学》中，第一是被称为存在论的被动感性直观；第二是被称为本质论的知性能动认识，其是消极的辩证法，即否定；第三是概念论，其在经过前两者后获致绝对知识，并成为绝对精神的表现，即积极的辩证法。黑格尔认为，最高和终结的是第三个合题，也就是概念论，真正的本体论、本质和最终目的是绝对精神所表现出来的概念。概念（即绝对精神）是先于人存在的，其有自然（自然即为必然）的历史发展进程，而能动的消极辩证法只是工具性的。

马克思的唯物辩证法对以往的辩证进行了很多扬弃和创新，他仅截取了第二个反题——消极的辩证法即否定——并认为其相当于实践。就像费希特所认为的，正反合的第一个正题是理论理性，而第二个反题——“自我设定非我”——则体现为实践理性。与黑格尔不同，马克思的辩证法将第二个反题设定为最高和本质的。马克思极其强调人的能动地位，从而抛弃了绝对精神及其必然历史和决定论。在马克思那里，历史被视为人的实践、否定、冲破和自由，而这个过程就叫共产主义。马克思使得即使是自然界也应当浸入到人的能动之中，自由王

---

① 余玥：《“这个”与无限——黑格尔耶拿逻辑学与形而上学中独特的真无限问题》，载《云南大学学报（社会科学版）》2019 年第 1 期，第 5—12 页。

② ［德］克内尔、［德］纳塞希：《卢曼社会系统理论导引》，鲁贵显译，巨流图书公司 1988 年版，第 84 页。

国将去包含必然王国,必然也成为自由的必然。卢曼的建构主义之差异论的认识论,也和辩证法有着异曲同工之妙。卢曼认为,认识的起点和关键不是本体论上的概念及其逻辑规律,而是人们进行区分的操作行为。人们先设定(draw)对立的两面,然后再对这两面进行标识(indicate)。对其中一面的观察要基于这种区分,并应站在另一面上才能进行。[①] 针对所谓的概念,卢曼认为其是基于区分操作的形式沉淀所得,而这种形式是为了简化同一性,以及便于站在对立面去进行观察,由此进行新的一次对立区分。在建构主义认识论中,卢曼站在二阶观察的层次进行二值对立区分,而不断地对区分再进入、系统的自我指涉等命题,和古典哲学辩证法中的矛盾对立统一、真的环形无限性、不断进行自我否定等理论有着异曲同工之妙,即它们都是基于一种建构主义认识论的立场。不过,在建构主义的认识范式下,卢曼更进一步地拓展了认识的主体范围,他将认识论、系统的观察运作和系统对自己元素的关注与关系自创生联系起来。卢曼认为,不限于人的心理系统的任何系统都是一个建构主义的认识论主体,而这其中自然包括法律系统。

二、本质主义认识论在法律认识方面的缺陷

如果我们在上述本质主义认识论的立场上,以传统的线性形式理性逻辑去认识法律和法治,那么我们可能会更多地看到其工具性,甚至会将法律向其背后的一个预设之本质去进行还原,从而陷入一个还原论的状态。

(一) 本质主义认识论在法律认识方面的局限性

在本质主义认识论下,诸多法学理论竞相登台。实证主义有所谓的社会事实命题,其将法还原成某种社会事实,如命令、规则、惯习、法官心理等。自然法学派持二元论和多元论,其对作为论理之一元的实在法或人定法的态度也是还原的,实在法或人定法是对更高级和更本质的"法"之临摹,如伦理、道德、理性和上帝。"Nature law"的"nature"也可以译为本质而不是自然,其在词源上也有还原到另一个外在的、超越的和更高的本质之义。但是,如果法律被还原了,那么这就意味着法律(即法治运行)在一定程度上丧失了自治性(autonomy)和自主、

① [德]尼克拉斯·卢曼:《风险社会学》,孙一洲译,广西人民出版社 2020 年版,第 34 页。

自洽能力，因为法律和法治会受到其所还原成的学科之“降维打击”，如上述的伦理学、社会学、人类学、政治学等。当然，法学不至于完全丧失在其维度上的重要价值，就像化学不会完全被物理学取代一样。但是，这某种程度的丧失可能意味着，在理论和实践上进行讨论与论证时，法学往往难以避免——甚至必须——去涉及伦理学、社会学、政治学等领域的命题，并要用后者来证成自己的观点。

在这种本质主义认识论的指导下，如概念法学这种僵化、封闭的理论体系应运而生。相应地，在方法论上，有人主张仅仅靠技术上的完善，就能使得法体系无懈可击。马克斯·韦伯就设想过司法售货机的理想类型，即在完善的“概念—逻辑体系”之下，司法程序就像售货机一样，一边输入事实，经过机械、恒定的规则涵摄和加工后，另一边就能产出不变的结论。法律实证主义在此处的路径也有类似的倾向，其同样是首先解决“是什么”的本体论问题，即严格、彻底地将哪些事物具有合法性（legality）的标准确定下来，然后在通过合法性检验的事物中，发现其规范性（normativity）的特征，并发现该规范性是如何运行和体现在适用对象之上的。[①] 在具体内容上，法律实证主义者将法律还原成一种社会事实。嗣后，在本质主义认识论所追求的本体论已经被廓清的情况下，法律适用和法学方法论似乎也更类似于一种技术性的逻辑推理和语言解释的明确。与数理逻辑一样，法律逻辑推理也有着明确的答案，其等待着法律技术人士将这道题目给计算推导出来，而语言解释问题则被法律实证主义者认为是诸多现实争议案件的根源。例如，新分析法学派的理论奠基者哈特认为，因为法律是以文字为载体的，而文字的表达具有模糊性和不周延性，所以规则体系是一个开放文本（open texture），其既存在明确无争议的中心区域，又有模糊和空缺的边缘区域。[②] 但是，在争议中，规则体系的存在仍是一个不受质疑的本质，并且其为涵摄型的规范模式提供了运行基础。法律人的努力，就是在这个运行基础的前提下，明晰和补充边缘区域的模糊与空缺。但是，边缘区域在性质上处于规则体系的宣称之内。例如，我们一般说法律漏洞在本质上是指，在本来应当立法之处，立法者违反了立法规划的圆满性而未能妥善完成立法任务。由此，我们甚至可以认为，虽然法律漏洞、疑难案件等边缘区域超越了规则体系，但是它们仍处于教义体系的

---

① 通过合法性与规范性两大分野进行研究的构想，参见［美］安德瑞·马默：《法哲学》，孙海波、王进译，北京大学出版社 2014 年版，第 3 页。

② 参见［英］H. L. A. 哈特：《法律的概念》（第二版），许家馨、李冠宜译，法律出版社 2011 年版，第 112 页。

射程之中,因此利用多种法律方法去解释和填补是一种对本质的发现而不是脉络的建构,其效力仍来自法律的本质,从而完全具有正当性和规范性。显然,这仍然是先论本质,再论存在的法律认识范式。

(二) 在建构主义认识论下做出的批判

上述本质主义的预设将会受到建构主义者的非难。本体认识论的法律规范模式需要将一个固定不变、不容置疑的规则体系作为运行的本体,而本质主义的这种概念和逻辑先行的范式却总有预设的嫌疑,因此其缺乏一个推论的逻辑基础。实证主义者们在理论历史上对法律本体做出的各种本体猜想之变迁,以及猜想的具体内容之可择性,就足以使我们有所体会,如奥斯丁的以威胁为后盾的命令、哈特的社会规则和社会惯习、拉兹的法律权威的指示等。探究证成的过程一到了本体层面就被切断了,而再继续下去将被认为是超出了法律的范围。所以,第一种规范模式的证成往往需要引申到法律之外,并诉诸于一种类似"高级法"的存在。因此,这种范式可以被认为是一种还原论,即将法律还原成社会学或政治学上的规则、惯习等其他命题。哈特在《法律的概念》中对自己的法律规则理论的一个界定足以表明上述观点:"虽然本书所关心的是分析,但是它亦可被视为一篇描述社会学的论文;因为探究文辞的深意并非只在于了解文字本身。……唯有透过对相关语言之标准用法的考察,以及推敲这些语言所处的社会语境,始能将这些差别呈现出来。"[①]因此,法律规则就像游戏规则一样。在游戏内部,游戏规则是对游戏玩家具有规范性的实践理由,但是促使玩家坐下来去玩这个游戏的理由,以及这个规则形成的理由(这两个理由很可能相互关联,甚至是同一个),则必然不在于此游戏规则之中[②],而可能要还原和延伸到类似最高承认规则(master rule)等法律体系最基本的"拱顶石"概念背后所隐藏着的社会语境之中去。

德沃金认为,实证主义者对此问题的上述做法假定了一种分析法律规则和法律语言的元规则与元语言,即在法律人的共同体之中已经有了一个能够决定法律命题的相同标准,然后他们再据此对法律用语进行解释,并讨论具体法律命题的真值或假值。[③] 德沃金认为,法律中不仅仅只存在着作为经验性争议的语

---

① [英]H. L. A. 哈特:《法律的概念》(第二版),许家馨、李冠宜译,法律出版社 2011 年版,第 1—2 页。

② 参见[美]安德瑞·马默:《法哲学》,孙海波、王进译,北京大学出版社 2014 年版,第 86 页。

③ 参见李锦:《语义学之刺及其解决方案》,载《北方法学》2009 年第 3 期,第 134—143 页。

言解释问题，而且还存在着许多理论性问题①，而上述的还原论范式逃避了对后者的讨论。在德沃金眼中，这种理论只是一种法律的语义学理论，它预设着法律人在法律基准上达成了共识，但切断了认识的继续。正如德沃金在《法律帝国》一书中所指出的，“法律的语义学理论认为法律只取决于显明的历史事实，而对于法律唯一有意义的正义，是法律机构过去实际上作出了什么决定的经验争议；我所称的理论争议错觉，最好将其理解成关于法律应当是什么，而并非法律是什么的争论”。② 实践上的问题确实也产生了，并且最明显地体现在了作为德沃金的理论体系之重要概念的“疑难案件”(hard case)中。因此，德沃金主张，我们应当以一种解释性态度去认识法律。

托依布纳曾将上述的还原论分为两个大的倾向：一是个人主义方法论的进路，二是集体主义的进路。③ 相对更为古老的个人主义立场将个人视为一个不可再分的本质原子，其不承认有任何高于个人的集体存在。任何组织和集体都仅仅是个人的集合，其没有其自己的意向。即使要分析一个组织或集体的行动，我们也必须在方法论上将组织或集体的行动还原到所有的个人成员之中去。某个社会现象必定是参与了该事件的所有社会成员个人的合力交织之产物。在方法论上，我们要将一切社会现象都还原为社会中的每个个人的行动与行为，以及他们可能带有的意向性。在个人主义方法论的框架下，法律现象也将是一套“分析—规范主义”法律规则体系对个人行为的限制，以及个人所做出的相应反应。但是，将人作为中心和基点也并不稳固。就像福柯所论述的，人也只不过是一个话语和权力的建构性造物，其在晚近才被发明，并且很可能迅速消解。在人的构建力量中，法律的话语也占有一席之地，而这样一来，我们就又可能陷入自我指涉的悖论之中。以人为中心的方法，也只是带有历史性的诸多知识型之一种，而且在宏大叙事和宏大理论被推翻，且社会各子系统显著分化的当代，此种方法将受到诸多挑战。至于另一个倾向，集体主义的进路超越了个人，其认为有着类似于涂尔干的集体意志、波普尔的三个世界、世界精神等并非依靠着成员的集合，而是自身就带有着意向性的集体性实在，且该进路将法律现象归结于这些集体性实在的表达。但是，当涉及到究竟是谁以这些集体精神之名行事、建立和运行

---

① [美]罗纳德·德沃金：《法律帝国》，许杨勇译，上海三联书店 2016 年版，第 37 页。

② [美]罗纳德·德沃金：《法律帝国》，许杨勇译，上海三联书店 2016 年版，第 24 页。

③ See Teubner Gunther, *How the Law Thinks*: *Toward a Constructivist Epistemology of Law*, *Law & Society Review*, Vol. 23: 727, 1989, pp. 727 - 758.

法律体系的问题之时,集体主义的进路又总会难以提供解释。①

另一方面,即使我们抛弃了上述对法律之上的判断标准进行预设的还原论,封闭的反还原论立场也存在一定问题。法律形式主义已经有了反还原论的倾向。托依布纳认为,作为典型的封闭自治体系,法律形式主义尝试对社会环境进行自我指涉而不是还原。同时,法律形式主义仍然往往倚仗于自由哲学理论,并且其将法律的形式性归因为保卫社会行动的自治和自由之需要。所以,在用法律来规范这些有着自己独特的自创生组织的各个现代社会子系统之问题上,法律形式主义显然没能做好充足的准备。② 这是因为,法律形式主义仅仅是在法律系统内部进行自我指涉,其不能站在更加宽广的二阶观察层面来认识到其他社会子系统也都有着自我指涉的自创生运作,因此法律的"概念天国"终将只是迷梦。所以,我们应当更加坚定地采取一种与本质主义相反的建构主义诠释之方式去论述本体论问题。

上述还原论和早期反还原论在认识方面的两大局限性,也来自前文所述的单一认识主体和认识论所导致的自我指涉悖论。在包括法学在内的社会科学中,这些自我指涉悖论就体现为作为认识对象的社会诸多现象在发生的逻辑上具有双重偶联性之特征。帕森斯对客体做了分类,一是能够与主体互动的客体,二是不能与主体互动的客体(这似乎也和自然科学与社会科学的界分类似)。对于社会中的行动者自我(ego)来说,能够与主体互动的客体其实就是另外一个自我(alter ego),简称为他我。在互动中,自我和他我都是社会的主体,而两者又互为客体。这种社会构建而成的互动之间存在相互依赖性,自我和他我都对相对方的反应存有期待。这种期待的互补性又会在时间的维度下一直进行下去,即在下一层互动中,自我又会对上一次"他我对自我的期待"形成期待,反之亦然。③ 在本质上,这就是因为他我的期待中包含了本我的认识,而本我一旦要以同样的认识范式去认识自己的认识范式,就会形成自我指涉悖论,从而导致观察运作无限递归下去,并形成观察不到的盲点。至此,在

① See Teubner Gunther, *How the Law Thinks: Toward a Constructivist Epistemology of Law*, Law & Society Review, Vol. 23: 727, 1989, pp. 727 - 758.

② See Gunther Teubner, *Autopoiesis in Law and Society: A Rejoinder to Blankenburg*, Law & Society Review, Vol. 18: 291, 1984, pp. 291 - 301.

③ 参见泮伟江:《双重偶联性问题与法律系统的生成——卢曼法社会学的问题结构及其启示》,载《中外法学》2014 年第 2 期,第 544—559 页。

互动系统中，两种相互决定偶然性的叠加形成了双重偶联性。卢曼认为，这种双重偶联性具有极高的复杂性，也就是可能选择极其之多，而这是超越人类的承载力的。所以，在双重偶联性的主体眼中，他们都是视对方为黑箱子的，因此他们保持着不透明性。① 所以，如果我们还站在传统主体哲学的角度，从主体出发，利用本体认识论去发现客体的既存本质，那么我们很可能不会成功。

三、建构主义认识论对法律的设想

在对法律的认识方面，如果我们能够摆脱本质主义的认识论而转向建构主义的认识论，那么我们将会发现新的法律认识之路径、方法和重点。

（一）两种建构主义认识论的路径

在理论上，建构主义的认识论是普遍适用的，甚至恩格尔也认为，即使是自然科学领域也存在着自然辩证法。但是，建构主义认识论的最显然之适用范围应该是社会科学领域，而法治理论就在其中。社会科学区别于自然科学之处，就是其强调价值性。一般自然科学要求研究者处在一个超然观察者（detached observer）的立场（当然，量子力学和相对论也涉及观测者与参考系的问题），这是一个纯事实性的立场，其完全处于实然领域。然而，社会科学是做不到的，甚至社会科学的认识也强调自反性（reflexivity），即研究者本身的研究过程及成果会影响被研究对象。一个理论需要考虑到自身在理论框架中的位置。此自反性的原因就是，社会科学涉及价值性及应然领域。社会科学的研究对象是“自为的”，这些对象本身就是被建构的，而研究本身也是一种建构，所以其导致自反性。因此，在社会科学方法论上，我们不能仅采用自然科学的实证主义研究方式，如“概念—逻辑”的涵摄方法，以及演绎、归纳等逻辑推理方法。以上这些方法仅仅在事实领域中能奏效。或许，我们不应通过传统的线性形式理性逻辑，一次性地给法治的概念和相关问题出一个完结的、决定性的结论，而是应该从建构主义的角度出发，能动地去理解法律和法治。法律和法治概念的建构，同样也要依靠一种主体间性。主体间性不仅仅只是在方法论上要求多方主体的沟通、商

① 参见［德］克内尔、［德］纳塞希：《卢曼社会系统理论导引》，鲁贵显译，巨流图书公司1988年版，第92页。

谈、合意和妥协,其还是诸多社会科学现象在本体论意义上的栖身之所。当然,法律和法治的概念也包括在内。

在法治层面,当谈论“遵守规则”时,我们很可能不是依据上述难以成功的主体哲学观点,即特定主体先发现一个作为认识客体的规则,然后再去遵守它。按照颇为激进的维特根斯坦的遵守规则悖论,这种“遵守规则”范式会产生一种归纳困难,即行动者无法从有限的规则的例子中获得对规则的完整理解,这最终导致其遵守规则时的选择困难。① 与此相反,真实情况可能会是,规则是我们促使主体间性之达成的某个起点、提示、指导图式和限制范围,而主体间性是依靠不断地、彻底地、开诚布公地沟通来建构完成的。哈贝马斯也在他的整个社会学体系中为法律设下了这样的定位,他希望能借助法律来促进社会的整合。如果能够让法律成为生活世界和社会亚系统之间的转换器,那么我们就可以将抽象的交往范式加以制度化。② 规则的基础是语言,而语言是一种建构物。但是,这并不意味着语言会因为时代和社会的变迁而产生变化。比如,一些语言随着大部分人的实证使用习惯而改变了词义、语法和读音,或者随着语言所要指涉的世界中的内容变化而变化,像是“冲浪”这个词被引申为浏览网络的含义。这里说语言是建构的,是指语言需要被沟通和解释来即时生成,而语言本身是不自足、不自洽的。依照这个命题,我们可能会得出这样的结论,即在建构主义的认识论下,去探究语言的某个语词或语法的本质主义之本体内涵是徒劳的,因为它根本不存在。前期的维特根斯坦似乎就在做着这种努力,尤其是将其中的语法提炼成数理逻辑,并用难以被反驳的数理逻辑去搭建语言的本体论之坚实基础,而且他会对语言进行精确的分析。但是,维特根斯坦在后期推翻了这些努力。语言与其说具有本体,倒不如说是一种依托于日常生活的游戏规则,即人们在日常交流的游戏中建构了语言。所以,维特根斯坦在后期提出了一个“私人语言”的概念。“私人语言”会引申出一个遵守“私人规则”的命题,这就和法律上的遵守规则有了相当的关系。在主体的意向性方面,遵守语言和语法规则与遵守法律规则在很大程度上是重合的,遵守法律和遵守语法与语义都可以说是遵守规则。“私人语言”和“私人规则”与我们一般所理解的使用语言及遵守规则是大相径庭的。按照这个进路,似乎只要在语言和规则的认识上达成有效的主体间性,我们

① 参见苏德超:《遵守规则悖论与卡茨解决》,载《现代哲学》2014 年第 5 期,第 65—72 页。

② 后盾:《如何实现主体间性?——哈贝马斯与卢曼社会理论的分歧》,载《社会科学家》2017 年第 9 期,第 49—53 页。

就可以消解模糊。交往多方相互确认他们所使用的语言，将使该语言不沦为一种“私人语言”。更准确地说，只有在这种主体间性之中，语言才得以建构。作为行为，使用语言和遵守规则需要具有意向性，以区别于单纯的动作。按照哈贝马斯的观点，意向性取决于意义的同一性，而意义的同一性则依赖于规则的主体间有效性。那么，接下来的问题就是，主观间性如何达成？哈贝马斯会谈到交往行为理论的框架模式，并据此提出诚恳、高效的民主商谈等具体的方法论。之后，哈贝马斯会进入实证操作层面的社会学和政治领域。这样的话，我们一般所认为的语言，在本体论上似乎仍然可以被一定程度上地固定下来，只不过这个本质存在栖息于主体间性之中了，且需要我们实证地去建构它。

但是，针对这个问题，另一种超越主体哲学的路径也可能适用。如果主体间性理论的进路还有点主客观折衷的意味的话，那么卢曼的路径在建构主义的方向上可能就走得更远了。或许“私人语言”才是真正更具意义的所在，而上述的在主体间性之中得到共识的语言反而是个虚假的神话。如伽达默尔所认为的，就算是私人的理解，也需要传统脉络的存在。只有用曾经的认识或之后的认识进行解释循环，并用前见去搭建出一个视域融合，才能建构性地将接收到的表现诠释为语言的讯息。这种诠释学的建构观点似乎与系统论中的系统自创生有异曲同工之妙。系统是环境之上所茁生的秩序层次，是开放性和封闭性的统一。[①] 所谓开放性，是指系统虽然自治但不自足，其茁生依靠环境的能量和物质，并且运作时也往往需要环境提供论题；而所谓封闭性，是指系统在秩序方面的元素和联系是系统按照自己的运作自创生的，其与环境中的内容完全不通约，不是以因果律为依据，被环境里的内容输入和输出。系统之于环境，是一个形而上的领域，其相当于是存在于另一个次元之中，因此不能逐一地、因果律地被还原成对应的环境内容。在争论已久的法律是否具有自主性这一问题上，系统论的建构主义认识视角通过系统开放与封闭的对立统一性，坚实地守护了法律的自主性，从而避免了上述的还原论之冲击。按照传统的主体哲学，我认识到了这个苹果，那么这个苹果的实在就必然反映在了我的心理系统之中。这属于主体哲学所主张的主客观模式的认识论，即主体去认识客体，而客体反映在主体之中。至于怎么反映的，那就是传统的认识论问题，如康德会说人是使用了先验的

① 参见[德]克内尔、[德]纳塞希：《卢曼社会系统理论导引》，鲁贵显译，巨流图书公司 1988 年版，第 67 页。

先天综合判断,通过诸范畴的统合认识到了这个自在之物的现象,而费希特会说这是非我对自我进行限制,等等。在系统论中,环境的内容(如上述这个苹果)只是一种激扰,其促使系统的元素和关系进行自创生。这种激扰之所以区别于因果律的反映,是因为这种激扰的效果是由系统自己在观察时所采用的区分来规定的。如果这个系统是一个依靠意义运行的系统,那么其甚至还要自己进行选择。

例如,法律系统要以法与不法这个区分来对社会中发生的事件进行观察,并对案件事实这个实在进行一些选择。有些案件事实在法与不法这个区分中是没有意义的,也就是其不能为法与不法这个系统二元符码所编译,"法律的沟通排除掉了一切不适于基本区别的东西"。① 作为语义,这些意义的选择项被存储在卢曼的"世界"中。交流接续的过多可能性对于人们的接受能力来说是过载的,而这样就做到了对复杂性的化约,即一些可能性极低的选择就不为该系统所涵括,且一般不会出现在行动的接续中。

因此,在"意义"这个概念的定义上,卢曼和哈贝马斯的观点有显著不同。哈贝马斯认为,意义是在主体间性中的多方共识之合致。如果一个意向只不过是私人的想法,而不能实现与他人的有效沟通,那么其就和胡言乱语没有什么区别,从而也就没有意义。至于卢曼所说的意义,则是指系统观察运作在实现性和可能性这对差异之中进行的选择,即系统抛弃和瓦解已有的实现性,并从可能性中选取某些选项来代以实现,而没有被选择的选项将沉入可能性之中去。②

上述这种意义选择的过程与以语言为载体的交流沟通息息相关,卢曼直接将意义选择的形式称为主要由语言承载着的语意。这两种建构性的路径或许就分岔自作为社会系统基本单元的沟通系统。将系统论范式转移到语言和沟通问题上进行运作会引出以下的分析。一个最简单的模型会牵涉到三个系统,即两个说话者甲和乙的心理系统与一个沟通系统。两个说话者的心理系统对沟通系统进行激扰,沟通系统在观察后,自创生地生产讯息、告知和理解,并不断循环下去。同时,沟通系统的运作也被两个心理系统分别观察,从而自创生地生产了思想与想象,并且其将意识作为关系来联系这些元素。两个心理系统都是在各自

---

① 参见[德]克内尔、[德]纳塞希:《卢曼社会系统理论导引》,鲁贵显译,巨流图书公司 1988 年版,第 147 页。

② 参见[德]克内尔、[德]纳塞希:《卢曼社会系统理论导引》,鲁贵显译,巨流图书公司 1988 年版,第 95 页。

进行着观察运作和选择。因被激扰而产生的思想、想象和意识可能是合致的，也可能是大相径庭的。说话的双方一般会确认是否适用同一种双方都理解的语言（不论是在内心确认还是表现出来），而不是鸡同鸭讲、秀才遇到兵，或者使用法律术语跟完全不理解的法盲交流。如果这个确认的回答是肯定的，那么主体间性理论可能会认为双方进行了有效的商谈，并交换了意见，从而将有利于促成偏好转移。系统论则对此不屑一顾，其会认为只不过甲的心理系统生产了“乙的心理系统中产生了和我一样的对沟通和语言的认识”的思想与想象，而乙的心理系统也在经历着同样的过程。这是因为系统之间不能相互进入和反映，合致的思想与想象将是一个很美妙的巧合，而不是一个栖息于主体间性中的沟通共识在通过因果律的形式向两人的心理进行映射。

综上所述，对沟通和语言的认识之不同，很可能就会导致对规则本质、规则的遵守及法治的认识之不同。

（二）将法的运作视为法律系统的核心

虽然上述建构主义的观点存在分野，但是它们都会主张把重心放到“行动中的法”，而不是囿于“纸面上的法”。“纸面上的法”看似牢固，但其实际上是难以穿透到现实之中的，如前文提到的文字、语言和沟通之诸多阻碍与扭曲。在现实中，公民们可能连法律的内容都不甚了解，何谈遵守规则（即行使权利和履行义务）呢？正如上文所论，遵守规则是一个必须具备意义的意向性行为，如果对规则内容都没有认识，那么就更谈不上遵守它了。倒不如说是官员们面对社会事实，依照法律规定的职责所做出的反应，在催动法律系统的运作。此外，法律的运作本身就是一个极其复杂的现象，因此越过它来直接言说法律作用于公民也比较困难。

除了认识论和方法论上的诠释、理解与适用之困难外，“纸面上的法”还有其本体论上的脆弱性。如果局限于“纸面上的法”，那么我们就会陷入基尔希曼在《作为科学的法学的无价值性》中的批评，即“以偶在现象为其研究对象者，自身亦终沦为偶在。立法者修改三个字，所有法学文献将因此变成一堆废纸”。但是，其实立法者这看似釜底抽薪的修改，对于“行动中的法”来说，并不是消灭法学的意义，而是在增添和完善法学的意义。立法者为何改、怎么改、如何改、改前与改后的区别对比、在修改背后的力量和价值的角力等这些修改过程及法律变迁本身，都将成为法律人认识的“传统脉络”与前见，从而最终帮助法律人形成更为妥善和具有说服力的法律运作结论。所以,倒不如说这才是法律职业共同体区别于只懂得盯着条文字面意思看的非专业人士之专业性所在。

因此,有些观点认为,比起“纸面上的法”,法的运作似乎更为值得把握。或者说,法律也和语言一样,是典型的建构物(法律本身就非常依赖语言和文字),其意义(不论是哈贝马斯的“意义”还是卢曼的“意义”)在于运作之中,而针对纸面上的法,我们可以将其看作是一种建构运作的重要提示、出发点、论据和范围界限。一个典型的观点就是埃塞尔所主张的,传统意义上的“法适用”是不存在的,个案适用中的每一次解释都是一种成文法和未成文法的结合,借此才能创造出真正实证的规范(“行动中的法”)。[①] 所以,在本体论上,法律甚至可谓是所有裁判的总和。通过这种本体论的改进,德国的评价法学派为价值和评价进入法律本体打开了一个渠道,甚至法教义学也应当考虑价值和评价。评价法学派认为,从最开始的法律构想到法律适用、法律解释等运作过程,都充斥着价值和评价,因此他们也就很看重法学方法论的研究了。

不过,笔者认为,在言说“公民遵守法律规则”这个命题的时候,我们没有必要在规则的内容上这么苛刻。一方面,法律和社会的建构息息相关。社会事实可以证明,在当今的多元社会,没有法律就没有一个整全社会。如按照法律惯习主义者的路径,采纳社会学的观点的话,那么法律就是一个作为社会事实的社会惯习,其既包含了描述性,又包含了规范性。另一方面,法律体系具有紧密的结构,这可能是法律随着历史、社会的发展而产生的一种特性,它能为其规则的具体内容之正当性做一定程度上的辩护。就像我们经常说的,法律具有不关乎内容的形式效力和程序正义。按照实证主义者的理论,在法律体系中,承认规则在赋予其他规则法律效力,法律效力从最高承认规则一直被传递到体系中的所有规则。正如凯尔森所主张的,法律是以整个体系生效的,而不问在官员和公民眼中,每一条规则的规范性上的好坏抑或实然性上的可能被适用与否。结合以上两点,笔者认为,只要这个被适用者不是一个反社会、反人类的人,那么他至少会认可最高承认规则的存在。至于对立的另一种人,则是霍姆斯的法律预测论中所描述的“坏人”,或者说在经济上的极端利己主义者,他们将法律仅仅视为一种负面的义务。霍姆斯的理论主要意指一种对下述情况的预测,即如果某人做了

① [德]卡尔·拉伦茨:《法学方法论》,黄家镇译,商务印书馆 2020 年版,第 185 页。

一些特定的事，那么他将会承受监禁或者强制偿付金钱的不利后果。① 人们自己实践理性的推理和采取行为之考量都在于对惩罚的预测。但是，笔者认为，一个社会和法体系想要存续，那么前者的人群应当大大多于后者。正如哈特所描绘的最高承认规则存在的图景，在特定社会的有效法体系中，官员带有内心确信地适用来自某一渊源的规则（如女王议会通过的文件），而国民也大多承认或不反对这种法治。② 上述图景包含着关于大多数公民的态度、立场和信念之意向性，并赋予公民们遵守最高承认规则这个行为的意向，即和其他人一起整合成一个社会。这就是所谓的内在面向之要素。

这种说法似乎有将传统法律的范围扩大成类似于埃利希所谓的“活法”之嫌疑，即有规范性的全部社会规则，因为它们也存在内在面向的确信和外在面向的行动规律性这两者之结合。同样，在注重法律运作的建构主义视角之下，托伊布纳也提到过法律本体论范围的一个较大的宣称，即法律系统被看作是一个行动系统，它不仅包含了关于规范和有组织行为（诸如裁判和立法）的法律话语，而且包括了指向法律预期的任何人类沟通。③ 不过，笔者认为，这种扩大倒是一个现代性的趋势，如现在受到颇多关注的“软法”治理问题。

四、建构主义认识论下的法律观察

如果我们进行认识论的转向，在当下的现代社会中将法律系统视为一个认识主体，那么从微观角度观察，法律系统中的诸元素及其关系则不再是对社会事实的反映，它们是法律系统自创生的建构物，而从宏观角度观察，法律和法治的语境也会体现出不同的历史变迁过程。

（一）微观观察：法律的建构物

认识论转向后的建构主义认识论可以被认为是一种现代性理论，其否认存在着贯穿人类历史主线的、宏大叙事性的本质存在，并强调去区分前现代和现代

① 参见明辉：《法律与道德关系的法理辨析——以霍姆斯“法律预测理论”为视角》，载《清华法治论衡》2009 年第 2 期，第 255—285 页。

② 参见[英]H. L. A. 哈特：《法律的概念》（第二版），许家馨、李冠宜译，法律出版社 2011 年版，第 97 页。

③ See Gunther Teubner, *Autopoiesis in Law and Society: A Rejoinder to Blankenburg*, *Law & Society Review*, Vol. 18: 291, 1984, pp. 291 - 301.

的不同建构特征,而这也是建构主义的一种表现。卢曼认为,区别于古代的层级式分化社会,现代社会是一个功能式分化社会。在层级式分化社会,全社会仍被一个阶级系统所囊括,它以上与下的二元符码区分来进行观察,并涵括了全社会成员,安排了他们各自的位置。① 当时,阶级是全社会的初级系统,其以上与下的二元符码区分观察来阻挡着认识主体以其他区分进行观察。随着历史的发展,全社会的复杂性逐渐增加,现代社会展为了一个功能分化的社会,其以功能为分类,分化出了各个社会子系统。这些系统都在通过各自独特的二元符码(binary)进行观察。同时,经过经常的运作,二元符码之模式沉淀为许多纲要(program)。

同样,现代社会的法律系统将法与不法作为二元符码,并通过规则、裁判等运作来相互指涉,从而逐渐建构了许多纲要,如所有权制度、善意取得、犯罪构成理论等。诸纲要可以被还原为二元符码,而这本质上仍是法与不法的观察判断,但是直接运作纲要将更有利于和其他社会子系统所构成的环境(即社会现实)之衔接,从而能提高系统观察和运作的效率。就像电脑系统中的内容,其本质上都是二进制的二元符码,但被编码成软件程序纲要将大大促进使用者的人机操作交互。将更好的软件程序作为纲要,能够帮助另一个系统的使用者进行操作。因此,与电脑软件一样,法律系统的纲要也会被建构出来或更新进步。例如,温德沙伊德从罗马法的诉(actio)之概念出发而建构《德国民法典》的请求权制度,耶林在法律系统的运作中发现意思说过于注重当事人意思一致性的问题而建构了缔约过失制度,马歇尔法官在"达特茅斯学院诉伍德沃德案"中对法人的建构,等等。一谈到法律拟制,我们常常会想到法人的拟制,但将法律系统作为一个认识主体的话,我们会发现,不仅仅是法人,自然人也同样是一种法律的建构。实际上,在规范性和制度性的话语及领域中,法律系统将社会现实作为论题,制造了对称(symmetry)但不相应(corresponding)的建构物。法律系统所建构的自然人,也不是社会现实中有血有肉的自然人。② 只不过法人的概念对于社会现实来说更难以捉摸,所以我们常常只强调法人的拟制。综上所述,我们可以发现,法律系统的建构同样是既开放又封闭的。法律系统的建构之开放性在于,其

① 参见[德]克内尔、[德]纳塞希:《卢曼社会系统理论导引》,鲁贵显译,巨流图书公司 1998 年版,第 163—165 页。

② See Teubner Gunther, *How the Law Thinks: Toward a Constructivist Epistemology of Law*, *Law & Society Review*, Vol. 23: 727, 1989, pp. 727 - 758.

认识到外部环境的存在，而不是唯我论的。社会现实为法律系统提供了物质、能量以及论题，从而使法律系统得以继续运作下去。法律系统的建构之封闭性在于，法律系统的所有建构物均不是社会现实，就像我们不能把电脑中的图片当作真实的风景一样，因为它们的底层二元符码并不相同，甚至也不能做到通约和相互穿透与交流。

从上述的视角出发，我们可以澄清一个被托依布纳称为"认识论陷阱"的法律现代性问题。[①] 通过被作为观察对象的建构物来看，在现代社会，同一个行为将具有多重性，其会连接多个话语、认识主体和认识范式。同样，法律的建构过程(如法律程序)及其建构物，都被暴露在不同的话语之观察下。我国一些重大争议案件有时候会引起激烈的社会反响，那么在这种时候，某些人可能会组织法律专家开展论证会或撰写专家建议书，而这就体现了法律程序也是多面性的，其既存在于司法诉讼的话语中，又存在于专家学术讨论的话语中。因此，如果我们不能站在二阶观察的层面认识到诸子系统的观察之存在，而自己系统的观察又只不过是诸观察之一，那么我们就很容易陷入认识论陷阱之中，从而产生矛盾。因此，在功能分化的现代社会，我们应当以一种建构主义认识论的视角去看待法律系统。这就如同在现象学意义上，从自然态度进入更深刻的现象学态度。[②]

(二) 宏观观察：法律历史语境的变迁

在建构主义认识论下，法律和法治都不是一个被给定的永恒概念，就像实在论者所主张的万物本质概念或理念。法律和法治都是一个历史的概念，是随着经济、社会和历史阶段的不断发展而变化的。依照传统的线性形式理性逻辑，我们可能会产生对法律和法治的静态认识，就像资产阶级法治理论经常将法描绘成超人类、超阶级的不变存在，如"宇宙的准则""永恒的法则""全体人民的公意"等。但是，法治应当是一个历史的概念，我们需要在不同的历史阶段对其进行不同的解释和理解，这种谱系考古和细分将带给我们关于法治的更多认识。同样，在现实中，"法治现在处于一种奇怪的状况，它是当今世界最突出的合法化政治

---

① See Teubner Gunther, *How the Law Thinks: Toward a Constructivist Epistemology of Law*, *Law & Society Review*, Vol. 23: 727, 1989, pp. 727 - 758.

② 参见[美]罗伯特·索科拉夫斯基：《现象学导论》，高秉江、张建华译，武汉大学出版社 2009 年版，第 43 页。

理想,但对它的意义为何却没有共识”。[①] 塔玛纳哈在《论法治》中就提出了法治的诸多界分,他的理论将法治归纳为两种基本类型,即形式的法治和实质的法治,而每一种类型的法治都展现出从薄弱到浓厚的三种形式。[②]

在古代社会中,当一个评价和规范语句不再仅仅适用于一个争端或问题,而是被该社会用于处理不特定多数的未来之事时,我们可以认为这个语句此时已从命令转化为规则。再经过一段时间(甚至有可能是同时,即没有经过时间),随着社会中的互动系统之增加及双重偶联性之加剧,更多的疑难案件会产生,那么有些人在运作该规则的时候可能就会提出疑问:他们目前所处理的事实和社会关系,是不是这个语句所指称的?面对这个疑问,人们会有不同的解释,并且可能会产生争论,但为了维持社会,争论必须解决。当这个争论无法通过商谈得到解决时(当然也可以将是否能通过商谈解决作为界限,设定两个概念),为了维持社会,人们只好斩断争论,并给出一个规则的语句解释,而司法便由此产生了。也正是因为司法是对争论的强行斩断,所以其带有强制力的因素,而且往往备而不用。同时,司法者也是社会维持者的一个分支,他们属于国家统治的一个部分。

司法产生后的时代分为两个历史阶段,我们可以将马克斯·韦伯的法理型统治的理想类型之逐渐建立作为划分标准。这个界分的时点也与塔玛纳哈在《论法治》中提到的自由主义之兴起基本相同。虽然之前的法治可以称得上是“ruled by law”,但是当时法的内容在形式上与适用范围上是不平等的,仍然规定了身份和人身依附,社会还未从身份进入契约。由于存在身份上的区别对待,因此该阶段的法治并不主张普遍的正当性。对于被统治的身份团体(阶级)而言,在专政意义上,法治和命令没有什么两样,只不过前者制度化和确定化了。因为内容上丧失了形式平等之规定,很难被视为普遍、正当的宣称,所以为了整合社会,人们当时往往还要混合利用宗教、血统和贵族制度。马克斯·韦伯所说的传统型、魅力型等统治类型中的元素还在发挥作用。

虽然两个阶段都存在法律的治理,但是后者的法律在内容上规定了形式平等及社会各领域的形式开放,并且在适用范围上也主张了形式上的普遍。法理型统治、选票民主和资产阶级法治大致建立后,法治开始利用这些形式平等来创

① [美]布雷恩·Z. 塔玛纳哈:《论法治》,李桂林译,武汉大学出版社2010年版,第5页。
② [美]布雷恩·Z. 塔玛纳哈:《论法治》,李桂林译,武汉大学出版社2010年版,第117页。

造一种普遍正当性的幻象。这种幻象在史无前例的程度上主张着法治的正当性，而所谓正当性，就是指法律所治理和适用的对象，有在内在面向上应然服从法律的义务，以区别于没有正当性的"被迫"概念。同时，此处的资产阶级法治所指称之对象，具体来说是一国法体系下的所有公民，因为资产阶级法治的要素就是形式上的普遍性。就正当性的宣称这一点而言，资产阶级法治在这一阶段是不同于前一阶段的。因为前一阶段的资产阶级法治在形式上和适用上存在不平等，所以其本身难以宣称这种彻底普遍的正当性，法的强制、威胁等"被迫"的外在面向更加明显。其实，这种彻底普遍的正当性宣称，也类似于上述本体认识论下的法治观。资产阶级法治宣传，整个社会是一个十分健全的法治社会，即社会的各个方面都是"ruled by law"。这种声称所包含的方法论就是一种传统的线性形式理性逻辑。"ruled by law"体现为，存在一个作为大前提的法律，需要适用的现实中又出现了一个作为小前提的法律事实，然后我们用涵摄的方法将小前提代入大前提，从而得出大前提已经规定好的一个或肯定或否定的法律后果。这个逻辑只需要一个主体在行为就可以运行，而不必考虑建构主义所要求的主体间性。但是，维特根斯坦在《哲学研究》中指出，在缺乏已达成的主体间性之情况下，私人遵守规则就跟私人语言一样是没有意义的。在私人遵守规则的情况下，行为人将无法确定规则的内容，即不知道我自己是否成功遵守了规则。[①] 当这种未知终成争议时，人们又需要某个权威来斩断争论过程。此时，这种规范模式的证成需要被引申到法律之外，即寻找证成此种权威是正当性权威之依据。拉兹的法律权威理论也就是在做这一项工作。区别于哈特的描述性特征，拉兹给予了法律实践、法学方法论和"行动中的法"这方面的更多关怀。拉兹认为，法律和法官的裁判(尤其是在德沃金用来诘难实证主义者的疑难案件之中发挥作用的所谓法官之自由裁量权)是一种权威指示，而法律就是该正当性权威。嗣后，拉兹再用依赖性命题与正当性命题来证立法律权威能够始终声称自身是正当的合法性权威，故被适用者仍有义务服从权威。[②]

在这种形式上的普遍正当性之宣称的掩盖下，现代社会的价值和观念反而在走向多元，传统的整合社会工具正在被淘汰，如西方的基督教信仰、东方的儒

① 参见童世骏：《没有"主体间性"就没有"规则"——论哈贝马斯的规则观》，载《复旦学报(社会科学版)》2002年第5期，第23—32页。

② 参见朱峰：《排他性法律实证主义——兼评拉兹的权威理论》，载《河南省政法管理干部学院学报》2005年第1期，第149—155页。

家道德理想等。普遍正当性所宣称的法治统一与恒定的普遍正义要求只是菲肯切尔所谓的“平等的正义”,其往往忽略了通过“个案规范”所达致的“实质的正义”,而在同一个条文下实现同案同判可能本身就是一个伪命题[①],并且这在当下会表现得更加明显。在实践中,当我们要将这些普遍性和一致性落实到已经分裂的实体伦理上时,分裂会变得愈加明显。这种宣称是真的有助于人的自由吗?这种宣称有可能已经偏离了最早的法治历史所创设的元素和运作,从而走入了不同的语境。

① 参见[德]卡尔·拉伦茨:《法学方法论》,黄家镇译,商务印书馆2020年版,第190页。

书　评

真理、哲学和法律话语*

[英]大卫·巴瑟斯特(David Bakhurst)/著** 阎一宁/译***

摘要：本文是作者对丹尼斯·帕特森所著的《法律与真理》一书之评论。

在他雄心勃勃的著作——《法律与真理》(*Law and Truth*)中，丹尼斯·帕特森(Dennis Patterson)提出了这样一个问题：主张一个法律命题为真，这意味着什么？帕特森认为，当代的法哲学并没有圆满地回答这个问题。帕特森仔细地研究了各个学派，包括欧内斯特·魏因瑞伯的法律形式主义、H. L. A. 哈特的法律实证主义、罗纳德·德沃金的法律解释理论、斯坦利·费希更为激进的解释理论，以及像迈克尔·摩尔和大卫·布林克这样的道德实在论学者的观点。帕特森认为，所有这些立场都犯了同一个根本错误，即每一个立场都是依据一些能够使该法律命题为真的条件或前提来分析一个法律命题的真实性。因此，上述学者所提出的理论都具有相同的形式，这些理论都主张法律命题为真是基于某种原因，尽管学者们在这种原因是什么上存在分歧，他们或认为是道德真理，或认为是社会事实，或认为是共同的解释习惯，或认为是其他原因。但是，帕特森坚持认为，法律命题是基于某种原因为真这一观点而被建立在一种哲学的困惑之上的，维特根斯坦、唐纳德·戴维森、理查德·罗蒂等人则揭示了这种困惑。因此，我们应该放弃阐明那些使法律命题为真的条件，并转而去支持一种"后现代"法学。帕特森从菲利普·博比特对宪法中的论证之处理中得到了启示，他督

* 本文原文请参见 David Bakhurst, *Truth, Philosophy, and Legal Discourse*, 47 U. TORONTO L. J. 395, 1997。本文翻译已经获得作者授权。本文是对丹尼斯·帕特森所著的《法律与真理》(Oxford University Press, 1996)一书之评论。

** 大卫·巴瑟斯特(David Bakhurst)，加拿大安大略省金斯顿女王大学哲学教授。

*** 阎一宁(1997—)，女，山东烟台人，华东政法大学法律学院硕士生研究生，研究方向为法律方法论。

促我们认识到法律是“论证的实践”,各种论证形式或“模式”构成了法律的“语法”。后现代法学应该克制自己对法律语法的阐述,并认识到法律主张的合法性在于我们有能力提出一个或多个基础的论证形式来支持它,而不是提供使其为真的条件。

《法律与真理》有许多的可取之处。帕特森的论证富有条理性、论点清晰并且简单扼要。帕特森具有高超的写作能力,尽管他对脚注有一种令人恼火的喜爱,并且他有一个奇怪的习惯,那就是他喜欢不止一次地引用同一长段(一段魏因瑞伯所写的摘要甚至在第 36 页中出现了两次)。帕特森将问题变得富有激情、挑战性和趣味性。

然而,《法律与真理》这本书也有非常明显的缺陷。对此,笔者主要提出以下四点批评:(1)帕特森夸大了他的反对者在“使其为真”的立场上为哲学困惑所挫败的程度;(2)帕特森针对他的反对者所提出的许多零碎的论证都建立在一般的哲学观点之上,但这些哲学观点并没有他所设想的那般有效;(3)虽然帕特森提出的实证主义观点很有趣,但是此观点缺乏充分的内容使其具有说服力,尤其是在不同的论证形式或形态构成了法律的“语法”这一观点上,帕特森的理论还需要更详尽的阐述;(4)最后,帕特森主张我们当下应该坚持后现代法学,而这是有问题的。接下来,笔者会逐一对这四点进行阐述。

(1)“某种条件使命题为真”这一观点是公认的难题,帕特森在这点上是对的。然而,这主要从属于古典的符合论真理观,其认为如果一个命题与事实相符,那么它为真,或者说一个命题之所以为真,是因为存在与其相符的事实。这样的观点通常受到基于以下理由的理论之批判。首先,当我们不得不承认我们永远无法将命题与它们可能对应的事实进行比较的时候,我们却又主张我们可以依据“与事实相符”的方式来解释真实性,这就很奇怪。这是因为我们获取“事实”的唯一途径就是借助我们的命题。第二,正如符合论所述,“事实”是形而上学的奇怪之实体。事实的定位要求它们不仅是用以组成外部世界的物理状态之事物,而且必须具有符合逻辑的非物理性结构。同时,事实必须给我们带来理性的影响,以证明或者巩固我们的命题,而不仅仅是命题的成因。对于一些学者来说,这样的事实只不过是形而上学的虚构。哲学家们开始相信深奥的哲学困惑之存在,即思想与世界如何相互契合。在此之后,哲学家们通过创造出“实体—事实”来“解决”这些难题,而这些事实与我们的命题相契合,并具有使其为真所必需的特征。这些都完全没有解释。

帕特森的问题在于，他认为有关的争论会破坏阐释“使其为真”这一概念的任何尝试。但是，似乎存在很多对这一概念的普通使用，而这些都是非常良性的。如果笔者主张证明自己是金斯顿板球俱乐部的秘书是基于这样的事实，即在俱乐部的年度股东大会上，笔者根据它的章程等文件而成功当选，那么笔者并没有引用任何会引发认识论困惑的奇怪的形而上学之实体或关系。相反，相关的事实和关系是清晰与简单的。当然，针对选举是否进行得当、俱乐部章程的要求等问题，人们可能会有争议，但是这些都没有引起明显的哲学方面之困惑。

现在，让我们来看看帕特森对实证主义法学的攻击。帕特森认为，“实证主义法学家在命题真实性上的描述是不充分的，因为社会事实并不能使法律命题为真……法律命题的真实性是实践（正当性）的产物，而不是因为命题与社会事实相一致。”我们在这里可以清晰地看出，帕特森试图将他的主要批评建立在实证主义之上。但是，当实证主义法学家主张是社会事实使法律命题为真时，“真实性”以及“事实”的概念，正如他们所述，并没有引起帕特森所担心的哲学困惑。这些都是相对来说比较普通的事实，而不是认识论上超常的事实，并且这些事实也没有引发形而上学的难题——这些事实应该如何赋予法律命题以真实性。法律实证主义的全部精神，以及启发它的更普遍的实证主义哲学之全部精神就在于，回避形而上学上有问题的概念，并且将命题的可论断性条件与可清晰识别的事实之发生联系起来。

当然，实证主义在事实的概念上是有问题的。事实和规范是否能像实证主义者所要求的那样被清晰地描述出来，这一点还不清楚。同样，社会事实的获得是否就足以使法律命题成立，这也不能确定。然而，这些批评不同于帕特森的主要观点，后者本身使实证主义毫发无损。事实上，帕特森的观点是否会损害对手的立场也是不确定的。只有极端的道德现实主义者迈克尔·摩尔明显受到了威胁。但是，正如帕特森所说的那样，摩尔的立场似乎过于粗糙，以至于无法被认真对待。

(2) 让我们转向帕特森更为零敲碎打的批评。帕特森很擅长从认识论和语言哲学中提出自己的论证观点，以攻击他的对手。但是，在整本书中，帕特森对这些论证的效力过于自信。帕特森最擅长攻击斯坦利·费什，费什的立场是基于抽象的哲学概括。在这里，帕特森能够以牙还牙。但是，当帕特森遭遇更敏锐的学者时，他的论证就常常显得不足了。

例如，在对魏因瑞伯的形式主义进行讨论时，帕特森提出了两点批评。首先,帕特森以怀疑论的理由反对魏因瑞伯将与其他命题的连贯性作为根据来分析一个法律命题的真实性。帕特森问道:“我们如何知道所谓的连贯性的标准就是正确的呢?”其次,帕特森反对魏因瑞伯认为法律体系只能够“内在地”或从内部(以它们自己的术语)加以理解之主张。魏因瑞伯提出了一个关于内在可理解性的优越性之整体论证,即所有的解释最终都必须建立在自己的术语可理解之事物上。帕特森反驳认为,“内在可理解性”这一概念本身必须包含一种可疑的自明性。

帕特森的反对意见看起来很有道理,因为魏因瑞伯所引用的论据可以在任何认识论的教科书中找到。但是,仔细一看,帕特森的进攻路线似乎是错误的。我们没有理由认为魏因瑞伯要提出疑似自明性的概念。内在可理解性的标准是连贯性,而不是自明性。这就使帕特森的论证变得可疑。但是,为什么魏因瑞伯要认真对待这个问题呢?在帕特森的书中,我们可以清晰地看到他的反驳所关注的,并不是我们如何在互相冲突的连贯性的哲学标准之间进行选择,而是我们如何在同样具有连贯性的法律解释之间进行选择。然而,不确定的是,在法律解释被整合进我们的整个法律信仰体系后,同样具有连贯性的对立解释是否仍然存在。魏因瑞伯推测性地认为这种对立解释不存在。想要在此取得进展,我们就需要对魏因瑞伯的连贯性概念进行更深入的探讨,而这将引导我们进一步进入决定了魏因瑞伯立场的德国古典哲学之框架。德国古典哲学之框架这一武器,帕特森用的还不是很顺手,他更喜欢以一些传统的哲学理论为武器来攻击他的对手。然而,这种策略是不成功的。此外,帕特森的方法分散了人们对真正问题的关注,这个问题就是“为什么我们应该相信魏因瑞伯的观点”,即根植于社会、文化、道德和政治实践之中的法律体系最好内在地得到理解。魏因瑞伯似乎想表达这样一种观点,即要么我们就内在地理解法律,要么我们就将法律锁定在其他领域(如经济领域或者政治领域)。这不是一个错误的二分法吗?然而,这个问题并没有得到应有的重视。

再看帕特森关于德沃金的讨论。帕特森曾一度反对德沃金的观点,即法官总是根据某种理论来裁判案件。这是德沃金哲学的重要组成部分,因为我们是根据法律命题与最终使其合法化的理论之关系来理解法律正当性的。德沃金坚持认为,当法官裁判疑难案件时,这些理论就会崭露头角,但是当法官的裁判活动进行得比较顺利时,这些理论的作用就往往是微乎其微的了。因此,法律哲学必须明确和审视那些指导我们法律实践的理论。与德沃金相反,帕特森主张,即使在疑难案件中，判决也是由理论决定的，但这并不意味着在简单案件中，理论就只是默默地发挥作用。帕特森在此处的观点受到了维特根斯坦的影响。就我们对语言和他人心理状态的认识是否处于理论层面的问题，维特根斯坦提出过类似的观点。帕特森在此处的观点有所成就，不过仍然没有他以为的那么多。帕特森破坏了这样一个假设，即既然所有的理解和辩护都是以理论为指导的，那么法哲学必须考虑那些指导我们实践的法律理论之本质。但是，我们主张不是所有的判决都是基于理论的，并不意味着我们是在主张法律判决是不基于理论的。我们真正需要的，是对法律推理的结构分析。正是法律推理的结构，决定了我们应该在多大程度上根据理论来得出法律判决。

帕特森在讨论魏因瑞伯和德沃金时所暴露出来的这些缺点说明，《法律与真理》存在着一个普遍的问题，即帕特森高估了他使出的哲学招式的力量，并且这份过度的自信分散了他探索将他与他的反对者区别开来的更重要的问题之注意力。

(3) 如果帕特森在书的结尾所发展出的积极立场是令人信服的话，那么笔者到目前为止的批评就不会那么有意义了。不幸的是，书的结尾也令人失望了。帕特森告诉我们，“实践，而不是事实，是法律命题的真实性所在”。并且，帕特森指导我们将各种形式的法律论证视为“展示法律命题真实性的文化认可模式”。然而，这些论证形式究竟是什么，却很少有人提到。帕特森明显支持博比特的六种“模式”，即历史论证、文本论证、结构论证、学说论证、伦理论证、审慎论证。虽然帕特森在最后一章中发展和总结了博比特的立场，但是全书仍然缺少更多的细节。

帕特森强调论证的形式构成了法律的“语法”，他此处的灵感再次来自维特根斯坦。帕特森显然很崇拜维特根斯坦的思想，但不幸的是，他总是在缺少充分解释的情况下引用维特根斯坦的理论。在后期的哲学研究中，维特根斯坦主张某种命题构成了我们实践的“语法”。这种命题提供了我们开展“话语游戏”的基本规则。所谓“无红无绿”与“有我思想之外的事物”以及自然界的统一性原则，都是这样的命题。然而，法律论证的形式和维特根斯坦的“语法性命题”存在着明显的不同。后者具有概念真理的地位，人们只有在陷入无法理解的痛苦时才会否认它，而法律论证的形式就没有这样稳固的地位。但是，帕特森坚持认为，法律论证形式的合法性就像语法规则的合法性一样，不能被轻易质疑。不过，这个主张似乎是错误的。在特殊的情况下，任何论证形式的合法性都肯定是有争议的。事实上,没有一种或者多种论证形式应该被彻底抛弃,这没有什么难以理解的。

帕特森认为,论证的形式与语法相类似,因为它们决定了我们实践中的哪些行为被认为是合法的,哪些行为被认为是不合法的。这一观点或许是正确的。因此,抛弃或者取代一种论证形式就会改变可能的法律理由之结构。然而,与语法规则不同,不同形式的法律论证有时会产生不兼容的结果(例如,历史论证可能支持某个判决,但文本论证则支持另一个)。帕特森对这种冲突的处理令人费解。帕特森反对博比特的观点,即在由于使用不同形式的论证而产生互相冲突的结论时,我们应该求助于良心。相反,帕特森认为,我们应该"选择将我们认为正确的所有事物最佳结合在一起的命题"。在这一点上,帕特森似乎帮助自己达成了一种前后一致的立场,但这种立场在他之前针对魏因瑞伯时已经被否定。

如果帕特森的立场是想为他的反对者们提供一个严谨的替代性选择,那么他还有很多的工作要做。

(4) 帕特森将自己的立场描述为"后现代法学"。对于帕特森(继罗蒂之后)来说,成为后现代主义就是反对一系列哲学观点——表象主义、基础主义和个人主义,以及反对它们的二元对立——表达主义(相对的反现实主义)、怀疑主义和集体主义。帕特森当然否定这些观点(虽然在我们看来,当这些观点对他有利时,他仍然会向他的反对者们提出怀疑的论证),但是在某些方面,《法律和真理》完全不是后现代主义的。帕特森以学术的传统形象操纵着从模糊错误的理论转向清晰开明的理论之运动。《法律和真理》的结构就像一篇"宏大叙事",其讲述了我们如何摆脱对现代性哲学的误解之枷锁,以获得针对我们实践的一种没有被扭曲之视角。这个概念是维特根斯坦式的,但很多后现代主义学者都会发现它难以接受。

此外,正如笔者所强调的,帕特森对哲学反思的效力保持着非凡的信心。后现代主义学者的典型目的就是让哲学家难堪,他们通过主张这门学科在努力创建一个法庭,以评估其他学科在知识上遭遇了惨败。这就是科学女王的下场!帕特森想接受这些批评,但其仍将哲学家奉为神明。帕特森很乐意让哲学家来告诉我们,我们不能将实践作为基础的哲学之原因是什么,以及为什么我们必须要满足于描述或者阐明这些哲学原因。但是,那些真正具有后现代气质的人会发现,哲学家的工作就像一个改过自新的酒鬼在谴责酒是邪恶的一样乏味。哲学家们会说,解决办法就是摒弃所有元理论思考,并且继续阐明有争议的实践。

在“伦理学讲座”中，维特根斯坦对那些给人一种他们知道很多但其实他们并不知道什么的通俗科学的讲座嗤之以鼻。针对《法律和真理》，我们也可以提出类似的反对意见。帕特森本人在哲学上肯定是相当精明的，但是如果这本书的读者是那些并不了解他的哲学主张背景的学生或者学者，那么他们就会受到误导。帕特森认为，意义和真理以有趣的方式对法理学问题产生着影响。这是正确的，但是帕特森错误地认为这些问题可以很容易地得到解决，并且解决这些问题的办法，如果被证明是可能的，将会直接且立刻地对法律哲学产生影响。

揭开“权利培养”学说的面纱：评艾伦·德肖维茨的《你的权利从哪里来?》

陈令嘉*

摘要：在《你的权利从哪里来?》一书中，艾伦·德肖维茨提出了“权利培养”学说，该学说在批判自然法学派和分析实证主义法学派的基础上，提供了新的探究权利来源之思路。然而，这一理论能否被称作权利正当性理论的“第三条出路”仍存有争议。在对“权利培养”学说进行详细阐述后，本文提出了其与两大法学流派的关系以及其背后的理论不足，并加以论证。尽管并非尽善尽美，但是这种实践性极强的理论仍推动了世界人权理论的发展，其对现代人类社会有着极为重要的意义。

关键词：权利；权利培养；恶行；批判；经验

一、“权利培养”学说构建的理论背景

在如今这个强调权利的时代，权利的重要性毋庸置疑。学界对权利的研究呈现出两种基本取向，即对权利的本源性拷问和对诸多权利的具体论证与保障研究。① 这两种研究方式相互依存，因为对权利来源的探究并非只是单纯的学理研究，其具有更重要的价值，即有利于实现社会正义的要求。德肖维茨在《你的权利从哪里来?》一书中提出了“权利培养”学说。在构建自己的权利理论之前，德肖维茨先对自然法学派和分析实证主义法学派进行了批判，并分析了两者

* 陈令嘉(1996—)，男，山东青岛人，华东政法大学法律学院士研究生，研究方向为法学理论。

① 参见张文显、姚建宗：《权利时代的理论景象》，载《法制与社会发展》，2005 年第 5 期。

的理论漏洞，从而为提出"权利培养"学说创造了必要的理论前提。

(一) 自然法学派的权利理论之缺陷

针对权利的来源，德肖维茨对自然法学派的观点做出了批判。虽然自然法学派内部有不同的观点，但是关于权利的来源这一问题的核心观点是，权利来源于上帝或者自然。如果权利来源于上帝，那么权利确实是不可剥夺的；如果权力来源于自然，那么权利便如物理法则或天文法则般固定不变。

1. 权利来源于造物主吗?

正如经典的安提戈涅之问，"我不相信国王的命令如此强大，以至于能够超越虽不成文但永恒不变的上天的法则"。① 在《安提戈涅》中，女主人翁用一句话便界定了自然法与实在法，她认为自然法的效力更高，并且她将权利的来源归结于"天"。倘若权利真的来自造物主，那么所有的权利都应当是永恒不变的，从古至今应当一直如此。但是，事实表明，情况不是这样的。有时，在某个地区被视为真谛的权利，在其他时空则会被认为是最大的邪恶。例如，在奴隶制时期，被称为上帝意志的蓄奴权在现代社会则是被人唾弃的恶行。② 正如哈特所说的，"自然法就像娼妓一样任人摆布，意识形态若不能诉诸自然法作为辩护，则无存在的可能"。③ 也就是说，上帝的混沌之意思表示可以被任何人利用。例如，造物主的话语被同时用来支持恐怖主义与正当化反恐战争。小布什总统曾说上帝希望他当上总统，上帝告诉他要打击基地组织。为了避免有人怀疑伊拉克战争的神圣来源，小布什说："上帝指示我打击萨达姆，而我也照做了。"④同样，本·拉登四处屠杀美国人也是因为他是按照造物主的指示行事，只不过他的造物主是真主阿拉。本·拉登曾颁布过一份伊斯兰法令，他在其中宣布："我们在真主的帮助下，恳求每个信奉真主的穆斯林，顺服真主的命令，无论何时何地，只要看到美国人就予以杀害并掠夺他们的财物，如此便可得到真主的奖赏。"本·拉登也主张取得大规模毁灭性武器是宗教义务。⑤ 因此，在这个许多人宣称自己了解上帝的意志，但是他们又无法辨识其意志究竟是什么的世界里，造物主不应该

---

① 俞田荣：《自然法·自然权利·自然的权利》，载《浙江社会科学》2005 年第 1 期，第 112 页。

② 参见[美]艾伦·德肖维茨：《你的权利从哪里来?》，黄煜文译，北京大学出版社 2014 年版，第 19 页。

③ 参见[英]哈特：《法理学与哲学论文集》，支振锋译，法律出版社 2005 年版，第 163 页。

④ 参见[美]艾伦·德肖维茨：《你的权利从哪里来?》，黄煜文译，北京大学出版社 2014 年版，第 19 页。

⑤ See The 9/11 Commission Report：Final Report of the National Commission on Terrorist Attacks Upon the United States，W. W. Norton，2004，p. 380.

作为政治权利的来源被援引。

2. 权利来源于自然吗?

针对这个问题,学界存在几种观点,第一种观点和权利是否源于造物主有些相似,即权利是否来源于自然规则或者上帝。如果自然是由上帝制造出来的,而上帝是完美的,那么他所创造的一切事物都应当是完美的,不会有不合理的存在。[①] 但是,事实是人类的经历让我们不能认同这个观点,因为在现实生活中,确实存在一些无法接受的东西或人。自然法则是没有道德倾向的,其没有正当或不正当可言,即它们只是"存在"。这些规则与人性结合之后所产生的后果绝对不总是正当的,如果我们接受这些不合理的存在,那么我们对"正当"与"不正当"的区分将变得没有任何意义。[②]

第二种观点就是权利来源于人的天性。事实是,人性是复杂的。不存在永远的圣人,也不存在纯粹的恶行,每个人都是善恶参半。我们会看到那些到处救助流浪儿童的人去实施犯罪,会看到犯罪分子去见义勇为,也会看到虔诚的宗教教徒去鼓励屠杀。永远不要给人性赋予太多的光辉,人类是随机性很强的物种。从复杂多变的人性中,我们是难以推证出权利的。我们可以根据人类好的一面去推证一些合理的权利,也可以根据坏的一面去推论出邪恶的权利,如"蓄奴权"。我们要做的,是把实然和应然区分开来。任何一个理性的人都会认为,自然是没有道德倾向的,其不会倾向于任何人或物种。[③] 正如英格索所说的,"我们必须牢记,在自然界无所谓奖赏或惩罚——只有结果"。[④] 道德不能也不应直接衍生于天性。即便社会生物学家已证明,男人天然地倾向于在性上面迫使女人屈服,我们也不能因此创设出"强奸权"。对于社会来说,如果其没有尽到合理努力来遏制这种"自然冲动",那么便是在道德上犯了错误。因为我们从经验中得知,就算"自然冲动"在经验上是符合天性的,其从道德上来说也绝对不能被认为是正确的。[⑤] 我们必须根据人类过往的经验来调整天性和道德的冲突。以权利为基础的体系不会反映自然的人类状态,因为相比于以权利为基础的体系,专治更接近自然状态。通观人类历史,大部分时间所通行的规范一直是权威主义、

---

① See John R. Searle, *Speech Acts: An Essay in the Philosophy of Language*, Cambridge University Press, 1977, p. 132.

② [美]艾伦·德肖维茨:《你的权利从哪里来?》,黄煜文译,北京大学出版社 2014 年版,第 24 页。

③ 参见[美]艾伦·德肖维茨:《你的权利从哪里来?》,黄煜文译,北京大学出版社 2014 年版,第 28 页。

④ See Robert G. Ingersoll, *The Works of Robert G. Ingersoll*, The ingersoll League, 1929, p. 315.

⑤ 参见[美]艾伦·德肖维茨:《你的权利从哪里来?》,黄煜文译,北京大学出版社 2014 年版,第 29 页。

精英主义、审查制度、独断性以及对我们今天的正当法律程序之否认。[①] 承认自私，是构建个人权利体系的前提。人们不会认为别人的权利比自己的直接利益更为重要，这是天性。[②] 正因为人性自私，所以我们才要固守某些基本的权利，并不断地支持它们，且绝不因此而满足。换句话说，我们需要以权利来抵消大多数人不顾他人的利益而只顾自己的自然本能。

(二) 分析实证主义法学派的权利理论之缺陷

法律实证主义认为，权利来源于法律，或者说权利来源于写下法律的人。德肖维茨认为，权利并非法律的创造物，法律只是对已有规则的文字性记录描述。如果权利来自法律，那么全世界一致同意杀害犹太人、奴役黑人或吃小孩该怎么办? 这是否足以成为法律，并以此来剥夺受害者的权利? 受害者该引用何种权威来源以救济自己的权利?[③] 法律实证主义将“实际存在的法律”作为研究对象，其不去关注法律的应然现象，而这必然导致法律与道德相分离所带来的困惑，即恶法亦法。例如，美国宪法规定人人平等，但1787年宪法却规定黑人只有三分之一的投票权。1953年，我国制定了第一部选举法，虽然其规定一人一票，但是每人这一票的价值却不一样。人生而平等，其实人生而不平等。[④] 仍然以平等为例，德肖维茨认为，平等是所有权利理论的基石，但他认为这是发明，而非德沃金主张的发现。[⑤] 关于平等对待，比较有说服力的论证建立在我们对不平等对待之恶行的集体负面经验上。[⑥] 然而，不管这是发现还是发明，将平等界定为一个应然权利的概率总是大于实然。德肖维茨赞同格劳秀斯的观点，即自然法是正当理性的命令，当人们的行为和理性的命令相一致，那就是公正，相反的话就是邪恶。

德肖维茨认为，权利不应当是任人摆布的，它应当受到法律体制的限制和保护，否则权利体系就无法构建。根据分析实证主义法学派的观点，权利本身是由实定法确立的，然而这些被法律确立的权利有可能是空的，只是一副空壳而已。

---

① See T. W. Adorno, *The Authoritarian Personality*, Harper, 1950, p. 15.

② 参见[美]艾伦·德肖维茨：《你的权利从哪里来?》，黄煜文译，北京大学出版社2014年版，第31页。

③ 参见[美]艾伦·德肖维茨：《你的权利从哪里来?》，黄煜文译，北京大学出版社2014年版，第64页。

④ 参见[英]丹尼·多林：《不公正的世界》，高连兴译，新华出版社2014年第1版，第280页。

⑤ 参见[美]罗纳德·德沃金：《认真对待权利》，信春鹰、吴玉章译，中国大百科全书出版社1998年版，第81页。

⑥ 参见[美]艾伦·德肖维茨：《你的权利从哪里来?》，黄煜文译，北京大学出版社2014年版，第69页。

所谓以“合法形式为不法行为”的情况,完全有可能发生在权利的确立过程中。一些图谋不轨的人完全可能通过立法的行为来确定权利,进而实施不法的行为。而且,仅通过立法的方式得到确立的权利体系,不可能完全保护每个人的权利,因为法律是有漏洞和滞后性的。

德肖维茨不是无的放矢,他这么说是有一定的理论依据的,因为分析实证主义法学派在理论渊源上存在着天然的缺陷。首先,如果权利仅仅是由法律来确立的,那么就如上文所说,权利可能被心怀不轨的人用于邪恶的目的,从而导致“恶法亦法”。历史上就有很多这样的例子,如“蓄奴权”“成为奴隶的权利”等。其次,如果真如德沃金所说,人民有一些道德权利可以用来对抗政府,那么这些道德权利就必须凌驾于实定法之上,从而成为不受实定法约束的存在,否则这些权利将无法发挥作用。[①] 如果这些道德权利凌驾于法律之上,那么它们又是从哪里来的呢？最后,当社会进步之后,“新权利”的需要会产生。针对这些新权利,法律怎样将它们纳入现有的法律体系之中,以使其有实在法之依靠呢？如果根据法律所建立的权利体系是开放的,那么这些“新权利”又是何以确定出来的？

德肖维茨根据对上述两种理论的批判得出了以下观点,即分析实证主义法学派和自然法学派本身都有着不可避免的缺陷,用二者的观点来解释权利和权利的来源都无法做到完全论证,双方的冲突也是彼此带有缺陷的冲突。德肖维茨认为,世界不是由完美的上帝构建的,也不存在根据自然可以发现的完美法则,而我们所能观察到的或者说能真实掌握的,就是人类的恶行经验与法律。观察恶行经验之后,我们通过法律确立权利,这就是德肖维茨的“权利培养”学说。

二、恶行的反思——“权利培养”学说及其所面对的质疑

权利的来源是什么、如何确立权利等难题一直困扰着人类,而德肖维茨在《你的权利从哪里来?》一书中对这些问题做出了回应,他提出的“权利培养”学说从经验的视角提供了一种新的解答。

---

① 参见[美]罗纳德·德沃金:《认真对待权利》,信春鹰、吴玉章译,中国大百科全书出版社 1998 年版,第 186 页。

(一) 权利的来源

针对权利的来源，德肖维茨在书中明确表示，“权利是经验与历史——尤其是极端的邪恶——所教会我们的更好选择，而这些选择是如此重要，以至于应该教导公民将它们确立为权利，同时别让权利屈从于善变的多数决之下”。[①] 简言之，德肖维茨认为，权利来源于恶行的经验，人们从不义的经验中确立自身应该享有的权利，并用这些权利来对抗这些不义，以避免它们再次发生。张灏先生也有类似的观点，即因为人性与宇宙中存在固有的恶，所以这个世界存在缺陷，而通过正视并改正这些缺陷，文明就可以得到发展。[②] 因为有种族屠杀的恶行发生，我们才会建立起对抗种族屠杀之恶行的权利；因为有奴隶制的产生，我们才会要求自由和人人平等的权利。

权利的确立过程也有不断演进的性质，这是因为人们就“完美的正义”没有达成共识，所以在接近完美正义的过程中，人类不断调整权利，并通过限缩、扩张、确立、废止等方式，以使权利不断适应完美正义的要求。完美正义的概念和标准十分抽象，因此想要先确定什么是完美的正义，然后再去确立相应的权利，是十分困难的。[③] 在我们能够构建出完美正义的理论之前，权利仍然需要得到发展，因此建立一种从下而上的理论比先确立完美正义理论更加符合社会生活的需要。换句话说，并不是我们先知道了什么是完美的正义，然后再根据完美正义的标准来确定权利，而是我们从不义的经验中不断确定权利，进而不断接近完美的正义。而且，相比于正义，我们更容易识别不正义，正如美国的斯图尔特大法官所言：“我今日将不再企图界定‘淫秽’的意义，或许我永远也说不清楚，但我看到淫秽的东西，便知它是淫秽的东西。”[④]

与完美正义对应的概念是完美的不正义。为了防止恶行再度发生，我们不需要将自己局限在与完美的不正义之争斗上，而是只要能够认识到由不完美的人类所造就的不完美之不义就已足够。我们不需要先得到“不完美的不正义”的标准，只需要大家同意什么构成了不正义就已足够。针对这些不正义，我们设计

---

① [美]艾伦·德肖维茨：《你的权利从哪里来?》，黄煜文译，北京大学出版社 2014 年版，第 69 页。

② 参见张灏：《幽暗意识与民主传统》，新星出版社 2006 年版，第 26 页。

③ 参见[美]艾伦·德肖维茨：《你的权利从哪里来?》，黄煜文译，北京大学出版社 2014 年版，第 71 页。

④ 陶龙生：《弱者的抗争》，中国政法大学出版社，2014 年第 1 版，第 167 页。

出一套权利体系来防止它们再度发生。[①] “完美的不正义”也是一个抽象的概念,如果我们将不义限定在完美的不义上,那么权利也会被限制,从而无法发展。但是,如果缺乏正义理论的支持,那么人类怎样来鉴定它的对立面,即不义的恶行?如果没有一个统一的正义标准,那么人类又如何来定义不正义?德肖维茨认为,这几个问题在理论层面难以找到答案。但是,德肖维茨提出一个新的观点,即人类可以从经验中识别出不义。[②] 因为人类见识过不正义,所以下一次再见到它们时,人类就能识别出它们。有的时候,不正义在被犯下的当时可能并不会被识别出来,但是时间会告诉我们答案。也许我们以为自己知道了完美正义的标准,并由此推导出了完美不义的标准,然而事实是,我们离这些标准仍很遥远。

将理论建立在恶行基础之上有两个好处:第一,人们不用等待一个完美的正义标准或者一个“最可欲的生活方式”[③]出现,就可以采取行动,以防止恶行的再次发生。当恶行再次发生时,人们就应当立即制定出相应的权利来阻止它们的发生。如果等待着一个完美的正义标准出现再采取行动,那么人们就会陷入囹圄,从而抑制了自身对权利的追求和对恶行的排斥。因为至今为止,完美正义的标准仍然十分模糊,而且也没有人真正见过它。但是,“权利培养”学说要求人们看到恶行时就立即行动,以及时制止恶行。第二,“权利培养”学说要求我们不断追求权利。因为恶行不断发生,所以人们追求权利的脚步就不能停止。权利并不是来源于自然法学派所主张的上帝或自然这些抽象的事物,而是来源于社会生活中的人类之恶行,所以我们必须针对不断出现的恶行来发展权利和保卫权利。权利不是自然地从某个角落被发现到的,它们也无法从抽象的概念主体中被概括出来,权利只能根据人类的恶行经验被培养出来。重要的是,权利应当在众多的价值观念中被拥护与追捧。

(二) 确定权利的过程

德肖维茨的“权利培养”学说是这样确定权利的:第一,识别恶行。我们首先要识别人类曾经做过的错事与犯下的恶行,并且辨别恶行的发生是否是由一

---

① 参见[美]艾伦·德肖维茨:《你的权利从哪里来?》,黄煜文译,北京大学出版社 2014 年版,第 70 页。

② [美]艾伦·德肖维茨:《你的权利从哪里来?》,黄煜文译,北京大学出版社 2014 年版,第 71 页。

③ 参见[古希腊]亚里士多德:《政治学》,吴寿彭译,商务印书馆 1965 年第 1 版,第 344 页。

些权利的缺位而引发。如果是，那么这些恶行就可以变成权利建立的依据，从而支撑起相应权利的构建。之所以要用这种由下而上的方式来推导建立权利，是因为相比于完美的正义，我们更容易认识到什么是不正义。从人类之前的恶行中汲取经验，并自下而上地慢慢构建起权利体系，这更符合我们的人权保护之要求。如果人类理解到权利的缺位在不义的恶行之发生中发挥着重要作用，那么这种共同理解就可以成为“权利培养”理论的坚实开端。[①] 那么，我们应该怎样辨识恶行呢？德肖维茨认为，恶行就是大多数人眼中的不义经验，以及不希望其再次发生的不好的体验。仅仅辨识了恶行还是不够的，这只是确定权利的第一步。如果我们对不义的经验——尤其是非己的不义经验——持冷漠的观望态度，那么权利是不会被确立的，我们还应该积极地为确定权利而斗争。[②] 将不正义所带来的集体经验作为建构权利理论的卓有成效之基础，是确定权利的第二步。耶林曾说：“你的权利在斗争中被发现。”[③]但是，德肖维茨认为，权利并非在斗争中被发现，而是在斗争中被发明，即“权利必须由人类基于经验发明而出，特别是我们长久以来从自己创造的恶行中产生的集体经验”。[④] 所以，辨识恶行与确定权利就是德肖维茨所提出的“权利培养”学说之权利确定过程。

(三) 面对的质疑

自提出之后，“权利培养”理论就屡屡遭受学界的质疑。“权利培养”理论是否总有正确答案？如果权利不是来自造物主或自然，那么我们该如何区别权利与单纯的偏好？经验取向是否会混淆哲学与社会学？权利会产生恶行吗？权利外在来源的争论是否为自由主义与保守主义之争？经验权利能否钳制住多数决的滥用？不受审查的政府权利存在吗？这些质疑之声在客观上促进了“权利培养”理论的不断完善。

三、对“权利培养”理论所面对的质疑之回应

面对学界的质疑，德肖维茨在他的书中对其中三个更重要的问题着重做出

① 参见[美]艾伦·德肖维茨：《你的权利从哪里来?》，黄煜文译，北京大学出版社 2014 年版，第 70 页。
② [美]艾伦·德肖维茨：《你的权利从哪里来?》，黄煜文译，北京大学出版社 2014 年版，第 70 页。
③ 参见[德]耶林：《为权利而斗争》，郑永流译，法律出版社 2012 年第 1 版，第 52—53 页。
④ [美]艾伦·德肖维茨：《你的权利从哪里来?》，黄煜文译，北京大学出版社 2014 年版，第 71 页。

了回应,包括是否总有唯一正确答案、如何区分权利与单纯的偏好,以及权利是否会产生恶行。

(一) 是否总有唯一正确答案

如果权利是经验的与可变的,而非自然的与不可剥夺的,那么当权利彼此发生冲突时,我们该怎么办?对于相信自然法无误且绝对的人来说,在以道德或权利为基础的论证里,争执的双方绝对不可能都是对的。①例如,德沃金认为,"复杂的法律与政治道德问题通常只有一个正确答案"。但是,在真实生活中,情况往往更加复杂。

问题的关键不在于哪种解决方式更好,我们需要关注的重点是,存在唯一正解吗?如果存在唯一正解,那么我们又是根据什么来确定它才是唯一正解?有没有其他理论可以验证它,甚至推翻它?德肖维茨认为,越是理性的人,越不应当认为存在唯一正解,而且人类也不应当去随意决定什么是唯一正解。这些复杂的问题令人望而却步,只用一个单一的正确答案来回答这些问题,等于侮辱了人类心灵与经验的复杂性和多样性。② 为了解决这些复杂的问题,我们必须要制定出一个程序,以调整多数人和少数人之间的权利冲突。事实是,想要完美地调整多数人和少数人之间的冲突是不可能的。由于人们秉持着不同的道德标准、生活经验、世界观、人生观和价值观,因此他们之间的冲突无时无刻不在变动。但是,如果我们建立起一种民主化的程序,且这个程序可以被用来缓和甚至解决固有的冲突与差异,那么人们就会彼此包容差异。③

(二) 如何区分权利与单纯的偏好

如果权利不是来源于"自然法与上帝的法律",那么我们如何将权利和特殊的偏好区分开来?针对这个问题,不同学派有不同的观点。首先,分析实证主义法学派的观点是,由法律确定的偏好就是权利。然而,这种方式不能明确哪些偏好应当被确立为权利。对于自然法学派来说,权利能与偏好区别开来是上帝的指令。也有一些自然法学派学者认为,权利来源于人性。还有宗教学者也有自己的观点,他们制定自己的解释性程序来阐释上帝的语言,并认为自己有解释经

① 参见[美]艾伦·德肖维茨:《你的权利从哪里来?》,黄煜文译,北京大学出版社 2014 年版,第 87 页。
② [美]艾伦·德肖维茨:《你的权利从哪里来?》,黄煜文译,北京大学出版社 2014 年版,第 90 页。
③ 参见[美]艾伦·德肖维茨:《最好的辩护》,唐交东译,法律出版社 2014 年第 1 版,第 309 页。

文的权威。对于经文解释者来说，他们选择的权利一般和宗教的原则或政治需求相关。还有现在的律师和法律工作者，他们根据法治的需要去追求法治的结果，并在其中实现自身的部分价值需求。[①]

不同观点的理论之存在，能够产生互相牵制的效果，从而防止一家独大的情况之出现。经验告诉我们，如果一门学说想要一家独大，并认为除它之外的其他学说都是虚假，那么这门学说往往会引发极大的恶行。正如费曼所言，人类现在只是初级阶段，我们只能在我们理解的世界范围之内，按照理性去做。绝不可下定论说我们已经得到了唯一真解，否则人类就会为自身所限制，从而陷入囹圄之中。我们能做的，就是在理性的指引之下努力学习与思考，并将我们的成果传递给后代，这样便能无愧于人类历史。[②]

德肖维茨的"权利培养"学说界定权利和偏好的方式与德沃金有些相似，即分析恶行经验，并从恶行经验中确定不可或缺的权利，从而区分权利和一般的偏好。[③] 这样的方式更符合社会生活发展的客观规律和需要。同时，在所有的权利中，有些权利是会永恒存在的(如宗教信仰自由)，有些权利则会随着时间而改变。有一些现在看来是永恒不变的权利，在许多年之后却可能成为人们眼中的恶行；有一些现在还不是权利的"权利"，在不久的将来也可能成为人们认可的真理。

(三) 权利会产生恶行吗?

针对这个问题，德肖维茨给出了明确的回答，即权利能产生恶行。根据"权利培养"学说，权利产生于恶行。如果人们对恶行的经验产生了错误的认知，从而将善行当成恶行或者相反，那么由此产生的权利完全可能会导致新的恶行。所以，德肖维茨认为，权利和风险并存，然而如果世界上没有权利，那么风险会更大。我们必须好好地理解"权利培养"理论，从而准确识别恶行，并在此基础上，承担相应的风险。

---

① 参见[美]艾伦·德肖维茨：《你的权利从哪里来?》，黄煜文译，北京大学出版社 2014 年版，第 98 页。

② See Richard P. Feynman, *What Do You Care What Other People Think*?, Norton, 1988, pp. 247–248.

③ 参见[美]罗纳德·德沃金：《认真对待权利》，信春鹰、吴玉章译，中国大百科全书出版社 1998 年版，第 277 页。

四、“权利培养”的解构——新道路还是旧手段?

“权利培养”学说看似为我们提供了一条探究权利来源的全新出路,但实际上,它与自然法学派和分析实证主义法学派存在着相互交融的关系,而且它也存在理论上的缺陷。所以,我们必须以辩证的观点来看待“权利培养”学说,这样才能更好地理解和运用这一理论。

(一) 与两大法学派的关系

要正确认识“权利培养”学说,我们必须认清其与自然法学派和分析实证主义法学派之关系,并理清其自身的独立属性和与其他学说的交互属性。

1. 与自然法学派内容的一致性

德肖维茨提出的“权利培养”学说之核心观点有两个:一是发现恶行,二是确定为权利。这种观点实际上并没有超越自然法学派的思想。正如德沃金所说的,“对于一种法律行为而言,其中不可避免地存在着道德尺度”。[①] 德肖维茨也主张,“虽然我们反对权利直接来源于自然的观念,但也反对权利完全来自培育而无道德参与其中的观点”。[②] “权利培养”学说实际上也强调道德的重要性,其最终目的也是将不道德排除在法律之外,即主张恶法非法。不过,“权利培养”学说的构建权利体系之方式与自然法学派不同。自然法学派是从上而下地先发现道德,然后再将道德确定在法律之中;而“权利培养”学说是自下而上地先发现不道德,然后再通过法律确定权利,以对抗不道德。

2. 是分析实证主义法学派的理论来源

我们首先要看到的,是德肖维茨主张的权利都是法律权利。德肖维茨主张先发现不正义,然后再通过法律来确定权利,从而排除不正义。这实际上就是分析实证主义法学派的做法。因为分析实证主义法学派主张通过法律来确定权利,权利的来源就是法律。在这个意义上,“权利培养”学说实际上就成为了分析实证主义法学派确定权利的理论来源,即法律权利的内容通过经验来明确。

上文已述,德肖维茨曾在针对分析实证主义法学的批判中提出一系列疑问,

---

① [美]罗纳德·德沃金:《法律帝国》,李常青译,中国大百科全书出版社 1996 年第 1 版,第 1 页。
② 参见[美]艾伦·德肖维茨:《你的权利从哪里来?》,黄煜文译,北京大学出版社 2014 年版,第 105 页。

包括当社会进步之后，"新权利"的需要会产生，那么针对这些新权利，法律怎样将它们纳入到现有的法律体系之中，以使其有实在法之依靠呢？如果根据法律所建立的权利体系是开放的，那么这些"新权利"又是何以确定出来的？[①] 现在，德肖维茨自己对这个问题做出了回答，即通过"权利培养"。分析实证主义法学派完全可以从经验的角度来确定权利，并将其规定于法律之中。事实上，分析实证主义法学派确立权利的理论来源是多种多样的，通过经验只是其中的一种来源。所以，"权利培养"学说实际上成为了分析实证主义法学派的理论来源之一。

3. *沦为自然法学派和分析实证主义法学派的实践性手段*

"权利培养"学说的核心就是认识不义经验，进而确定权利来抵抗这些不正义。事实上，不义的经验完全可以成为自然法学派和分析实证主义法学派确立权利的手段。例如，针对一个不正义的事件，自然法学派从不正义的反面(即正义的角度)来确立权利，然后通过圣经、教义等方式表达出来；而分析实证主义法学派则更为简单，其直接通过制定法律来规定人们不得再实施不正义的行为即可。在古代，人们信仰神明，于是就说权利是上帝的指示。到了近现代，在战胜教会的统治之后，资产阶级通过法律的形式将权利表达出来。[②] 所以，从这个角度来看，"权利培养"理论不过是自然法学派和分析实证主义法学派用来发展自身理论的手段而已。

(二)"权利培养"学说的理论缺陷

既然德肖维茨主张的权利都是法律权利或者成文的权利，那么那些还未被法律确认为权利的"权利"如何得到保护呢？虽然德肖维茨认为权利是不断变化的，即除了一些基本权利是永恒不变的外，其他权利都有可能得到确立或废除，但是当一个人们迫切需要的"权利"没有被法律确立时，人们的权益如何得到保护？就如纳粹在德国屠杀犹太人时，犹太人的生存权利由什么来保护？[③] 如果只有等悲剧发生了之后，我们再去做一些补救性的权利确立，那么那些遭遇悲剧的人就只能自认倒霉吗？他们的损失又由谁来弥补？由此可见，"权利培养"理论是建立在无数悲剧之后的补救措施。这个理论想要完善，人类就需要经历所

① [美]艾伦·德肖维茨：《你的权利从哪里来?》，黄煜文译，北京大学出版社2014年版，第33页。

② 参见[美]艾伦·德肖维茨：《你的权利从哪里来?》，黄煜文译，北京大学出版社2014年版，第19—36页。

③ 参见[美]艾伦·德肖维茨：《你的权利从哪里来?》，黄煜文译，北京大学出版社2014年版，第69页。

有的不正义,并遭遇所有的苦难,但这个时候是不是已经太迟?况且,站在前人的痛苦经验之上来建立权利体系是自私的,因为这种理论要求在人类的全部历史之中,一部分人应承受苦难,而其余人享受福利。我们没有资格让其他人为我们的幸福去遭受苦难,我们更需要的理论,或者说更合理的理论,是能够在悲剧发生的当时,立即做出反应来制止不良合果产生。此外,有一点也必须引起我们的警惕,即"假若人权理念只不过是某特定历史和社会处境的副产品,那我们就很难说促使当处境有实质的变化时它们仍应被视作是指导原则,假若人权理念的基础只不过是不断改变的历史经验和有关它们的论述,那人权所带来的好处就会很容易被侵蚀,而这对人类的代价将会是巨大的"。[①]

结语

"权利培养"学说的最重要意义在于,它能够让人民理解到权利理论的重要性。因为发现恶行的主体是人民,所以只有人民注重权利,恶行才会不断减少。由于人类及其所组成的政府总是不断在其他人类身上施加新的恶行,因此我们必须持续构建新的权利。由于权利是获得自由与公平的手段而非目的本身,因此权利的斗争永远都没有获胜的一天。因为恶行总是存在,所以权利也永远长存。[②]

"权利培养"学说为我们提供了构建权利体系的新思路。诚然,我们不能忽视"权利培养"学说的重要性,但我们更要用辩证的观点来发现其背后的理论缺陷,揭开其隐藏在"恶行经验"背后的真实面目,并发现其与自然法学派和分析实证主义法学派之联系,这样我们才不会陷入经验主义的迷途。

---

① 参见关启文:《人权的基础是经验吗?——评德萧维奇的人权论》,载《哲学与文化(第十六卷)》2009年第7期,第47页。

② [美]艾伦·德肖维茨:《你的权利从哪里来?》,黄煜文译,北京大学出版社2014年版,第199页。

稿约

《法治话语研究》(原《法律修辞研究》)是由华东政法大学法律方法研究院主办,陈金钊、刘风景教授主持的定期连续出版物。《法律修辞研究》创办于 2014 年,每年一卷,已出六卷。2020 年 10 月,《法律修辞研究》正式更名为《法治话语研究》。作为法律方法领域的新兴出版物,《法治话语研究》与《法律方法》(CSSCI 来源集刊)共同致力于该领域的学术探讨。

法治不仅仅是定义问题,还是充满开放性的经验问题。法治的存在、发展与运行总是在既定的公共话语之中展开的,同时它也反向塑造着支持其自身的存在、发展与运作的话语体系。在法治与公共话语的双向互动之中,以法治为内核,以话语为载体的法治话语得以形成。为因应全面依法治国的时代要义,推进法治话语研究的本土化和前沿化,以"形式法治"与"实质法治"的争鸣为背景,中国特色社会主义法治话语研究不仅是法律方法乃至理论法学的任务,而且是部门法学的任务,更是理论法学与部门法学共同的任务。现诚挚邀请国内外学界与实务界的名家与"青椒",特别是在读法学研究生惠赐稿件。在质量的基础之上,编辑部以来稿内容的针对性和未来研究价值为标准,欢迎热衷本领域的青年新秀投稿,并极力做好中坚学者与青年新秀、北派学子与南派学子的对话及融合,为青年后浪提供思想争鸣之平台。

一、栏目设置

立基《法律方法》的栏目设置,《法治话语研究》栏目主要分为两部分。

第一部分为"法治话语与法律方法译介",本栏目集中介绍域外法治话语与法律方法领域的名家思想,特别是介绍注重两者与部门法有机结合的域外思想。

第二部分为"法治话语与部门法",本栏目以基本专题探讨为重心,主要刊发理论深厚、论证充分、内容详实的力作或系列文章,以作为特稿或专题。

第三部分以法律解释、法律推理、法律论证、法律修辞的相关内容为重心,根据当期稿件,相应设置理论研究、实践回应、书评综述等栏目。

二、来稿要求

1.《法治话语研究》属于法治话语领域研究的专业性公开出版物,来稿最好以此为主题,或与法律方法内容直接相关。

2.《法治话语研究》作为以专题研讨为主要内容的出版物,特稿与特约专题稿件暂不要求首发,其他稿件必须为首发。

3.《法治话语研究》倡导严谨治学,欢迎选题独到、观点新颖、论证充分的研究成果。来稿篇幅原则上不得少于1万字。

4.《法治话语研究》实行双向匿名审稿制,以文稿质量作为是否采用之唯一标准。《法治话语研究》不收取任何形式的版面费,谢绝一切形式的关系稿。

5. 为方便作者及读者,来稿注释体例采用《法学引注手册》。

6. 来稿需附中文摘要、关键词(无须英文)。作者简介需要包括姓名、职位、工作单位、研究方向。

7. 来稿一经采用即发送用稿通知,审稿期限为1个月,不以任何形式收取版面费,并依据文章质量,适量支付稿费。

三、投稿方式

为节约资源并方便作者投稿和编辑部审稿,来稿无须纸质版,直接将稿件发送至 ecuplflxc@163. com 即可。

《法治话语研究》编辑部

图书在版编目(CIP)数据

法治话语研究.第七卷/陈金钊主编.—上海:上海三联书店,2021.6

ISBN 978-7-5426-7421-0

Ⅰ.①法… Ⅱ.①陈… Ⅲ.①法律语言学-文集
Ⅳ.①D90-055

中国版本图书馆 CIP 数据核字(2021)第 081784 号

法治话语研究(第七卷)

主　　编 / 陈金钊
执行主编 / 吴冬兴

责任编辑 / 宋寅悦
装帧设计 / 一本好书
监　　制 / 姚　军
责任校对 / 张大伟　王凌霄

出版发行 / 上海三联书店
(200030)中国上海市漕溪北路 331 号 A 座 6 楼
邮购电话 / 021-22895540
印　　刷 / 上海惠敦印务科技有限公司

版　　次 / 2021 年 6 月第 1 版
印　　次 / 2021 年 6 月第 1 次印刷
开　　本 / 710×1000　1/16
字　　数 / 300 千字
印　　张 / 18.5
书　　号 / ISBN 978-7-5426-7421-0/D·497
定　　价 / 89.00 元

敬启读者,如发现本书有印装质量问题,请与印刷厂联系 021-63779028